하류사회

KARYUSHAKAI ARATANA KAISOSHUDAN NO SHUTSUGEN by Atsushi Miura
Copyright © 2005, Atsushi Miura
All rights reserved.

This Korean edition was published by PENCILPRISM INC. in 2025 by arrangement with Kobunsha Co., Ltd. Tokyo through KCC (Korea Copyright Center Inc.), Seoul.

이 책은 (주)한국저작권센터(KCC)를 통한 저작권자와의 독점계약으로 펜슬프리즘(주)에서 출간되었습니다. 저작권법에 의해 한국 내에서 보호를 받는 저작물이므로 무단 전재와 복제를 금합니다.

하류사회

미우라 아츠시 지음 · 김재민 옮김

양극화인가 하류화인가

목차

서문 9
세대 용어 해설
조사의 개요

제1장 중류화에서 하류화로 22
상층 15%, 중층 45%, 하층 40%의 시대가 온다?!
젊은 층에서 진행되는 하류화
중산층 사회를 지탱했던 '1955년 체제'에서, 계층화가 고착되는 '2005년 체제'로
중류화 모델의 무효화
상층 소비자를 타깃으로 하는 판매 노하우가 필요한 시대
1955년의 '크라운'에서, 2005년의 '렉서스'로

제2장 계층화로 인한 소비자의 분열 44
계층화 사회에서의 가치관 변화
여성의 분열
확대되는 여성 간의 격차
여성도 자기 책임의 시대
취업만 하면 승자 그룹?
남성의 분열

제3장 **단카이 주니어의 하류화는 계속된다!** 100

단카이 주니어 남성 중 하층이라고 응답한 비율 48%!
단카이 주니어의 계층 의식은 계속 낮아지고 있다
진성 단카이 주니어도 하층 급증
소비 사회에 도취되었던 진성 단카이 주니어 세대
앞으로는 나빠질 뿐이라는 불안
단카이 세대와 신인류 세대는 안정적인 중산층이었다
희망 격차
허용되는(?) 격차
정규직과 비정규직 간의 격차

제4장 **연봉 300만 엔으로는 결혼할 수 없는가?!** 132

최근 10년간 승부가 결정되었는가?
저축액은 500만 엔 이상과 150만 엔 미만으로 양극화
미혼이면 생활 만족도는 하락한다
여성은 대학을 졸업해야 상류층이 될 수 있는가?
결혼은 역시 중산층의 조건인가?
500만 엔이 결혼의 벽
솔직하게는 평범한 가정 형태를 지향한다
700만 엔을 선택할 것인가, 아이를 선택할 것인가
여성의 필승 패턴
패러사이트 여성은 나이가 들수록 하류화
연 소득 400만 엔이 여성의 여유로운 생활 조건
역시 화이트칼라 관리직 아내가 최고의 선택인가?
상층이 많은 대학원생, 하층이 많은 프리터
파견직·프리터는 결혼과 육아에 불리하다
가족 형태는 다양해졌지만, 행복의 형태는 반드시 다양해진 것은 아니다

제5장 자기다움을 추구하는 것은 하류인가? 180
자기다움을 중시하는 경향은 하층일수록 강하다
단카이 세대와 단카이 주니어 세대는 정반대의 경향을 보인다
자기다운 인생이라는 주문
개성을 존중하는 가족도 하층에서 더 많다
저소득층 젊은이일수록 자아 효능감을 갖고 있다
자기다움이라는 꿈에서 깨어나지 못하는 현실
자기다움을 중시하는 사람은 계층 의식도 생활 만족도도 낮다
자기다움 지향파는 미혼, 자녀 없음, 비정규직 비율이 높다
자기다움 지향의 문제점

제6장 하류 남성은 숨어 지내고, 여성은 노래하고 춤춘다 208
하류 사회의 3종 세트 = 3P
하류 여성들은 노래하고 춤춘다
카니발화하는 사회
하층은 자민당과 후지TV를 좋아한다
행복을 느끼는 순간
단카이 주니어 세대는 상층도 유니클로와 무인양품을 좋아한다
쇼핑을 좋아하는 하층과 쇼핑할 시간이 없는 상층
전형적인 트리클다운형 소비를 이끌었던 단카이 세대

제7장 하류의 성격, 식생활, 교육관 240
계층은 성격에 의해 결정되는가?
상류층 여성은 여성다움을, 하류층 여성은 자기다움을 중시한다
상류층은 사교적, 하류층은 눈에 띄지 않는다
게으름을 피우면 연애도 할 수 없다

연애가 어려운 시대
자기 스타일은 하류
계층 의식별 식생활 차이
하류층을 위한 컵라면의 시대
교외 지역에 사는 하류 여성의 삶
단카이 주니어 여성들의 아이들이 계층 사회를 결정짓는다
상류층은 유토리 교육을 싫어한다
상류층 단카이 주니어 여성은 품격 있고 국제적으로 통용되는 자녀를 원한다
부모의 삶과 상관없이, 아이는 자신의 삶을 선택할 수 있어야 한다

제8장 계층에 따른 거주지 고착화가 일어나고 있는가? 278

도쿄의 지형: 높은 지대 야마노테와 낮은 지대 시타마치
야마노테에 사는 중산층
도큐 덴엔토시선 노선 인근 지역의 상류화
지방 출신자는 상위 계층이 되기 어렵다
도심 회귀와 교외 정착 시대의 시작
단카이 주니어 세대의 83%는 앞으로도 같은 지역에 거주할 예정
교외의 블록화, 거주지 고착화, 인터넷
글로벌 빌리지가 아니라, 그저 마을일 뿐
세이부 이케부쿠로선 학생들은 이케부쿠로에 가지 않는다
축소된 세계 속에서 어느새 형성되는 바보의 벽

마치며 하류 사회화를 막기 위한 기회의 악평등　312

일하는 상류와 춤추는 하류로의 분열

대문화 국가인가, 분열 국가인가

계층 고착화를 막으려면?

후기　327

하류 사회를 고찰하기 위한 참고 문헌　333

서문

당신은 하류인가?

먼저, 당신의 하류도를 점검해 보자. 다음 문장에서 절반 이상 해당된다면, 당신은 상당히 하류적이다.

1. 연 수입이 나이의 100배이다(예: 30세 연봉 3천만 원).
2. 그날그날을 편하게 살고 싶다고 생각한다.
3. 나답게 사는 것이 좋다고 생각한다.
4. 좋아하는 일만 하면서 살고 싶다.
5. 무엇이든 귀찮아하고, 생활이 너저분하며, 외출을 꺼리는 성격이다.
6. 혼자 있는 것을 좋아한다.
7. 수수하고 눈에 띄지 않는 성격이다.
8. 패션은 자신만의 스타일을 고수한다.
9. 가끔 먹는 것이 귀찮다고 생각할 때가 있다.
10. 과자나 패스트푸드를 자주 먹는다.
11. 하루 종일 집에서 TV 게임이나 인터넷을 하며 보내는 경우가 많다.
12. 미혼이다(남성 33세 이상, 여성 30세 이상인 경우).

계층 격차가 점점 벌어지고 있다고 한다. 소득 격차가 심화되면서 학력 격차로 이어지고, 그 결과 계층 간 이동이 어려워지며 고착화되고 있는 것이다. 나아가 '희망 격차'로까지 확대되고 있다는 주장도 나온다. 이러한 논의들은 최근 몇 년 사이에 다수 발표되었다. 이는 곧, 일본 사회가 지금까지 유지해 온 '중산층 사회'에서 '하층 사회'로, 즉 하류 사회로 향하고 있다는 의미이기도 하다. 물론 '하류 사회'란 표현은 내가 만든 조어다.

중류 사회에서 하류 사회로

중류 사회는 전후 일본에서, 1950년대 후반부터 1970년대 전반까지의 고도 경제성장기를 거치며 발전했다. 자세한 내용은 뒤에서 다루겠지만, 50년대까지의 일본은 극소수의 상층(일하지 않아도 부유한 자산가, 자본가, 지주 등)과, 아무리 일해도 좀처럼 풍요로워질 수 없는 다수의 하층으로 이루어진 계급 사회였다.

그런 구조가 고도성장 덕분에 변화하면서, 이른바 '신 중간층'이라 불리는 계층이 증가했다. 즉, 주로 샐러리맨으로, 특별한 자산은 없지만 매년 소득이 늘어나며 생활 수준이 향상될 것이라는 기대를 가질 수 있는 중간 계층의 사람들이 많아진 것이다. 특히 하층에서 중층으로 올라서는 사람들이 늘었다. 다시 말해, 하층이 중산층화된 것이다.

하지만 지금 계층 격차가 다시 벌어지고 있다는 것은, 이 중층이 줄어들고 상층과 하층으로 양극화되고 있다는 뜻이다. 물론 양극화라 해도 중층에서 상층으로 올라가는 사람은 드물고, 하층으로 내려가는 사람이 훨씬 많다. 즉, 중산층이 하층화되고 있는 것이다.

여기서 말하는 하층은 빈곤층과는 다르다. 빈곤층이라 하면 정말 하루하루 먹고살기도 힘든 극심한 생활고에 시달리는 사람들을 떠올리게 된다. 물론 그런 생활고에 가까운 가구도 증가하고 있는 듯하다.

하지만 이 글에서 다루는 '하층'은 기본적으로 중산층의 하층을 의미한다. 하루 벌어 하루 먹고사는 상황은 아니지만, 그래도 중산층에 비하면 어딘가 부족한 삶을 살아가는 사람들 말이다.

예를 들어 1960년대에는 텔레비전이 없는 가정은 중산층이라고 보기 어려웠을 것이다. 하지만 지금은 하층이라고 불리는 계층조차 DVD 플레이어나 컴퓨터를 가지고 있다. 단순히 물건을 소유하고 있는지의 여부만 놓고 보면, 하층이 절대적으로 가난하다고는 볼 수 없다.

그렇다면 하층에게 부족한 것은 무엇인가? 그것은 바로 '의욕'이다.

중산층으로 살고자 하는 의욕이 없는 사람, 그리고 중산층의 삶에서 내려온 사람, 혹은 추락한 사람, 그런 이들을 우리는 '하층'이라 부르는 것이다.

덧붙여 이 글에서는 '상류'라는 표현도 사용하지만, 이것 역시 어디까지나 '중산층의 상층' 정도의 의미일 뿐, 은행 이자로만 생활할 수 있는 수준의 부자를 가리키는 말은 아니다.

의욕과 능력이 낮은 것이 하류이다

그렇다면 하류 사회란 어떤 사회인가? 그 구체적인 모습을 그리기 위해서는 국민의 생활을 자세히 알아볼 필요가 있다. 특히, 소비 패턴과 생활 방식에 대한 이해가 필수적이다.

그러나 안타깝게도, 경제학자나 사회학자들의 계층 연구에는 소비론이 포함되어 있지 않다. 따라서 나는 2004년 11월과 2005년 5월, 6월에 실시한 독자적인 조사를 통해, 계층 의식별 소비 행동의 차이를 분석하기로 했다. 이 책의 제3장 뒷부분에서 그 조사 결과를 소개할 것이다. 그 조사로 알 수 있는 것은 이른바 단카이 주니어 세대*라고 불리는 현재 30대 초반을 중심으로 한 젊은 세대에서 하류화 경향이 나타나고 있다는 점이다.

이 세대는 인구가 많기 때문에, 그들의 움직임이 사회와 소비의 추세에 영향을 미치기 쉽다. 그런데 뒤에서 설명할 나의 조사에 따르면, 이 세대, 특히 남성들 사이에서 생활 수준

---

* 16쪽 세대 용어 해설 참고

이 중하층 또는 하층이라고 느끼는 사람이 많다는 것이다.

계층 의식은 단순히 소득이나 자산뿐만 아니라, 학력, 직업 등에 의해 결정된다. 더욱이 이는 개인의 요소만이 아니라, 부모의 소득·자산, 학력, 직업 등도 반영된 의식이다. 흥미로운 점은, 조사 결과에 따르면 계층 의식이 개인의 성격, 가치관, 취미, 행복감, 가족관 등의 요소와도 깊이 관련되어 있다는 사실이 밝혀졌다는 것이다.

서두에 제시한 하류도 테스트 역시, 이러한 조사 결과를 바탕으로 구성된 것이다. 그 선택지를 보면 알 수 있듯이, 하류란 단순히 소득이 낮다는 의미가 아니다. 의사소통 능력, 생활 능력, 일하려는 의욕, 학습 의욕, 소비 의욕, 즉 전반적으로 인생에 대한 의욕이 낮은 상태를 뜻한다. 그 결과로 소득이 오르지 않고, 미혼 상태로 남을 확률도 높아진다. 그리고 그들 중에는 느릿하게 걸어다니며, 무기력하게 살아가는 사람들도 적지 않다. 그렇게 사는 편이 더 편하기 때문이다.

단카이 주니어 세대는 일본 사회가 중류 사회가 된 이후 태어난 첫 번째 세대이다. 따라서 단카이 주니어 이후의 세대는 극심한 빈부격차를 직접 경험하지 못한 채 성장했다. 신흥 주택가에서 비슷한 연령대의 사람들이, 비슷한 수준의 연봉을 받으며, 비슷한 집에서 살고, 비슷한 차를 몰고 다닌다. 모두가 어느 정도 풍요롭다. 그것이 당연한 일이었다.

그래서 하층에서 중층으로 올라가려는 의욕이 근본적으로 낮다. 중층에서 중상층으로 향하려는 상승 의욕도 약하다. 그리고 중층에서 하층으로 추락할 수도 있다는 위기의식을 가져 본 적 없이 성장했다.

사람이 산 정상에 오르려는 이유는, 그곳에 뭔가 멋진 것이 있을 것이라 기대하기 때문이다. 하지만 이미 산 중턱 정도에 위치해 있고, 게다가 정상에 특별히 원하는 것이 없으며, 지금의 자리에도 이미 풍족한 것들이 넘쳐 난다면, 굳이 힘들게 정상까지 올라가려는 사람이 없는 건 당연한 일이다.

할인 매장에서는 믿기 어려울 정도로 저렴한 가격에 물건이 판매되고 있다. 심지어 클래식 음악의 역사적인 명반조차 100엔짜리 CD로 팔리고 있다. 이런 시대에 굳이 열심히 일하려고 하는 것이 오히려 이상한 일이라고도 할 수 있다. 느슨하게 살아도 살아갈 수 있기 때문이다.

그러나 단카이 주니어 세대를 중심으로 한 젊은이들이 앞으로 살아가야 할 사회는 이제까지와는 다르다. 같은 회사에 다니는 동기라 해도, 30세가 넘으면 급여가 두 배 이상 차이 날 수도 있다. 극단적으로 말하면, 소수의 호리에몬*

---

* 호리에몬: (주)라이브도어(livedoor) 사장 호리에의 별칭. 그가 소유한 경주마의 이름에서 유래. 도쿄대를 중퇴하고 창업, 일본의 보수적 분위기를 맹비난하며 '개혁의 기수', '가장 바람직한 사장'이란 이미지로 청년층을 사로잡아 인기인이 되었다. 그러나 2006년 주가조작과 회계부정 등 증권거래법을 위반하여 체포되어 일본 사회를 충격에 빠뜨렸다. (이 책 『하류사회』는 2005년 출간작)

과 다수의 프리터(비정규직), 실업자, 무직자가 공존하는 사회가 되어 버렸다. 사회 전체가 상승 기류를 타고 있을 때는, 개인이 굳이 상승 의지를 가지지 않아도 알게 모르게 올라갈 수 있었다. 그러나 사회 전체가 더 이상 상승하지 않게 되면, 상승하려는 의욕과 능력을 가진 사람만이 올라가고, 그것이 없는 사람은 점점 내려가게 된다.

이러한 시대를 앞두고, 젊은 세대의 가치관, 생활, 소비는 지금 어떻게 변화하고 있는가? 그것이 바로 이 책의 가장 중요한 주제이다.

세대 용어 해설

이 책에서는 세대적 관점에서 계층 문제를 다루는 경우가 많기 때문에, 먼저 세대와 관련된 용어들을 설명해 두겠다.

단카이 세대

일반적으로 제1차 베이비붐 세대와 동일한 의미로 사용되며, 좁은 의미로는 1947년부터 1949년까지의 3년 동안 매년 약 270만 명씩 태어난 총 806만 명을 가리킨다. 그러나 넓은 의미로는 1945년부터 1952년경까지 태어난 사람들을 포함하기도 한다. 즉, 종전 직후 몇 년간 태어난 세대를 의미한다. 만약 1947년부터 1951년생까지 포함할 경우, 해당 기간 동안의 출생 수는 1,253만 명이며, 현재까지도 약 1,087만 명이 존재하고 있다. 다만, 이후에 나오는 조사에서는 1946년부터 1950년 사이에 태어난 사람들을 대상으로 하였다(자세한 내용은 미우라 아츠시 『단카이 세대를 총괄하다』를 참조).

단카이 주니어 세대

일반적으로 제2차 베이비붐 세대와 같은 의미로 사용되며, 1971년부터 1974년까지 매년 약 200만 명씩, 총 800

만 명이 태어난 세대를 가리킨다. 그 명칭 때문에 마치 단카이 세대의 자녀 세대인 것처럼 오해되지만, 필자는 제2차 베이비붐 세대의 부모가 반드시 단카이 세대인 것은 아니라는 점을 후생노동성의 「인구 동태 통계」를 통해 입증했다. 이에 따라 이 세대를 가짜 단카이 주니어 세대라고 명명하기도 했다. 그러나 이 책에서는 일반적인 용례를 따라 1970-1974년생을 단카이 주니어 세대로 지칭하기로 한다. 또한, 이후 나오는 조사에서는 1971-1975년생을 대상으로 하였다(자세한 내용은 미우라 아츠시 『단카이 주니어 1,400만 명이 핵심 시장이 된다!』를 참조).

진성 단카이 주니어 세대

필자는 후생노동성의 「인구 동태 통계」를 분석하여, 단카이 세대(1947-1949년생)가 실제로 가장 많은 자녀를 낳은 세대라는 걸 찾아냈다. 그 결과, 출생자의 50% 이상이 단카이 세대의 자녀 세대를 기준으로, 1973-1980년생을 진성 단카이 주니어 세대라고 명명하였다. 특히 단카이 세대 남성들의 자녀가 많은 시기에 주목하면, 1975-1979년생이야말로 가장 진성 단카이 주니어 세대에 해당한다고 할 수 있다(자세한 내용은 미우라 아츠시 『마이홈리스 차일드』를 참조).

신인류 세대

신인류 세대는 인구학적으로 명확히 정의된 세대가 아니며, 일반적으로도 고정된 정의가 존재하지 않는 세대이다. 이 개념은 원래, 필자가 소속되어 있던 파르코(Parco)의 마케팅 잡지 『어크로스(ACROSS)』 1984년 6월호에서 1968년생을 중심으로 한 세대를 신인류라고 명명한 것이 시초이다. 현재 필자는 신인류 세대를 사회경제적 관점에서, 고도 경제 성장기(1955-1973년)에 태어난 세대로 정의한다. 사회학적으로 고도 경제 성장기는 1955-1973년으로 보는 것이 사회학적으로 정설이지만, 필자는 특히 소득 배증 계획이 발표되고 달성될 때까지의 시기에 태어난 1960-1968년생을 신인류 세대로 정의하고자 한다. 즉, 신인류 세대란 일본이 가장 격렬하게 경제 성장을 이루던 시기에 태어난 세대라고 할 수 있다. 또한, 후술할 조사에서는 1961-1965년생을 대상으로 하였다(자세한 내용은 미우라 아츠시 『신인류, 부모가 되다!』를 참조).

쇼와 한 자릿수 세대

이 세대는 말 그대로 쇼와 원년(1926년)부터 쇼와 9년(1934년)까지 태어난 사람들을 가리킨다. 이들은 1955-1973년의 고도 경제 성장기에 20대에서 40대를 보낸, 그야말로 일본의 고도 경제 성장을 이끈 핵심 세대였다. 또한, 신인류 세대는 쇼와 한 자릿수 세대의 자녀 세대(특히 남성의 자녀)에 해당한다. 이후 언급되는 조사에서는 1931-1937년생을 대상으로 했다.

조사의 개요

쇼와 4세대 욕구 비교 조사(이하 욕구 조사로 표기)
- 조사일: 2004년 11월 12일(금)-30일(화)
- 조사 방법: 우편 설문지 방식(일부 방문 배포 및 방문 회수 병행)
- 조사 대상: 1도 3현(도쿄도, 사이타마현, 치바현, 가나가와현) 거주자 800명(각 세대별 200명, 남녀 각 100명)
- 조사 대상 세대:
  - 쇼와 한 자릿수 세대: 1931-1937년생
  - 단카이 세대: 1946-1950년생
  - 신인류 세대: 1961-1965년생
  - 단카이 주니어 세대: 1971-1975년생
- 할당 방법: 2003년 1월 기준(치바현은 4월 기준) 각 도·현에서 발표한 성별 및 연령별 인구를 바탕으로 표본 수를 지역별로 할당.
- 회수 수: 1,150부 배포, 929부 회수, 유효 응답 861부. 이 중에서 성별·세대별 각 100명을 무작위 추출.
- 조사 수행: ㈜서베이리서치센터
- 집계 분석: ㈜e팔콘
- 조사 기획·프로듀스·종합 분석: 컬처스터디스연구소

여성 계층화 조사 1차 조사(이하 여성 1차 조사로 표기)
- 조사일: 2005년 5월 18일(수)-22일(일)
- 조사 방법: 웹 조사
- 조사 대상: 1도 3현(도쿄도, 사이타마현, 치바현, 가나가와현) 거주 여성 2,000명
  - 18-22세: 500명
  - 23-27세: 500명
  - 28-32세: 500명
  - 33-37세: 500명
- 할당 방법: 1도 3현을 6개 지역(도쿄 23구 / 도쿄 23구 외 지역 /

요코하마·카와사키 / 요코하마·카와사키 외 가나가와 / 사이타마 / 치바)으로 구분. 2000년 10월의 국세조사 결과를 이용하여 조사 대상 세대별 각 지역 거주자의 비율 및 미혼율·기혼율을 산출. 해당 비율을 연령별 할당하였으며, 어트랙터즈랩(Attractors Lab) 주식회사의「일본의 장래인구추계」(2001년 12월 추계) 데이터를 참고하여 23-27세 미혼율이 +3%, 28-32세 미혼율 +5%, 33-37세 미혼율 +5% 증가한다고 가정하고 조정을 수행.
- 조사 수행·집계·분석: ㈜싱크·투(Think Two)
- 조사 스폰서: ㈜요미우리광고사
- 조사 기획·프로듀스·종합 분석: 컬처스터디스연구소

여성 계층화 조사 2차 조사(이하 여성 2차 조사로 표기)
- 조사일: 2005년 6월 21일(화)-26일(일)
- 조사 방법: 웹 조사
- 조사 대상: 1도 3현(도쿄도, 사이타마현, 치바현, 가나가와현) 거주 여성 600명
    - 18-22세: 150명
    - 23-27세: 150명
    - 28-32세: 150명
    - 33-37세: 150명
- 할당 방법: 1차 조사와 동일
- 조사 수행·집계·분석: ㈜싱크투(Think Two)
- 조사 스폰서: ㈜요미우리광고사
- 조사 기획·프로듀스·종합 분석: 컬처스터디스연구소

제1장

중류화에서 하류화로

상층 15%, 중층 45%, 하층 40%의 시대가 온다?!

계층 간 격차가 점점 벌어지고 있다. 앞으로는 그 격차가 더 커질 거라는 전망도 나온다.

후생노동성의 '소득 재분배 조사'에 따르면, 소득 불평등 정도를 나타내는 지니 계수는 1990년 0.4334에서 2002년 0.4983으로 높아졌다(표 1-1).

지니 계수가 0.5라는 건, 전체 국민 소득의 4분의 3을 상위 25%가 차지하고 있다는 뜻이다. 지금의 일본은 거의 그 수준에 이르렀다고 볼 수 있다.

사회보장 제도를 통해 소득을 재분배한 뒤의 지니 계수를 보면, 일본은 0.322로 나타난다. 이는 미국(0.368)이나 영국(0.345)보다는 낮지만, 프랑스(0.288), 스웨덴과 독일(0.252)에 비하면 높은 편이다(도표 1-1). 이런 수치를 보면, 일본도 점차 미국이나 영국에 가까운 소득 격차를 보이고 있다고 말할 수 있다.

또한 최근의 소득 격차 확대 원인으로는, 경제학적으로 고령 인구의 증가가 가장 큰 요인으로 꼽힌다. 성과주의 도입으로 인해 30대에서 50대 사이의 소득 격차가 커졌다는 영향은 아직 뚜렷하게 확인되지 않았다는 분석도 있다(대체로 대도시의 민간 기업 화이트칼라에 국한된 현상이기 때문이라고 한다. 오타케 후미오 『일본의 불평등』 참고). 하지만 대도시에 있는 민간 기업의 화이트칼라들에게는, 성과주의로 인한 소득 격차 확대가 이미 현실이 되었고, 앞으로 그 격차는 더욱 벌어질 가능성이 높다.

표 1-1 소득 재분배에 따른 소득 격차 개선 효과 (지니 계수 기준) (%)

	당초소득	재분배소득		세금에 의한 재분배소득 (당초소득 - 세금)		사회보장에 의한 재분배소득 (당초소득 + 현물급여 + 사회보장급여 - 사회보험료)	
	지니 계수 (A)	지니 계수 (B)	개선도 [(A-B)/A]	지니 계수 (C)	개선도 [(A-C)/A]	지니 계수 (D)	개선도 [(A-D)/A]
1990	0.4334	0.3643	15.9	0.4207	2.9	0.3791	12.5
1993	0.4394	0.3645	17	0.4255	3.2	0.3812	13.2
1996	0.4412	0.3606	18.3	0.4338	1.7	0.3721	15.7
1999	0.4720	0.3814	19.2	0.4660	1.3	0.3912	17.1
2002	0.4983	0.3812	23.5	0.4941	0.8	0.3917	21.4

주: 1999년 이전의 현물급여에는 의료만 포함되며, 2002년은 의료, 간호, 보육 등을 포함함.
출처: 후생노동성 『2002년도 소득 재분배 조사』

도표 1-1 소득 재분배 후의 소득 격차의 국제 비교 (지니 계수 기준)

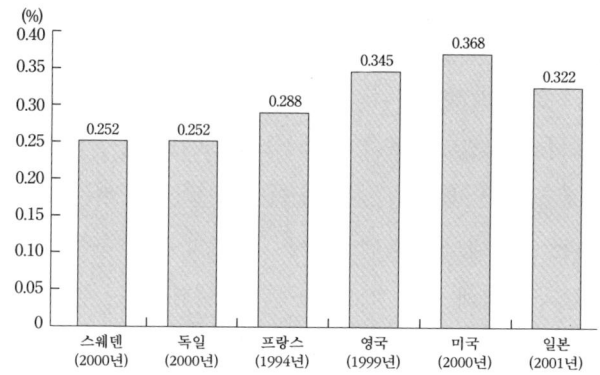

주: 일본은 등가 재분배소득의 지니 계수를, 일본 이외 국가는 등가처분소득의 지니 계수를 표시함.
출처: Luxemburg Income Study, 일본은 후생노동성 『2002년도 소득 재분배 조사 결과』

젊은 층에서 진행되는 하류화

계층 문제를 공론화시킨 주요 인물 중 한 명인 사토 도시키 도쿄대학 대학원 부교수에 따르면, 남성 근로자를 수입 기준으로 네 개 계층으로 나누고, 계층 의식을 '상', '중상', '중하', '하상', '하하'로 나눠 조사한 결과, 1975년에는 어떤 소득 계층이든 계층 의식에 큰 차이가 없었고, 전체의 50% 이상이 스스로를 '중하'라고 답했다.

하지만 1995년에는, 가장 소득이 높은 상위 20% 중 절반 이상이 자신을 '중상'이라고 여긴 것으로 나타났다(사토 도시키 『00년의 격차 게임』 참고).

중류화에서 하류화로 27

이러한 흐름을 바탕으로, 나는 앞으로 일본 국민 전체의 10-20%, 대략 평균을 잡아 15% 정도는 스스로를 단순한 중산층이 아닌 '중상' 이상으로 인식하게 되리라고 가정해도 무리가 없다고 생각한다. 이를 뒷받침할 수 있는 자료로 내각부의 「국민 생활 여론조사」를 살펴보자(도표 1-2).

실제로 최근 몇 년간, 사람들의 '중산층 의식'에는 변화가 있었다. 조사에서 사용된 질문은 "당신의 생활 수준은 일반 사람들과 비교해 어느 정도라고 생각합니까?"라는 식이다.

이 질문에 '중간 정도(중중)'라고 답한 사람은 1996년에 57.4%였지만, 2004년에는 52.8%로 줄었다. 반면 '중하'는 23.0%에서 27.1%로, '하'는 5.2%에서 6.5%로 소폭 증가했다.

도표 1-2 중산층 의식의 변화

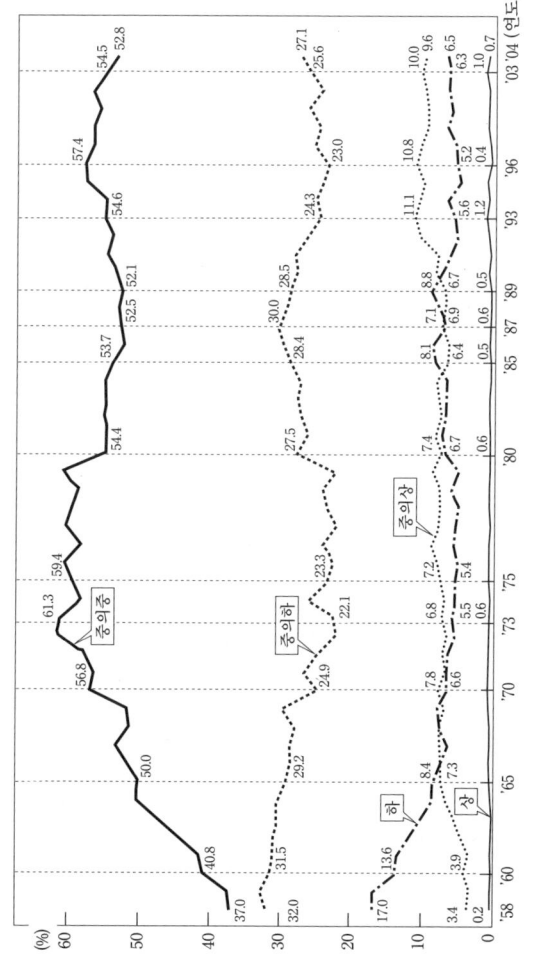

주: 1962년 및 1963년 조사는 이 질문이 실시되지 않았음. 1967년 조사부터 1969년까지는 도시 거주자만을 대상으로 하였고, 기혼자 생활함.
출처: 내각부 「국민생활 여론조사」

중류화에서 하류화로 29

'중하'와 '하'를 합치면 28.2%에서 33.6%로 늘어난 셈이다.

물론 '중하'나 '하'가 늘어난 적은 예전에도 있었다. 1980년대 말 버블 경제 시기에도 그런 경향이 있었다. 하지만 당시에 '중중'은 거의 줄지 않았고 '중상'도 늘지 않았다.

예를 들어 1987년에는 '중중'이 52.5%, '중하'가 30.0%까지 늘어났다. '하'가 7.1%였으니 합치면 37.1%로, 2004년보다 많다. 하지만 이 시기의 '중상'은 겨우 6.9%에 불과했다.

그에 비해 1987년부터 1996년 사이에는 '중중'이 52.5%에서 57.4%로 증가했고, '중상'도 6.9%에서 10.8%로 상승했다. 반대로 '중하'는 30.0%에서 23.0%로 감소했다. 이 시기는 국민 전체가 어느 정도 '상승 의식'을 가지고 있었던 시대라고 볼 수 있다.

그러나 1996년 이후로는 상황이 달라졌다. '중중'은 줄고, '중하'와 '하'는 늘어났으며, '중상'은 약 10%대를 계속 유지하고 있다. 이는 전후 일본 역사상 처음 나타난 경향이다.

국민 전체가 하향된 인식을 가진 것이 아니라, '중상' 이상의 소수만이 계속 높은 수준을 유지하고 있는 것이다. 이것이 바로 계층 격차 확대가 국민의 인식 속에서도 진행되고 있음을 보여 주는 데이터라고 할 수 있다.

중산층 사회를 지탱했던 '1955년 체제'에서, 계층화가 고착되는 '2005년 체제'로

이런 의미에서 지금의 일본은 큰 전환점을 맞이하고 있다고 할 수 있다. 전후 경제 성장을 뒷받침했던 '1955년 체제'에서, 전혀 다른 새로운 사회 체제로 넘어가는 시기라 볼 수 있다.

'1955년 체제'란, 말 그대로 1955년에 자유당과 민주당이 합당하여 자유민주당(자민당)이 탄생하고, 이후 자민당의 일당 지배 체제가 지속되던 시대를 정치학에서 일컫는 말이다.

이 체제는 정치적으로는 동서 냉전 시기의 틀 안에 있었고, 경제적으로는 고도성장기를 배경으로 한다. 소비 측면에서는 대중 소비 사회가 확대되고, 중산층이 점차 늘어나던 시대였다.

쉽게 말해, 벌어들인 부를 일부 자본가나 지배 계층이 독점하는 것이 아니라, 더 많은 국민들에게 골고루 나눠줌으로써 중산층 사회를 만들어가고자 했던 체제였다. 이러한 '부의 평등한 분배'와 '중산층화'를 추구한 것이 바로 1955년 체제라고 할 수 있다.

앞서 살펴본 「국민 생활 여론조사」를 다시 들여다보면, 1958년에는 스스로를 '중하'나 '하층'이라고 생각한 사람이 전체의 49%에 달했다.

참고로 1958년에는 도쿄타워가 완공되고, 미치 부인 열풍*이 불었으며, 스바루 360(자동차), 혼다 슈퍼커브(오토바이), 닛신 치킨라면 같은 상품들이 등장한 해다. 말 그대로 대량 생산, 대량 소비의 시대가 막 시작된 시점이었다.

그리고 15년 후인 1973년에는 '중간 정도(중중)'라고 응답한 사람이 61.3%에 달했다. 불과 15년 만에 일본은 계급 사회에서 중산층 사회로 탈바꿈한 것이다. 절반 가까운 국민이 스스로를 '하층'에 가깝다고 여겼던 사회에서, 이제는 6할 이상이 자신을 '딱 중간'이라고 생각하는 사회가 된 것이다.

하지만 2005년 이후의 일본 사회는, 더 이상 성장의 여지를 기대하기 어려운 상황이다. 국민들도 물론 불황에서 벗어나길 바라긴 하지만, 더 많은 것을 사고 싶다거나, 풍족한 소비를 위해 성장과 계층 상승을 바라는 시대는 끝났다는 목소리도 있다. "우리는 이미 모두 중산층이니까, 더 이상의 격차 해소는 필요 없다"는 가치관까지 등장하고 있다고 한다(이마다 타카토시「포스트모던 시대의 사회 격차」참고).

이처럼 이제는 모두가 같은 '중산층'을 목표로 하는 것보다, 각자가 '나에게 가장 잘 맞는 삶', '내게 알맞은 소비와 생활'을 추구하는 쪽으로 방향이 바뀌고 있는 듯하다. 그래서 평론가 모리나가 타쿠로의 『연봉 300만 엔 시대를 즐겁게

---

* 미치 부인 열풍: 밋치붐. 1959년, 당시 황태자(헤이세이 천황)가 결혼 상대로 택한 민간인 미치코의 이름을 따서 만든 말로 일종의 신데렐라 현상.

살아가는 법』 같은 책이 잘 팔리는 것도 그런 흐름을 보여 준다고 할 수 있다. (물론 정작 그 책을 쓴 모리나가 본인의 연봉은 3천만 엔이 넘는다는 건 꽤나 아이러니하지만 말이다.)

예전에는 많은 사람들이 연봉 700만, 800만, 심지어 1천만 엔을 목표로 하는 것이 '바람직한 삶'으로 여겨졌던 시기가 분명히 있었다. 아니, 불과 얼마 전까지만 해도 그랬다. 하지만 지금은 연봉 300만 엔이어도 '나한테 맞는 삶을 살 수 있다면 괜찮다'고 생각하는 사람들이 늘고 있는지도 모른다.

물론 "나는 3천만 엔이 나에게 가장 잘 맞는다"고 생각하는 사람은 그렇게 살면 된다. 벤처 기업에 투자해서 수십억을 벌든 말든, 위로 올라가고 싶다면 올라가면 되는 것이다. 최소한의 생활만 보장된다면, 누가 부자가 되는지에 대해 불만을 가질 이유는 없다. "나는 굳이 거기까지 올라가고 싶진 않아요. 지금 정도면 괜찮아요." 이런 심리가 확산되고 있다고도 볼 수 있다.

결국, 1955년 체제에서 추구하던 '일억총중류*·평등화 모델'은 무너지고, '계층화·하층화 모델'로 바뀌어 가고 있다고 말할 수 있다. 사실 이런 전환의 시작은 1980년대, '고도 소비 사회'라 불리던 시기에 이미 감지되고 있었다. 하지만 그때만 해도 1955년 체제를 대체할 새로운 사회 체제 모델이

---

* 일억총중류(一億總中流): 1970-1980년대 일본의 고도 성장기 동안 널리 사용된 용어로, 대다수 일본인이 스스로를 중산층이라 여기던 시기, 빈부격차가 적은 사회를 나타내는 표현으로도 쓰였다. 1970년에 일본 인구가 1억 명을 넘어선 후, 자신이 중산층이라고 생각하는 국민 비율이 가장 높았던 1973년경부터 쓰인 용어.

뚜렷하게 보이지 않았다.

 그러나 지금은 불황, 저출산 고령화, 인구 감소라는 커다란 구조적 변화 속에서, 가족, 교육, 고용 등 생활 전반에 걸쳐 다양한 변화가 가시화되면서, 새로운 사회 체제의 모습이 점점 더 분명히 드러나고 있는 것이다.

중류화 모델의 무효화

 이처럼, 한 덩어리처럼 보였던 중산층이 이제는 '상층'과 '하층'으로 양극화되는 경향을 보이고 있다. 만약 이 흐름이 실제라면, 계층 격차의 확대는 소비 형태에도 큰 영향을 끼칠 것이다. 그동안은 많은 국민이 중산층임을 확인하고자 소비했고, 또 중산층처럼 보이기 위해 소비했다. 하지만 이제는 그런 상징적인 소비가 줄어들고 있다. 아니, 이미 잘 팔리지 않고 있다.

 중류화 시대에는, 일부 부유층에게 고가 제품을 파는 유럽형 모델보다, 늘어나는 신중간층에게 '저렴하고 품질 좋은 제품'을 대량으로 판매하는 방식이 훨씬 큰 매출과 수익을 가져다줬다.

 예를 들어 남성용 비즈니스 정장을 판다고 했을 때, '상층'('중상'과 '상'을 포함)에게는 10만 엔짜리, '중층'('중중')에게는 7만 엔짜리, '하층'('중하'와 '하'를 포함)에게는 3만 엔짜리 제품을 판다고 가정해 보자. 100만 명의 소비자가 있다고 하면, 1958년 당시에는 상층 4%, 중층 41%, 하층 55%였다 (도표 1-3을 참고하여, 무응답을 보정하여 100%에 맞춘 수치. 소수점 이하 반올림으로 합계가 100이 아님).

도표 1-3 중산층 의식의 변화 (1) (1958~1973년) (%)

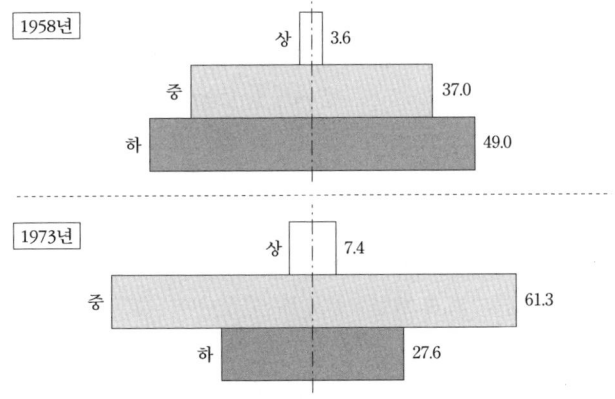

출처: 내각부 『국민생활 여론조사』를 바탕으로 컬처스터디스연구소 작성

이를 바탕으로 계산하면 매출은 다음과 같다. 10만 엔 × 4만 명 = 40억 엔, 7만 엔 × 41만 명 = 287억 엔, 3만 엔 × 55만 명 = 165억 엔으로 총매출은 492억 엔.

그런데 1973년의 중산층 확대 모델에서는 상층 8%, 중층

64%, 하층 29%로 바뀌었다.

같은 방식으로 계산하면 10만 엔 × 8만 명 = 80억 엔, 7만 엔 × 64만 명 = 448억 엔, 3만 엔 × 29만 명 = 87억 엔으로 총매출은 615억 엔.

결국, 이전에는 3만 엔짜리 제품밖에 못 사던 계층이 7만 엔짜리 제품을 살 수 있게 되면서, 전체 시장이 커진 것이다. 이런 '중산층화' 흐름 속에서, 일본의 가전 산업, 자동차 산업, 의류 산업 등 거의 모든 분야에서 매출이 증가했다. 그래서 일본 기업은 '중산층을 위한 제품 만들기'가 특기가 되었다. 하지만 '상층'을 위한 고급 제품을 만드는 데는 여전히 미숙했다.

상층 소비자를 타깃으로 하는 판매 노하우가 필요한 시대

앞서 살펴본 흐름처럼, 앞으로 중산층이 줄고 상층이 늘어난다면, 이제는 상층을 타깃으로 한 판매 노하우가 필요해질 것이다. 앞서 말했듯이 실제로 1996년 이후, 중산층은 감소하고 하층은 증가했으며, 상층은 일정 수준 이상을 꾸준히 유지하거나 오히려 증가하고 있다.

그렇다면, 가상의 미래인 '201X년'에 계층 구성이 다음과 같다고 가정해 보자. 상층 15%, 중산층 45%, 하층 40%.

이 경우, 매출은 다음과 같이 계산된다(도표1-4).

10만 엔 × 15만 명 = 150억 엔, 7만 엔 × 45만 명 = 315억 엔, 3만 엔 × 40만 명 = 120억 엔으로 총매출은 585억 엔.

도표 1-4 중산층 의식의 변화 (2) (1973~201X년) (%)

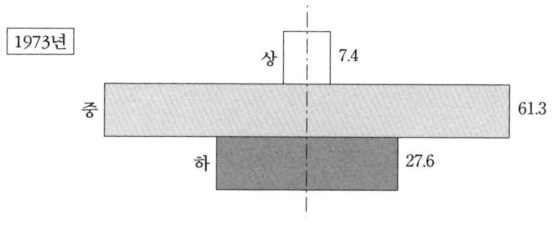

1973년
- 상 7.4
- 중 61.3
- 하 27.6

2004년
- 상 10.3
- 중 52.8
- 하 33.6

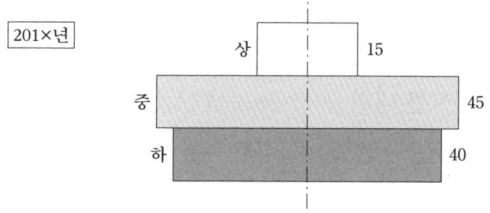

201X년
- 상 15
- 중 45
- 하 40

자료: 내각부『국민생활 여론조사』(2004년)를 바탕으로 미우라 아츠시 작성.
단, 201X년 수치는 컬처스터디스연구소의 가정치임.

중류화에서 하류화로

이는 1973년의 중산층 사회 모델(615억 엔)보다 줄어든 수치다. 이유는 분명하다. 중산층이 줄었기 때문이다. 중산층 매출은 133억 엔이나 줄어든 반면, 하층 매출은 겨우 33억 엔 늘었고, 상층 매출은 70억 엔 증가했지만, 전체 감소분을 상쇄하긴 부족하다.

게다가 실제로는 이보다 훨씬 더 심각하다. 예를 들어 백화점의 매출은 버블 붕괴 이후 지금까지도 해마다 감소하고 있다. 매출이 615억 엔에서 585억 엔으로 줄어든 수준이 아닌, 60-70% 수준까지 급감한 경우도 많다. 그 원인은 아마도 '디플레이션'과 소비 심리 변화일 것이다. 7만 엔짜리 정장을 사던 중산층 소비자가 '하층화된 인식' 속에서 5만 엔짜리 상품만 찾게 된 것이다. 이른바 '유니클로 현상'이다.

이런 상황에서 매출을 다시 계산해 보면, 10만 엔 × 15만 명 = 150억 엔, 5만 엔 × 45만 명 = 225억 엔, 3만 엔 × 40만 명 = 120억 엔으로 총매출은 495억 엔.

이는 1973년 모델의 80% 수준에 불과하다. 실제로 백화점 업계는 버블 시절 대비 60-70% 수준으로 매출이 줄었다고 생각하고 있어 그야말로 이 모델이 지금 현실을 가장 잘 설명하고 있다고 하겠다.

문제는, 사회는 이미 중산층 사회에서 계층 사회, 나아가 하층 중심 사회로 변했는데도, 기업은 여전히 중산층 모델에 맞춘 방식으로 대응하고 있다는 데 있다. 백화점의 매출

감소는 바로 '1973년형 모델'에서 '201X년형 모델'로의 전환에 실패했기 때문이다.

그렇다면 매출을 회복하려면 어떻게 해야 할까? 가장 단순한 방법은 중산층과 하층 소비자들이 다시 원래 가격대의 제품을 사 주는 것이다. 예컨대, 중산층이 다시 7만 엔짜리 정장을, 하층이 3만 엔짜리 정장을 사면 된다. 하지만 그 경우에도 중산층 자체가 줄었기 때문에 전체 매출은 여전히 줄어든다.

그렇다면 방법은 하나다. 상층 소비자에게 더 비싼 상품을 팔아야 한다.

예를 들어, 15만 엔 × 15만 명 = 225억 엔, 5만 엔 × 45만 명 = 225억 엔, 3만 엔 × 40만 명 = 120억 엔으로 총매출은 570억 엔.

아직 1973년 모델(615억 엔)에는 못 미치지만, 점점 가까워지고 있다. 만약 상층이 20만 엔짜리 정장이나 10만 엔짜리 정장을 두 벌 산다면?

20만 엔 × 15만 명 = 300억 엔, 5만 엔 × 45만 명 = 225억 엔, 3만 엔 × 40만 명 = 120억 엔으로 총매출은 645억 엔.

이제야 비로소 1973년 모델을 넘어서게 된다. 즉, 줄어든 중산층의 소비를 메우기 위해선, 상층 소비자에게서 '훨씬 더 많은 돈'을 끌어내야 하는 것이다. 중산층의 감소를 메꾸는 것은 그만큼 힘든 일이다.

1955년의 '크라운'에서, 2005년의 '렉서스'로

여기서 주목할 점은, 인구의 15%인 '상층'에게 15만 엔짜리 정장을 팔았을 때의 매출과, 45%인 '중산층'에게 5만 엔짜리 정장을 팔았을 때의 매출이 같다는 사실이다. 당연한 얘기지만, 소비자가 3분의 1이어도 단가가 3배면 매출은 같다. 하지만 이 경우 수익은 '상층' 쪽이 훨씬 많을 가능성이 높다. 게다가 상층이 20만 엔짜리를 산다면 매출이 75억 엔 늘어나고, 그만큼 대부분이 순이익일 수도 있다(도표 1-5).

이처럼 중산층이 줄어드는 흐름 속에서, 중산층만을 타깃으로 한 판매 전략은 더 이상 유효하지 않다. 앞으로는 상층 소비자를 겨냥한 전략이 훨씬 더 수익을 낼 수 있는 시대가 열리고 있는 것이다. 이러한 중산층 중심 모델에서 계층화 중심 모델로의 전환은, 지금까지의 비즈니스 모델을 무력화시키고, 새로운 비즈니스 모델의 필요성을 강하게 제기하고 있다.

하지만 일본 기업은 여전히 '중산층을 위한 대량 생산·대량 판매' 시스템에 익숙해져 있다. 생산 라인도 그렇게 짜여 있고, 직원 수도 많다. 그래서 이익률이 낮더라도 매출만 많으면 된다는 방식이 정착되어 있다.

그러나 계층화가 가속화되면, 더 이상 중산층만 바라보는 전략으론 한계가 있다. 상층에게는 상층을 위한, 차별화된 상품을 제공해야 한다.

도표 1-5 만약 100만 명의 남성에게 슈트를 판다면…

1958년
계층사회 모델
상 10만 엔× 4만 명= 40억 엔
중 7만 엔×41만 명=287억 엔
하 3만 엔×55만 명=165억 엔
총합: 492억 엔

1973년
중산사회 모델
상 10만 엔× 8만 명= 80억 엔
중 7만 엔× 64만 명=448억 엔
하 3만 엔× 29만 명= 87억 엔
총합: 615억 엔

201×년
계층사회 모델
상 10만 엔× 15만 명=150억 엔
중 7만 엔× 45만 명=315억 엔
하 3만 엔× 40만 명=120억 엔
총합: 585억 엔

계층사회(불황) 모델
상 10만 엔× 15만 명=150억 엔
중 5만 엔× 45만 명=225억 엔
하 3만 엔× 40만 명=120억 엔
총합: 495억 엔

계층사회(상류층 공략) 모델
상 20만 엔× 15만 명=300억 엔
중 5만 엔× 45만 명=225억 엔
하 3만 엔× 40만 명=120억 엔
총합: 645억 엔

출처: 컬처스터디스연구소 추산

지금까지는 '중산층'에게 물건을 파는 것이 매출과 수익을 극대화하는 방법이었다. 예컨대, 중산층에게 10만 엔짜리 제품을 팔아 얻은 매출을, 상층에게서 얻으려면 80만 엔짜리 제품을 팔아야 했고, 현실적으로 그런 상품은 팔리지 않았기 때문이다.

하지만 앞으로는 상층을 위한 30만 엔짜리 제품이라면 충분히 판매가 가능하고, 매출도 같고 수익은 더 커질 수 있다는 가능성이 보이기 시작한 것이다.

2005년 8월에 출시된 도요타의 '렉서스'는 바로 그 가능성을 노린 브랜드다. 또한 2003년 리뉴얼된 신주쿠 이세탄 남성관도 마찬가지다. 기존 백화점의 남성복 매장은 중산층, 즉 과장·부장급 직장인을 위한 공간으로 꾸며졌지만, 이세탄은 과감하게 고급화 전략을 취했고, 상층을 겨냥한 차별화 전략으로 성공했다고 평가된다.

생각해 보면 도요타 크라운의 출시 연도는 1955년, 바로 '55년 체제'가 시작된 해였다. 이후 등장한 카롤라, 코로나, 그리고 "언젠가는 크라운"이라는 전형적인 계층 상승형 소비 모델을 통해 도요타는 풀라인업*을 갖춘 대기업으로 성장했다. 크라운은 '1억 총 중류' 시대의 상징이었던 셈이다.

그런 도요타가 이제는 '일부 부유층'을 위한 '렉서스'를 출시한 것이다. 그리고 그 렉서스는 더 이상 "언젠가는 렉서스"라는 메시지로 팔리지 않는다. 그것이 바로 '2005년 체제'의 상징이라 할 수 있다.

---

* 풀라인업(full line up): 동일 제품을 계층별로 분화시켜 모델을 두루 갖춘 경우를 일컫는다. 예를 들어 크기별, 배기량별, 가격대별 등 모든 차종을 구비한 경우가 해당된다.

제2장

계층화로 인한 소비자의 분열

계층화 사회에서의 가치관 변화

제1장에서 살펴본 것처럼 계층화가 점점 심화되면, 사람들은 점차 서로 다른 몇 개의 집단으로 나뉘게 될 가능성이 있다. 그 전제로, 다음과 같은 흐름들이 예상된다.

① 계층 상승을 지향하는 사람이 줄어들고, 그 대신 일이나 돈보다 개인의 취미나 NPO, 봉사 활동 같은 것을 더 중요하게 여기는 사람이 늘어난다.
② 계층 상승에 큰 관심이 없는 사람들 중에는, 전통적인 기업 취직 대신 기술이나 자격을 갖춰 보다 자유로운 형태의 일을 추구하는 이들도 늘어날 것이다.
③ 물론 기존처럼 계층 상승을 지향하는 사람들도 여전히 일정 수는 존재한다. 특히 여성들 사이에서는 오히려

계층 상승 욕구가 더 강해지는 경향도 보인다. 이런 사람들은 성과주의 임금 체계 아래에서, 혹은 외국계 기업이나 벤처 기업 등에서 더 많은 소득을 얻기 위해 적극적으로 움직일 것이다.

④ 한편으로는, 남편의 경제력에 기대어 높은 계층을 유지하려는 전업주부를 지향하는 여성들 역시 쉽게 줄어들지 않을 것이다.

여성의 분열

앞서 말한 전제를 바탕으로, '계층 상승을 지향하느냐, 현재 상태를 유지하려 하느냐', 그리고 '직업 중심적인 삶을 원하느냐, 취미 중심적인 삶을 지향하느냐'(여성의 경우는 '직업을 가질 것이냐, 전업주부를 선택할 것이냐') 이 두 가지 축을 기준으로 삼아, 남성과 여성이 앞으로 어떻게 나뉘게 될지를 가설을 통해 살펴보자.

1980년대 전반까지, 여성의 전형적인 삶의 방식은 전업주부가 되는 것이었고, 그것이 다수의 선택이었다. 하지만 1986년 남녀고용기회균등법이 시행된 이후, 여성도 종합직으로 고소득을 올리는 경우가 늘어나기 시작했고, 그와 동시에 프리터, 파견직 등 유연한 형태로 일하는 여성도 증가했다. 또한 애초에 결혼 자체를 선택하지 않는 여성도 많아졌다.

이처럼 여성의 삶의 방식은 점점 더 다양해졌고, 이제는 "여성은 이렇다"고 일반화하기 어려울 만큼 분화된 모습을 보이고 있다. 이러한 여성의 다층적 분화를 도식화해 보면 다음과 같은 이미지가 된다(도표 2-1).

이후에 다루게 될 남녀 소비자 분화에 대한 설명은, 엄밀한 실증 데이터를 기반으로 한 분석이라기보다는, 지금까지 필자가 쌓아온 마케팅 경험과 인터뷰 조사 결과를 토대로 한 가설적 이미지이다. 다만, 그중 일부는 제3장 이후에서 소개할 실제 데이터와도 일정 부분 부합하는 면이 있을 것이다.

도표 2-1 여성의 유형화

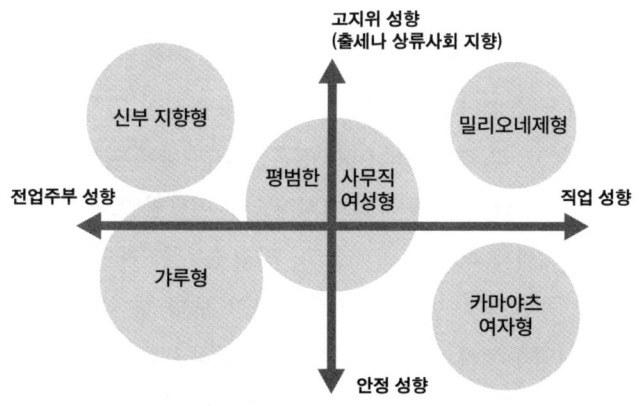

주: 카마야츠 여성은 '미우라 아츠시'가 만든 신조어로, 최근 젊은 여성들 사이에서 증가하고 있는 패션 유형. 가치관으로는 마이페이스·자기다움·여유로움을 추구하며, 직업 성향이면서도 전업주부 성향은 없는 여성을 가리킨다. (미우라 아츠시 『카마야츠 여성의 시대』 참고)
출처: 컬처스터디스연구소 작성

(1) 신부 계열

경제 성장기 이전까지만 해도, 결혼 후 집에서 살림만 하는 전업주부의 삶은 일부 부유한 집안 출신 여성들만 누릴 수 있는 특권이었다. 하지만 경제가 고도성장하면서, 1980년대까지는 평범한 직장인과 결혼하더라도 점차 생활 수준이 올라간다는 기대가 있었기 때문에, 전업주부가 되는 삶을 꿈꾸는 여성들이 점점 늘어났다.

실제로 남녀 고용 기회가 동등하지 않았던 시절에는, 여성들이 고등학교나 단기 대학을 졸업한 뒤 사무직으로 취업해 '관상용 여직원'으로 일하다가, 호감을 보이는 또는 첫눈에 반한 남성과 결혼하고 회사를 그만두는 것이 이상적인 인생 코스로 여겨지곤 했다.

하지만 1986년 남녀 고용 기회 균등법이 시행된 이후, 여성도 대학을 졸업하고 정규직으로 남성과 똑같이 일하는 삶이 권장되었고, 그 과정에서 이런 결혼 중심의 삶은 일부에서 남성에게만 유리한, 순응적인 여성상으로 비판받기도 했다.

정부의 세제 혜택이 줄어들고, 전업주부를 "자기 삶의 의지가 부족한 패러사이트(Parasite)"라고 보는 시선까지 생기면서, 전업주부의 입지는 예전만큼 편안하지 않다.

그럼에도 불구하고, 여전히 부유한 집안의 전업주부가 되는 것은 여성들에게 큰 매력으로 남아 있다. 특히 장기적인 경기 침체와 정체된 임금 구조 속에서, 누구나 풍요로운 삶

한낮의 아오야마를 걷는 부유한 신부 계열 여성

을 누릴 수 있으리라는 기대가 사라진 지금, 결혼을 통해 '여유 있는 삶'을 얻는 방식은 오히려 가장 전략적인 선택지로 다시 주목받고 있다.

최근 주목받고 있는 '나고야 아가씨*' 현상도 그 흐름 속에 있다. 이들은 보통 중산층 이상의 집안에서 자라며, 여자 대학이나 단기 대학을 졸업한 뒤, 부모의 인맥을 통해 괜찮은 기업에 취업하거나, 혹은 아예 일하지 않고 집안일을 돕는다. 낮에는 어머니와 함께 쇼핑하거나 요리 수업에 다니며 우아한 생활을 즐기고, 결혼을 통해 현재의 생활 수준을 유지하거나 더 나은 삶을 당연하게 여긴다.

소비 성향도 고급 지향이 뚜렷해서, 자동차, 주거, 패션, 인테리어 등 거의 모든 분야에서 고급 브랜드를 선호하며, 자녀 교육에도 많은 비용을 쓰는 편이다. 좋은 학교 입학, 조기 영어 교육 등 계층을 유지하거나 높이기 위한 소비가 활발한 집단이다.

---

*나고야 아가씨: 일본 나고야 지역에서 주로 보이는 여성 스타일로, 분홍색으로 포인트를 준 보수적인 옷차림에, 머리는 안쪽으로 둥글게 웨이브를 주었다). 브랜드 제품을 좋아한다.

신부가 되는 건 어렵다

하지만 현실적으로, 전업주부가 되길 바라는 여성들의 이상을 뒷받침할 수 있는 남성은 점점 줄어들고 있다. 즉, 여성이 지금의 일을 그만두고 가사에만 전념해도 될 만큼 충분한 소득을 벌고, 앞으로도 소득이 늘어날 것으로 기대되는 남성이 많지 않다는 뜻이다.

게이오 대학의 히구치 요시오 교수의 지적처럼, 남편의 소득 격차는 점점 커지고, 고정화되는 경향이 있기 때문이다(히구치 요시오 엮음 『일본의 소득 격차와 사회 계층』 참고).

그래서 이제는 결혼 후에도 아내가 계속 일하기를 바라는 남성이 늘어나고 있다. 실제로 일본 국립 사회보장·인구문제연구소의 「제12회 출산 동향 기본조사」에 따르면, '결혼한 뒤 아내가 전업주부가 되었으면 좋겠다'고 답한 미혼 남성의 비율은 1987년에는 38%였지만, 2002년에는 18%로 크게 줄었다.

즉, 전업주부가 되길 희망하는 여성들이 그 이상을 실현할 수 있는 가능성은 과거보다 훨씬 낮아졌다.

물론 억만장자까지는 아니더라도, 많은 여성들이 연봉 700만 엔 이상의 남성을 만나고 싶다고 생각한다(표 2-1).

표 2-1 여성(18~37세)이 결혼상대에게 원하는 연 수입 (n=600)　(%)

400만 엔 미만	400만 엔 이상	600만 엔 이상	800만 엔 이상	1000만 엔 이상
7.2	29.0	29.7	16.3	17.8

주: 기혼 여성도 응답자에 포함되어 있음
출처: 컬처스터디스연구소 + (주)요미우리광고사 「여성 2차 조사」

하지만 그런 남성은 극히 소수이기 때문에, 자연스럽게 치열한 경쟁이 벌어진다. 그 경쟁에서 이기기 위해서는 외모가 뛰어나거나, 성격이 좋거나, 집안이 좋거나, 혹은 머리가 좋은 등 무언가 강점이 필요하다.

그런 장점이 특별히 없는 여성은, 소득이 낮은 남성과 타협하거나, 그게 싫다면 결혼을 미루고 독신 생활을 이어 가게 된다. 그러다 보면 종종 '건어물녀*'처럼, 회사 일에만 몰두하고 퇴근 후엔 혼자 만화책을 읽으며 술 한 잔 마시고, 주말엔 이불 속에서 뒹굴며 시간을 보내는 일상이 반복되곤 한다. 지금 시대에 행복한 전업주부가 된다는 건 그리 쉬운 일이 아니다.

---

* '건어물녀'(일본어로 '히모노 온나')라는 표현은 하우라 사토루의 만화 『호타루의 빛』에서 유래한 말이다. 주인공 아마미야 호타루는 20대인데도 연애를 포기하고, 평일에는 회사에서 곧장 집으로 돌아와 만화책을 읽고 혼자 술을 마신다. 주말엔 하루 종일 이불 속에서 뒹굴며 보내는 게 행복하다고 여긴다. 활기찬 청춘을 '말려 버린 생선'처럼 보낸다 해서 '건어물녀'라는 별명이 붙은 것이다.

인터뷰 - 신부 계열 여성

"머리가 좋고 장래성이 있는 도쿄대생이라면 결혼해도 좋아요."

- 나이: 21세
- 학력: 유명 사립대학 4학년
- 거주: 사이타마현, 부모와 동거
- 가족: 아버지는 지방 공무원, 어머니는 아르바이트하는 전업주부
- 소득: 약 200만 엔 정도 (아르바이트와 용돈 포함)

여성 잡지에서 화장품 관련 기사 작성 아르바이트를 하고 있다. 아르바이트 급여는 월 15만 엔이고, 부모님께 생활비로 월 3만 엔 정도를 받고 있다(현재는 취업 활동 중이라 아르바이트는 쉬고 있다).

취업 목표는 출판사이다. 대형 출판사에 떨어지면 중견 출판사도 지원할 예정이다. 중학생 때부터 출판사에서 잡지를 만들고 싶다고 생각해 왔기 때문이다.

일의 특성상, 세간의 화제나, 유행에 민감하며, 아르바이트 급여는 전부 패션에 사용하고 있다. 하지만 음식점은 할인 쿠폰을 사용할 수 있는 곳을 가기도 한다.

명품을 좋아한다. 가격이 비싼 물건이 좋고, 오래 사용해도 질리지 않기 때문이다. 에르메스 가방을 좋아한다. 중학

교 1학년 때 처음으로 루이비통 지갑을 가졌다. 당시 학생이었던 오빠가 해외여행 선물로 사다 준 것이었다.

어머니는 특별히 명품을 좋아하지 않는다. 아버지도 전혀 그렇지 않다. 하지만 차는 셀시오를 탄다. 할아버지가 돌아가시고 유산이 들어와서, 그 돈으로 셀시오를 사고 집을 새로 지었다.

또, 음식으로는 도라야 같은 전통 있는 가게의 것이 좋다고 생각하게 되었다. 선물용 과자도 오래된 전통 가게의 것이 더 좋다. 얼마 전 오빠가 결혼 약혼식을 했는데, 상대방 집안에서 약혼 답례 선물을 보내 주었을 때도, 전통 있는 가게에서 준비한 것이어서, 역시 제대로 된 집안이구나 싶었다.

내 패션 스타일은 어떤 계열일까? 나이가 많은 분들을 만날 때는 아가씨 스타일, 친구들과 바다에 갈 때는 갸루 스타일 같은 느낌. 노출이 심한 옷차림은 싫어한다.

내 성격은 지는 걸 싫어하는 편이다. 중학교와 고등학교는 사립 여자학교를 다녔는데, 제1지망 학교에 떨어져서 간 곳이라서 아쉬웠다. 제1지망은 (도쿄) 여학관이었다. 교복이 예뻐서.

그리고 중고등학교에서는 성적이 좋아서 내부 진학*으로 대학에 갈 수도 있었지만, 나는 어떻게든 주변 친구들보다

---

* 내부 진학: 일본의 사립대학은 같은 재단 고등학교 학생이 성적을 일정 수준만 충족하면 자동으로 입학을 허가한다. 이를 내부 진학 또는 에스컬레이터식 진학이라 한다.

더 좋은 대학에 가고 싶었다. 입시 공부는 힘들었지만, 노력하는 것, 지지 않도록 최선을 다하는 것이 얼마나 중요한지 배울 수 있어서 좋았다. 내부 진학으로 대학에 가버리면, 나중에 더 좋은 대학에 갔어야 했다고 부러워하거나 후회하고 싶지 않았기 때문이다.

결혼은 하고 싶다. 상대의 연 수입은 1,500만 엔 이상이었으면 좋겠다. 높으면 높을수록 좋다. 의사나 변호사 같은 직업. 그래서 10살 연상이라도 상관없다.

아이를 가지면 전업주부가 되고 싶다. 내가 초등학생이었을 때, 어머니가 아르바이트를 하느라 집에 없어서 외로웠기 때문이다. 아이를 큰 유모차에 태우고, 점심에는 롯폰기 힐즈에 간다든가(웃음).

그리고 일하는 여성들의 아이를 돌봐주는 것 같은, 지역사회에서의 자원봉사 같은 것도 해 보고 싶다. 아이들을 좋아하기 때문에.

내 아이는 초등학교부터 사립학교에 보내고, 나는 예쁜 옷을 입고 수업 참관에 간다. 그리고 부유한 주부로서 텔레비전에 나오고 싶다(웃음).

하지만 남자아이일 경우 초등학교부터 사립학교에 보내는 건 안 될지도 모른다. 지금 다니는 대학에도 초등학교부터 계속 올라온 남학생이 있는데, 그 애는 미용사가 되고 싶다고 하면서 대학에 다니면서 동시에 전문학교에도 다니고 있다. 그런 건 절대 용납할 수 없어! 대체 뭣 때문에 대학에 온 거야! 그럴 거면 처음부터 전문학교에 가야지! 라고 생각한다.

그런데 지금 사귀고 있는 남자 친구는 미국 유학을 다녀온 배우 지망생이다. 그의 아버지도 무명 배우라고 한다. 완전히 안 좋은 패턴이다. 친구들도 빨리 헤어지라고 말한다. 성격은 잘 맞는데.

그래서 지금 가장 불안한 것은, 제대로 취직할 수 있을지, 좋은 사람과 결혼할 수 있을지다.

의사들과 미팅을 하는데, 다들 성격이 나쁘다. 자기중심적이고, 자존심이 강해서 대화가 잘 통하지 않는다. 변호사들도 그냥 놀고 싶어 하는 것처럼 보인다. 그런 사람들 중에서도 비교적 괜찮은 남자는 결국 친구들과 경쟁해야 한다.

의사나 변호사가 아니더라도, 외국계 기업이나 종합상사에서 일하는 사람도 좋다. 그리고 도쿄대 학생을 좋아한다. 도쿄대 출신이라면 연봉이 낮아도 상관없다. 머리가 좋고, 믿음직하며, 장래성이 있는 남자가 좋다.

(2) 밀리오네제 계열

1986년 남녀 고용 기회 균등법 시행 이후, 학력이 높고 일에 대한 의지가 강한 여성들, 특히 4년제 대학을 졸업한 여성들이 기업에서 종합직으로 입사해, 남성과 같은 수준의 급여를 받기 시작했다. 이런 여성들은 현재 30-40대에 접어들었고, 연 수입이 1천만 엔 이상인 사람들도 생겨나고 있다. 이들을 가리켜 '밀리오네제'라고 부른다.

'밀리오네제'라는 말은, 『밀리오네제가 되어 보지 않겠어요?』라는 책을 출간한 일본의 출판사 '디스커버21'이 만든 조어다. 원래는 미국 책 『Six Figure Women』(6자리 수, 즉 연 10만 달러 이상 수입을 올리는 여성)을 번역하면서 붙인 이름이다. 일본에서는 월 수입 100만 엔, 즉 연 1천만 엔 정도의 여성이라는 뜻으로 쓰인다. 실제로는 연 500만 엔 정도인 경우가 많지만, 그 정도만 되어도 상당한 '부유한 감각'을 지닐 수 있다.

이들은 고학력, 전문직, 고소득이라는 특징을 지닌다. 의사, 변호사, 세무사, 회계사, 컨설턴트 등 이른바 '선생님'이나 '자격 전문직'이라 불리는 직종이 많다(미우라 아츠시 『카마야츠 여성의 시대』 참고).

일본 사회경제생산성본부의 조사에 따르면, 신입 여성 직원 중 팀장이나 사장을 목표로 한다고 답한 비율도 21%에 달한다(도표 2-2).

도표 2-2 여성 신입사원의 승진 희망

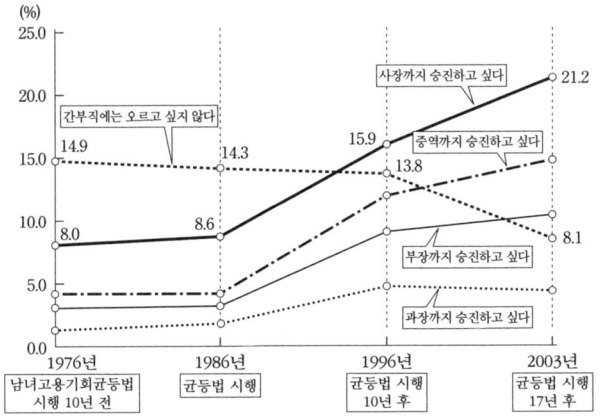

출처: 재단법인 사회경제생산성본부

밀리오네제의 성격적 특징은 상승 지향, 노력 지향 자기계발에 적극적, '성공하고 싶다'는 의지가 강한 편이다. 해외 유학이나 연수 경험이 있는 경우도 많으며, 도쿄 서남부(메구로, 세타가야, 스기나미, 요코하마 아오바구 등)의 유복한 집안 출신인 경우가 흔하다. 이 지역 출신은 부모 또한 전문직이거나 경제적으로 여유 있는 가정이 많다.

현재도 이 지역에 거주하고 있으며, 결혼하지 않고 스스로 아파트를 구입해 혼자 사는 여성도 있다. (수도권에서 미혼 여성이 스스로 아파트를 구입한 경우는 최소 1만 명 이상으로 추정된다) 또는 결혼 후에도 맞벌이를 하며 아이를 키우는 경우도 많다. 밀리오네제의 배우자 역시 대체로 고소득자인 경우가 많

계층화로 인한 소비자의 분열 59

다. 고소득 여성은 대학 동기, 직장 동료, 거래처 등에서 자연스럽게 고소득 남성과 만날 기회가 많기 때문이다.

처음부터 커리어를 지향했던 여성뿐 아니라, 원래는 전업주부가 되고 싶었지만 우연히 일에 성공해 버린 여성들도 이 그룹에 속한다. 이런 여성들을 인터뷰해 보면, 자기 표현이 강하고 경쟁심도 높으며, 스스로의 능력을 갈고닦는 데 적극적이다. 만약 전업주부가 된다면, 아이 교육에 열정을 쏟을 스타일이다.

소비 성향도 매우 뚜렷하다. 브랜드 제품을 좋아하고 미식에 관심이 많으며 패션에 연간 100만 엔 이상 쓰는 경우도 드물지 않다. 외식비 지출도 많고, 긴자, 아오야마 같은 중심지는 물론, 요츠야 아라키초, 닌교초, 몬젠나카초 같은 전통 있는 작은 요리집도 즐겨 찾는다. 게다가 바쁜 일상 속 피로를 풀기 위해 여행, 에스테틱, 미용 관련 소비도 꾸준히 이루어진다.

니혼바시에 미인이 많은 이유는?

조금 여담이지만, 요즘 내가 웃기려고 자주 하는 얘기가 하나 있다.

"지금 도쿄에서 미인이 제일 많은 동네는 어디일까요? 긴자도, 아오야마도 아니고, 설마했던 시부야도 아니다. 정답은…… 니혼바시와 후타코타마가와다."

 물론 긴자나 아오야마에는 아름다운 젊은 부인들과 아가씨들이 많다. 하지만 도심에서 살짝 벗어난 후타코타마가와에는 '타마야 쇼핑센터'가 있다. 이곳은 최근 리뉴얼을 거치며 한층 더 고급화되었고, 그 결과 고객층의 수준은 웬만한 도심 백화점보다 훨씬 높아졌다.

도심을 걷는 세련된 여성

 그리고 니혼바시. 이곳엔 부인이나 아가씨들이 늘어난 게 아니다. 그렇다면 누가? 아마도, 금융업계에서 일하는 밀리오네제 타입의 커리어 여성들이 그 주인공일 것이다. 검은색 구찌나 프라다 정장을 입고 시원하게 거리를 걷는 여성 딜러. 한때는 헐리우드 영화 속에서만 보던 모습이었지만,

지금은 도쿄 금융가인 니혼바시 거리에서도 어렵지 않게 볼 수 있다.

그녀들은 애쓰거나 필사적인 모습으로 일하지는 않는다. 돈이 있으니까. 머리도 피부도 늘 말끔하게 정돈돼 있다. 앞서 인터뷰한 한 여성은 아이를 저녁 10시까지 어린이집에 맡기고 일하면서도 매주 요리 수업을 듣고, 에스테틱과 영어 회화 학원(벨리츠)까지 다닌다고 했다. 정말 대단한 에너지다.

20여 년 전, 키리시마 요코는 『똑똑한 여자는 요리를 잘한다』는 책을 썼다. 그 말을 지금에 맞춰 바꾼다면, "똑똑한 여자는 요리와 메이크업, 영어를 잘한다"가 아닐까.

이 여성들의 소비는 주택 구매, 여행, 가구와 인테리어, 금융과 부동산 투자까지 다양한 방향으로 확장되고 있다. 외국계 회사에 다닌다면 휴가도 많다. 여름에 한 달간 바캉스를 가는 것도 가능하다. 몸도 마음도, 여유롭다.

자기 계발을 위한 학습비 지출도 많고, 해외 유학 경험이 있거나 유학을 준비 중인 사람도 많다. 국제 변호사나 국제 회계사 같은 자격을 따기 위해서다. 앞으로는 해외에 콘도미니엄을 사는 여성들도 점점 더 많아질 것이다.

그에 비하면, 시부야는 이제 계층적으로 보았을 때 가장 '하층적인' 젊은이들이 모이는 동네라고도 할 수 있다. 그 중심에 있는 센터 거리는 그 대표적인 예다.

인터뷰 - 밀리오네제 계열 여성

"하와이에서 아이를 서머스쿨에 맡기고 남편과 골프를 치고 싶어요."

- 나이: 35세
- 학력: 유명 사립대학 졸업
- 직업: 대기업 조사부 근무
- 부친 직업: 대기업 종합상사 근무
- 연 소득: 1,000만 엔
- 저축액: 2,000만 엔

현재 남편과 아이, 세 식구가 오타구 내의 임대 맨션에서 거주 중이다. 주거비는 25만 엔. 남편의 연봉은 1,200-1,300만 엔 정도. 주거비와 생활비를 합쳐 40만 엔은 남편이 부담한다. 나는 매달 40만 엔을 저축하고 있으며, 현재 저축액은 2,000만 엔. 그 외에도 부모에게 받은 주식이 약 2,000만 엔 정도 있다. 남편이 따로 저축을 하고 있는지는 모른다.

차는 BMW 525를 타고 있으며, 다음에는 렉서스도 괜찮을 것 같다고 생각 중이다. 아직 자가 주택을 마련할 계획은 없다. 남편이 별로 내켜 하지 않기 때문이다.

쇼핑을 좋아한다. 독신 시절에는 1년에 약 200만 엔 정도를 옷에 썼던 것 같다. 주로 니혼바시 등의 백화점에서 구입하거나, 해외여행 중에 몇십만 엔어치를 한꺼번에 구매했다. 그 외에는 여행과 외식에 돈을 썼다.

일주일에 한 번은 여성 친구들과 8,000엔 정도의 점심을 먹고, 저녁은 주로 남성들에게 얻어먹었다.

여행은 1년에 두 번, 하와이와 유럽. 하와이에서는 골프를 친다.

유럽에서는 쇼핑을 한다. 지금은 육아 때문에 쇼핑할 시간이 없지만, 그래도 1년에 100만 엔 정도는 옷을 산다. 하지만 유니클로는 사지 않는다.

아이가 좀 더 크면, 제대로 된 레스토랑에서 두 시간 정도 들이며 여유롭게 식사를 하고 싶다. 그리고 가족과 함께 하와이에 가서, 아이는 호텔에 맡기고 골프 삼매경에 빠지고 싶다.

요리를 좋아해서 예전에는 가이세키 요리를 배웠고, 지금은 중식을 배우고 있다. 또한, 올해부터는 주 1회 에스테틱에도 다니고 있다. 벨리츠에서 영어 공부도 하고 있다.

아이(아들)는 삶의 보람이다. 역시 결혼하고 아이를 낳는 것이 좋다고 생각한다. 정신적으로 안정감을 준다.

아들은 하얀 셔츠와 회색 바지가 잘 어울리는 아이로 자랐으면 좋겠다. 지금 보육원에 다니고 있는데, 무릎이 거칠고 울퉁불퉁해 지는 아이들도 있어서, 우리 아이는 그렇게 되지 않았으면 한다.

중학교는 사립으로 보낼 생각이지만, 유학도 괜찮을 것 같다. 식생활 교육에도 관심이 있어서, 언젠가 NPO 활동에도 참여해 볼까 생각하고 있다. 하와이에 3주간 농업 체험을 하는 서머스쿨이 있는데, 아이를 그런 프로그램에 보내고 부모는 그동안 자유롭게 지내는 것도 좋을 것 같다고 생각한다.

아이에게는 피아노를 개인 레슨으로 배우게 하고 있다. 나도 어릴 때 피아노를 배웠으니, 아들도 피아노 정도는 배웠으면 한다.

영상을 틀어주고 방치하지 않는다. 글을 싫어하지 않고 책을 읽는 아이로 키우고 싶다. 얌전한 아이가 좋다.

예전에는 영업직이었지만, 영업부에서는 10년 후 내 롤모델이 될 만한 선배 여성이 없었다. 지금은 조사 업무를 하고 있어서 롤모델이 있다. 현재의 일을 통해 지식을 쌓고, 언젠가 다시 영업직으로 돌아가고 싶다고 생각하고 있다.

(3) 카마야츠 여성 계열

4년제 대학에서 경제학을 전공하고 커리어우먼이 되는 타입은 아니지만, 자신만의 기술을 익혀 직접 일하고 싶어 하는 여성들이 있다. 학력으로 보면 전문학교 출신이 많고, 직업적으로는 미용사, 반려동물 미용사, 제과사 같은 자격 기반의 직종이나 디자이너, 뮤지션 같은 예술 관련 직업을 지향하는 경우가 많다.

이들을 나는 그들의 독특한 패션 스타일에서 착안해 "카마야츠 여성"이라고 불렀다. (미우라 아츠시의 책《카마야츠 여성의 시대》참고) 좀 더 일반적으로는 "손기술을 가진 여성", 혹은 패션 스타일로 보면 "스트리트 계열 여성"이라고 할 수 있다.

증가하고 있는 카마야츠 여성

이들은 기술직을 추구하지만, 출세나 계층 상승을 목표로 하는 성향은 강하지 않다. 자신에게 잘 맞는, 자신답게 일할 수 있는 삶을 바란다. 미래에 대한 구체적인 계획은 약한 편이다. 결혼해서 아이를 갖고 싶다는 생각은 있지만, 전업주부가 되고 싶어 하지는 않는다. 패션은 주로 지방 역 근처의 쇼핑몰 루미네이나 중고 옷가게에서 구매하고, 음악, 일러스트, 만화 같은 서브 컬처를 좋아한다.

하지만 이런 '손기술 계열' 여성들은 대기업에 다니는 사무직 여성이나 종합직 여성에 비해 소득이 낮은 경우가 많고, 실제로는 전문직으로 자리 잡기 전에 중도에 포기하고 비정규직이 되는 사례도 많다. 내가 쓴 책《일하지 않으면, 나를 찾을 수 없다》를 읽고 찾아온 한 미용업계 잡지사 편집자의 말에 따르면, 요즘은 미용실 창업이 많아져서 미용사 학교 졸업생들의 취업률이 높다고 한다.

하지만 현실은 다르다. 작은 미용실에는 들어가고 싶지 않다고 하거나, 큰 미용실에 취직하더라도 금방 그만두는 경우가 많아, 미용실 쪽에서도 처음부터 신입을 넉넉히 뽑는 경우가 많다고 한다. 그래서 통계상 취업률은 높지만, 실제로 오래 일하는 사람은 적다.

결국 스스로 가게를 열거나, 프리랜서로 활약할 만큼 자리를 잡지 않으면 서른이 넘어가면서부터는 고소득 전문직 여성이나 전업주부 지향 여성과의 소득 격차가 점점 벌어질 가능성이 높다.

인터뷰 - 카마야츠 여성 계열 여성

"돈은 그냥 평범하게 생활할 수 있을 정도로만 있으면 돼요……"

- 나이: 23세
- 직업: 프리터(조경업)

1년 동안 옷값으로 얼마를 쓰나요?

— 음… 꽤 많이 사는 것 같아요. 그래도 10만 엔까지는 안 될 것 같은데요.

일반적인 기준으로 봤을 때, 당신의 생활 수준을 100점 만점으로 평가하면 몇 점 정도인가요?

— 일반적인 기준이요? 생활 수준이라는 게 어떤 의미에서요?

경제적인 측면도 있고, 지적 능력이라든가 생활의 질, 내면적인 부분, 교양이나 문화적인 요소 등 모든 걸 종합적으로 고려해서요.

— 아, 그렇군요. 일반적인 기준과 비교해서라면… 음, 한 50점 정도일까요?

그 이유는 무엇인가요?

— 뭐, 조경 일을 하다 보니 도쿄에 있어도 자연과 조금이라도 접할 수 있어서요.

단점은 무엇인가요?

— 단점이라면… 역시 몸을 많이 쓰는 일이라서요. 그리고 개인 시간이 별로 없는 것도 그렇고, 몸을 쓰다 보니 마음까지 쉽게 지쳐 버리는 것 같아요.

일을 하면서 여유를 느끼지는 않나요?

— 요즘은 속도가 중요한 사회잖아요. 저는 시간을 들여서 천천히 일하고 싶은데, 빠르게 해야 하니까… 제가 원래 하고 싶었던 방식으로 일을 할 수 없다는 점이 좀 힘들어요.

조경업은 원래 동경해서 선택한 직업인가요?

— 네, 그렇죠.

생활에 대한 만족도는 어느 정도인가요?

— 30점 정도일까요.

긍정적인 이유와 부정적인 이유를 알려 주세요.

— 도쿄에 온 지 이제 1년 반 정도 됐어요. 아직 오래되지는 않았죠. 그런데 도시에 치이며 살면서 꽤 단련됐다고 느껴요. 물론 힘들었지만, 그래도 그 덕분에 지금의 내가 있을 수 있어서 다행이라고 생각해요.

부정적인 이유는 무엇인가요?

— 사실은 곧 고향으로 돌아가려고 해요. 본가로 돌아가서 자연 속에서 살고 싶다는 느낌이랄까요. 고향에 있을 때 스키장에서 일했었는데, 거기서 친구가 된 애가 도쿄로 간다고 하더라고요. 그 애가 방이 비어 있는데 같이 살래?라

고 해서… 그냥 잠깐 놀러 온다는 느낌이었는데 어느새 1년 반이나 머물러 버린 것 같아요.

도쿄에 유학을 온 게 아니라, 그냥 놀러 온 느낌인가요?

― 맞아요, 그런 느낌이에요. 딱 그런 기분으로 왔어요.

장래에 하고 싶은 직업은 있나요?

― 아직 잘 모르겠지만… 농업에는 좀 관심이 있어요.

계속해서 일을 하고 싶나요?

― 네, 항상 목표를 가지고 살아가고 싶어요. 우선은 제 페이스대로 살아가고 싶긴 하지만, 그래도 제대로 해야 할 부분은 확실히 하고 싶어요. 가족이나 친구처럼 제게 소중한 사람들에게는 정말 진지하게 대하고 싶고, 부모님께도 효도하고 싶어요. 돈은 그냥 평범하게 생활할 수 있을 정도면 충분하다고 생각해요.

(4) 갸루 계열

'갸루 계열'이라는 말은 패션 등의 외견에서 비롯된 이름이지만, 이 여성들은 겉모습뿐 아니라 가치관과 인생관에도 독특한 특징이 있다. 도쿄 시부야의 109 앞이나 센터 거리에서 이런 갸루 스타일의 여성들을 인터뷰해 보면 금방 알 수 있다. 화려한 외모와는 달리, 이들 대부분은 전업주부가 되고 싶다는 마음이 아주 강하다. 겉모습은 흔히 말하는 '신

붓감'처럼 보이지 않을 수도 있지만, 많은 갸루 여성들은 스물두 살이나 스물세 살쯤 결혼해서 아이 둘 셋을 키우며 살고 싶다는 꿈을 가지고 있다.

실제로 스물두 살, 스물세 살에 이미 아이가 있는 경우도 있지만, 그 경우는 대부분 계획에 없던 임신으로 인한 결혼이며, 남편의 경제력이 부족한 경우가 많다. 사랑이 있는지는 알 수 없지만, 경제적으로는 넉넉하지 않은 비정규직 부부의 형태가 흔하다.

갸루계 여성들은 젊은 나이에 엄마가 되는 경우가 많다.

학력은 대부분 고등학교 졸업, 혹은 중퇴, 전문학교 졸업이다. 하지만 전문학교에서 학업을 중도 포기하거나, 취업을 하지 않거나, 하더라도 금방 그만두는 경우가 많다. 그래서 현재는 비정규직으로 일하는 비율이 매우 높다.

일하는 분야는 서비스업, 판매업, 복지나 보육 관련 직종이 많고, 경우에 따라서는 성 산업으로 흘러가는 일도 있다. 부모 세대는 대체로 블루칼라 계층이 많다.

이 여성들은 이른 나이의 결혼, 전업주부, 아이를 키우는 삶을 꿈꾸지만, 인생에 대한 계획성이나 미래 예측 능력은 비교적 약한 편이다. 주로 대도시 외곽이나 지방 도시 외곽에 거주한다.

소비 스타일은, 대형 할인 마트나 저가 매장에서 생필품부터 고급 브랜드까지 두루 구입하며, 외식은 저렴한 패밀리 레스토랑을 즐겨 이용한다(가스토, 사이제리아 같은).

갸루 계열 여성들은 전업주부가 되기를 희망하지만, 출신 계층상 고소득 남성과 만날 기회는 많지 않다.

그래서 현실적으로는 블루칼라 계열의 남성들과 관계를 맺게 된다. 예를 들어 철골공, 택배기사, 라면집 사장처럼, 열심히 일하는 남편을 만나게 된다면 상대적으로 안정된 전업주부가 될 가능성도 있다.

하지만 많은 경우, 수입이 낮은 남성과 결혼하게 되고, 그 결과 본인 역시 파트타임으로 일을 계속하게 된다. 문제는 최근 파트타임 임금이 하락세에 있고, 부부의 총수입도 좀처럼 늘지 않는 상황이라는 것이다.

인터뷰 - 갸루 계열 여성

"아이 교육 같은 건 별로 깊이 생각하지 않아요."

- 나이: 19세
- 학력: 보육계 전문학교 1학년

일반적인 기준으로 봤을 때, 현재 당신의 생활 수준을 100점 만점으로 평가하면 몇 점 정도인가요?
— 30점 정도요. 아침에 제대로 못 일어나요. 너무 게을러서요.

현재 생활에 대한 만족도는요?
— 40점 정도요. 아버지가 너무 엄격해서 빨리 집을 나가고 싶어요.

결혼은 어떻게 생각하고 있나요?
— 전문학교를 졸업하면 바로라도 결혼하고 싶어요. (하지만 현재 남자 친구는 없음) 전업주부가 되고 싶어요. 일을 하면 남편과 생활 패턴이 안 맞을 것 같아서요. 아이를 두 명 낳고 싶어요. 22-23살쯤에 출산하고 싶어요.

취미는 무엇인가요?
— 서예, 과자 만들기.

식품은 어디에서 구매하나요?

— 편의점. 아르바이트하는 로손에서 근무 후에 구매해요.

일상 의류는 어디에서 구매하나요?

— 오미야 역 루미네.

명품 브랜드 제품은 어디에서 구매하나요?

— 오미야 역의 마루이 백화점

외식은 주로 어디에서 하나요?

— 미야하라 역이나 닛신 역의 사이제리아에 자주 가요. 닛신 역의) 사이제리아는 사티 앞에 있어요. 그리고 오미야 역의) 퍼스트 키친 같은 곳에도 가요.

앞으로의 인생 계획이나 커리어 업그레이드에 대해 어떻게 생각하나요?

— 보육사 자격증만 따면 될 것 같아요.

자녀 교육은 어디까지 시키고 싶나요?

— 최소한 고등학교까지는 보내고 싶어요. 그 이후는 본인의 선택에 맡길 거예요. 사실 교육에 대해서는 별로 깊이 생각하지 않아요.

(5) 평범한 사무직 여성 계열

지금까지 소개한 네 가지 유형은 비교적 특징이 뚜렷하고 구분하기 쉬운 사례들이었다. 하지만 현실에는 이 네 가지 어디에도 딱 들어맞지 않지만, 인구 비중으로는 가장 많은 여성들이 있다.

이를테면, 전업주부가 되고 싶다는 마음은 있지만, 고소득 남성을 놓고 벌어지는 경쟁에서 밀리거나 애초에 일찍 경쟁에서 이탈해 지금은 미혼 상태인 여성들이다. 그렇다고 해서 밀리오네제처럼 일에서 삶의 보람을 찾을 만한 의욕이나 능력도 부족하다. 물론 갸루 스타일을 소화할 만큼 지적 수준이나 학력, 미용 감각도 갖추지 못했고, 미용사나 예술가가 될 정도의 미적 감각이나 자기 표현 욕구도 크지 않다.

그렇지만 '손기술 있는 직업'이나 서브 컬처 관련 일에 약간의 관심은 있다. 그래서 시간을 자유롭게 쓰기 위해 파견직을 택하고, 잡지 《케이코와 마나부》를 보며 플라워 클래스, 아로마테라피 수업, 가스펠 교실 등에 다닌다. 자아 찾기, 힐링, 소소한 자기 표현에 빠져 지낸다.

하지만 그것들을 실제 직업으로 연결할 만큼의 열정이나 실행력은 없다. 가끔 정신이 번쩍 들면서 '이참에 회계 자격증이라도 따 볼까?' 하는 생각을 하기도 하지만, 막상 또 그런 자격증을 따면 '더 결혼이 멀어지는 건 아닐까…' 하고 망설이게 된다.

이런 여성들이 꽤 많다. 아니, 어쩌면 실제로는 이들이 가장 흔한 유형일지도 모른다. 그래서 나는 이들을 일단 '평범한 사무직 여성 계열'이라고 부르기로 한다.

확대되는 여성 간의 격차

앞서 정리한 여성의 다섯 가지 유형은 단순히 패션이나 유행, 취향의 차이를 반영한 분류가 아니다. 이 분류는 내가 평소 마케팅 활동과 각종 조사, 설문 결과를 바탕으로 도출한 것이며, 단지 개개인의 취미가 아니라 여성들 사이에 생겨나고 있는 격차를 반영한 결과라고 생각한다.

게이오 대학의 히구치 요시오 교수에 따르면, 가계경제연구소가 실시한 '패널 조사'(1993년에 24-34세였던 여성 1,500명을 10년 이상 추적한 조사)를 분석한 결과, 최근에는 남편의 소득이 높은 가정일수록, 아내 역시 정규직 고소득 여성인 경우가 증가하고 있다고 한다. 즉, 과거의 "고소득 남편 + 전업주부 아내"라는 조합이 무너지고, "맞벌이 고소득 부부" 조합이 늘어나고 있다는 것이다.

또한 여성의 소득에 대한 지니 계수(소득 불평등을 나타내는 지표)도 상승하고 있으며, 특히 소득이 높은 여성들 사이에서 소득 격차가 더 커지고 있다는 분석도 있다. (히구치 요시오 엮음《일본의 소득 격차와 사회 계층》)

이처럼 여성 간 소득 격차가 커지는 이유는, 한편으로는 종합직 여성들이 늘어나고 있지만, 다른 한편으로는 시간이 지나도 소득이 크게 오르지 않는 파견직, 아르바이트, 비정규직 여성들도 함께 증가하고 있기 때문이다. 또한 '맞벌이 고소득 부부'가 늘어난 배경에는, 밀리오네제 스타일의 여성들이 많아진 것도 있다. 이들은 자신의 직업과 소득 수준에 걸맞은 남성과 결혼하고, 결혼 후에도 일을 계속하기 때문에 고소득 부부 조합이 자연스럽게 형성된다.

이런 여성들이 만나는 남성은 같은 회사, 같은 대학 출신이거나, 거래처, 또는 부모의 소개로 알게 되는 경우가 많은데, 그런 남성들은 대체로 고소득자이기 때문에 결혼 후에도 여성이 계속 일하면 자동적으로 고소득 부부가 된다.

도쿄 학예 대학의 마나베 노리코도, 1996년에 일본 노동 연구 기구가 실시한 「여성의 직업 의식과 취업 행동 조사」의 데이터를 재분석해, 아내가 정규직일수록 남편의 소득도 높아지는 경향이 있다고 지적했다. (마나베 노리코, 「기혼 여성의 취업과 가계 소득 격차의 향방」, 혼다 유키 엮음 《여성의 취업과 부모 자녀 관계》)

또 오타케 후미오 오사카대학 교수 역시, 1980년대에는 소득이 낮은 남성일수록 배우자의 취업률이 높았지만, 1990년대에 들어서면서 그 관계는 점점 약해졌고, 1997년 무렵에는 남편의 소득과 아내의 취업률 사이에 '부정적 상관관계'는 더 이상 관찰되지 않는다고 분석했다.

즉, 고소득 여성의 비율은 고소득 남성 쪽에서 더 높고, 이 경향은 갈수록 강해지고 있다는 것이다. 실제로, 1987년에는 연봉 700만 엔 이상인 남편을 둔 아내 중에서 본인 소득이 500만 엔 이상인 경우는 4퍼센트였지만, 1997년에는 8퍼센트

로 두 배 가까이 증가했다.(오타케 후미오,《일본의 불평등》)

내가 실시한 '여성 2차 조사'에서도, 결혼 전 소득이 높을수록, 결혼 상대의 소득도 높은 경향이 나타났다. 결혼 전 연 수입이 400만-599만 엔인 여성의 경우, 남편 수입이 600만 엔 이상인 비율은 59.6퍼센트, 200만-399만 엔인 여성은 32.8퍼센트, 200만 엔 미만인 여성은 18.9퍼센트에 그쳤다(표 2-2).

표 2-2 여성의 결혼 전 소득별로 본 남편의 소득 비율 (%)

여성의 결혼 전 소득 \ 남편소득	n	400만 엔 미만	400~599만 엔	600~799만 엔	800만 엔 이상
200만 엔 미만	58	48.3	32.8	15.5	3.4
200~399만 엔	110	25.5	41.8	17.3	15.5
400~599만 엔	52	3.8	36.5	36.5	23.1

출처: 컬처스터디스연구소 + (주)요미우리광고사『여성 제2차 조사』

여성도 자기 책임의 시대

이처럼 현재 여성 간의 격차는 점점 더 확대되고 있다. 이는 과거처럼 단순히 남편의 소득 차이에 의해 발생하는 격차가 아니다.

여성이 직접 벌어들이는 소득, 그 배경이 되는 학력, 학력의 배경이 되는 부모의 사회적 계층, 그리고 개인의 성격과 외모 등 여러 요인들이 결합하여 만들어지는 삶의 방식 전반의 격차라고 할 수 있다.

약 30년 전까지만 해도, 남성 중심 사회에서 차별받던 여성들은 단순히 여성이라는 이유만으로 여성다워야 한다는 차별을 받아왔다. 그런 의미에서 당시에는 거의 모든 여성이 하나의 집단으로서 평등했으며, 여성이라는 이유만으로 함께 공동전선을 구축할 수 있었다.

여성이라는 집단으로 차별받았다는 것은 개인으로서 충분히 대우받지 못했다는 의미이며, 그러한 차별은 반드시 철폐되어야 할 문제였다.

확실히, 차별이 철폐되고 남녀평등이 진전될수록 남성과의 차별은 사라진다. 그러나 그 대신, 여성이라는 공동체적 정체성은 무너지고, 개별적인 여성들이 개인으로서 학력, 성격, 외모 등 모든 요소를 기준으로 평가받고, 선택받으며, 차별받는 시대가 되었다.

게다가 이러한 학력, 성격, 외모 등이 순전히 개인의 능력과 노력만으로 이루어지는 것은 아니다. 이러한 요소들은 부모의 사회적 계층에 의해 크게 좌우될 가능성이 높다.

이제 차별은 남성과 여성 간의 차별이나 계층 구조가 아니라, 여성들 사이에서의 차별, 그리고 개별 여성의 배경이 되는 부모의 사회적 계층에 따른 차별로 확대되고 있는 것이다.

취업만 하면 승자 그룹?

남성의 경우, 여성처럼 결혼을 계기로 퇴직하는 일이 있는 것도 아니고, 남녀 고용 평등법의 직접적인 영향을 받는 것도 아니기 때문에, 여성만큼 급격한 변화가 있었던 것은 아니다.

그럼에도 불구하고, 성과주의의 확산, 창업하는 남성의 증가, 반대로 프리터(비정규직)의 증가, 그리고 결혼 시기의 늦어짐 같은 요소들이 복합적으로 작용하면서, 남성 역시 서른 살쯤이 되면 여러 유형으로 갈라지게 된다.

재단법인 사회경제생산성본부가 매년 신입사원을 대상으로 실시하는 '일하는 것에 대한 의식 조사' 2005년도 결과에 따르면, 전체 응답자의 77.1퍼센트가 "취업 활동에 있어 자신은 '어느 쪽이냐 하면 승자'라고 느낀다"고 답했다(응답자 수 3,910명, 남성 57%, 여성 43%).

단지 취업을 했다는 이유로 왜 자신이 승자라고 느끼는가 의아할 수도 있지만, 그만큼 취업난이 장기화되면서, 취업 자체가 곧 '승자 의식'을 불러오는 시대가 된 것이다.

학력별로 보면, '승자라고 느낀다'는 응답 비율은 각종 학교 졸업자 88.9퍼센트, 단기 대학 졸업자 84.0퍼센트로, 오히려 대졸자보다 높다. 이는 아마도 "대학은 졸업했지만, 꼭 원하는 회사에 들어가지는 못했다"는 학력과 실제 취업 사이의 괴리가 대졸자 사이에서 더 크게 작용하고 있기 때문일지도 모른다.

또, "진로를 결정할 때 '혹시 프리터가 될지도 모른다'는 불안을 느꼈나요?"라는 질문에는 전체 응답자의 35.6퍼센트가 "그렇다"고 답했다.

이 역시 학력별로 보면 차이가 있다. 단기 대학 및 각종 학교 졸업자는 44.4퍼센트, 일반 고등학교 졸업자는 43.1퍼센트, 전수학교, 전문학교는 39.6퍼센트, 직업 고등학교는 34.0퍼센트, 4년제 대학은 33.7퍼센트, 공업 전문학교는 28.6퍼센트, 대학원 졸업자는 25.6퍼센트였다.

'승자 의식'과 마찬가지로, 학력이 낮을수록 프리터가 되는 것에 대한 불안감이 더 크고, 그만큼 실제로 취업이 되었을 때의 안도감과 만족감이 배가되어 스스로를 '승자'라고 느끼는 경향이 강한 것으로 보인다.

남성의 분열

지금은 취업을 할 수 있는지 없는지가 곧 승패를 나누는 기준이 되는 시대가 되었다. 더 나아가 생각해 보면, 애초에 젊은 세대가 취업할 수 있는지 여부조차도, 그 사람의 능력뿐 아니라 부모의 사회적 계층에 의해 결정되는 면이 있다.

실제로, 일본 노동 정책 연구·연수기관의 조사에 따르면 15세부터 34세까지의 청년들을 정규직, 프리터, 실업자, 무직자 이렇게 네 가지로 분류했을 때, 부모를 포함한 가구 전체의 소득이 높을수록 정규직 비율이 높고, 소득이 낮을수록 무직자의 비율이 높다는 상관관계가 나타났다고 한다.(「청년 취업 지원의 현황과 과제」)

다시 말해, 정규직으로 일하고 있는 것 자체가, 부모의 소득 수준과 그에 따른 생활 방식, 가치관의 영향을 받은 결과라고도 볼 수 있는 것이다.

그렇다면 지금의 사회는 "취업했으니까 승자"라기보다, "애초에 승자이기 때문에 취업할 수 있었던 것"이라고도 해석할 수 있다.

방송대학 교수인 미야모토 미치코는 저서 《청년이 '사회적 약자'로 전락한다》에서 이렇게 지적했다. 1990년대 이후, 고등학교만 졸업해도 자동적으로 취업할 수 있었던 고용 시스템이 무너지면서 1990년대 이전에 흔했던, 부모 집에 살며 소비를 즐기던 부유한 패러사이트 싱글* 혹은 캥거루족과는 다른, 사회적 약자로서의 청년이 늘어나기 시작했다는 것이다.

물론, 그렇다고 해서 모든 청년이 약자가 된 것은 아니다. 결국 지금의 청년 세대는 강자와 약자로 분열되고 양극화된 것이다. 부모의 사회적 계층이 높은 청년은 어릴 때부터 학원과 사립 중·고등학교에 다니며 높은 학력을 쌓고, 좋은 직

---

* 패러사이트 싱글(Parasite Single): 부모에게 경제적으로 의존하는 젊은이. 사회학자 야마다 마사히로가 만든 신조어로, 그는 〈패러사이트 싱글의 시대〉와 〈희망 격차 사회〉 등의 책을 썼다.

장에 취업할 가능성이 높아진다. 반면 부모의 계층이 낮은 청년은 공립 학교만 다니며 학력 수준이 낮아지고, 고등학교 졸업에서 머무르는 경우가 많고, 좋은 직장에 들어가기 어렵고, 실업자나 무직자가 되기 쉽다.

조금 극단적으로 말하자면, 그런 현실이 지금 조용히 진행되고 있는 것이다. 이런 흐름은 앞서 언급한 사회경제생산성본부의 조사 결과에도 반영된 것 같다.

게다가 취업 후의 상황도 예전과는 다르다. 과거에는 같은 회사에 같은 학력으로 들어가면 40살까지는 비슷한 급여를 받으며 함께 성장해 나가는 분위기가 있었다.

하지만 지금은 다르다. 30살 무렵부터 이미 격차가 생기기 시작하고, 경쟁은 더 치열하다.

이제는 각자 선택을 해야 한다. '열심히 일해서 승진 코스를 밟을 것인가', '내 속도대로 일하면서 적당한 위치에 머무를 것인가.' 그 선택의 순간이, 남성들을 점점 서로 다른 유형으로 분화시키는 기점이 될 것이다(도표 2-3).

(1) 고속승진 계열

이 유형은 고소득을 추구하고, 출세에 대한 의욕이 강한 전통적인 비즈니스맨 스타일이다. 대체로 학력이 높고, 성격도 긍정적이며, 취미는 스포츠 등 외향적인 활동을 선호한다. 결혼과 가족 형성은 당연히 해야 할 일이라고 여기며, 그에 대해 전혀 주저함이 없다.

지향하는 직장은 주로 대기업이며, 상사, 금융, IT 업계에 많다. 최근에는 외국계 기업이나 창업, 독립을 꿈꾸는 경우도 적지 않다.

소비 성향은 주택, 인테리어, 재테크, 여행에 대한 관심이 크고, 외제차를 좋아하며, 주식이나 암호화폐 등 온라인 투자도 자연스럽게 하고 있다.

이들은 개성 있는 가치를 추구하기보다는 사회적으로 인정받는 것, 사람들이 갖고 싶어하는 것을 가장 빨리 손에 넣는 것에 기쁨을 느낀다.

도표 2-3 남성의 유형화

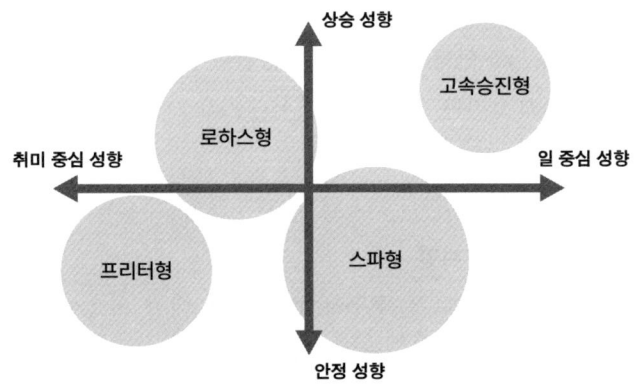

출처: 컬처스터디스연구소 작성

그래서 이들은 롯폰기 힐스나 미나토구의 고급 아파트, BMW, 롤렉스, 태그호이어 같은 눈에 띄는 브랜드와 명확한 사회적 지위를 상징하는 물건을 선호한다. 비즈니스 가방은 거의 정해진 듯 투미나 제로 할리버튼을 든다.

문화적 취향은 강하지 않은 편이며, 운동부 스타일 혹은 영업형 인간에 가까운 타입으로, 골프나 테니스를 좋아하는 경우가 많다.

이 고속승진 계열은 "욕구 조사"를 기반으로 한 클러스터(집단) 분석에서도 30-40대 남성의 약 10퍼센트를 차지하며, 특히 '신인류 세대' 남성 중 17퍼센트가 여기에 해당한다고 나타났다. (컬처스터디스연구소와 하쿠호도 공동 연구, 「계층화와 유망 시장에 대한 연구」)

이들의 계층 의식은 '상층' 27.2퍼센트, '중층' 50.0퍼센트, '하층' 22.7퍼센트로 나타났고, 연 소득 700만-1,500만 엔에 해당하는 비율은 45.4퍼센트로, 모든 클러스터 중 두 번째로 높았다.

또한 생활 만족도가 80점 이상인 비율은 50.5퍼센트로, 모든 클러스터 중 가장 높았다.

이 유형은 전원이 기혼자이며, 가족 형태는 부부와 자녀로 구성된 4인 가족이 약 70퍼센트를 차지한다. 아내는 단기 대학 졸업자가 46퍼센트, 현재 무직 상태인 비율이 55퍼센트로, 전형적인 전업주부 가정을 이룬 표준적 가족 모델이라 할 수 있다.

또한 "아내가 전업주부로서 집안일과 육아에 집중하는 것이 이상적"이라고 생각하는 비율은 40퍼센트를 넘는다. 이는 모든 유형 중 가장 높은 수치다.

일에 대한 생각에서도 성과주의, 능력주의에 찬성하는 비율이 70퍼센트를 넘으며, 연공서열제나 종신 고용이 좋다고 생각하는 비율은 단 13.6퍼센트로 낮다.

이 유형의 남성들이 좋아하는 취미는 음악 감상, 콘서트 관람, 악기 연주, 골프, 테니스 등 외향적인 활동이 많다. 그 외에도 원예나 가드닝, 목공이나 간단한 집수리, 여행, 드라이브, 캠핑이나 아웃 도어 활동처럼 가족 중심의 소비형 라이프 스타일을 지향하는 경우가 많다.

좋아하는 텔레비전 방송사로는 후지TV를 꼽는 이들이 많은데, 이는 이들이 20대 시절에 만담 붐, 효킨족, '와랏떼 이이토모' 같은 프로그램을 보고 자랐기 때문일지도 모른다.

정치 성향으로는 특별히 지지하는 정당이 없는 경우가 많고, 정치에 별 관심을 두지 않는 '신인류 세대'의 전형적인 경향을 보인다.

삶에서 중요하게 여기는 가치 중 '창의성'을 꼽는 비율은 낮은 편이고, '사회적 지위'는 상대적으로 높은 편이다. 언제 가장 행복하다고 느끼냐는 질문에는 '가족과 함께 있을 때'라고 답한 비율이 73퍼센트로 매우 높았고, '아이와 함께 있을 때', '아내와 단둘이 있을 때'도 비율이 높은 편이었다.

자녀 교육에 있어서는 외국어를 배우게 하고 싶다고 답한 응답자가 많았으며, 특히 딸에게 외국어 교육을 시키고 싶다는 응답이 73퍼센트에 달했다.

소비 성향에서는 '세간의 화제에 오르는 건 일단 다 살펴본다'는 응답이 70퍼센트에 가까웠고, '충동구매를 자주 한다', '정말 마음에 드는 물건은 가격에 상관없이 산다', '최고급 브랜드 제품을 고르려고 한다', '브랜드 제품은 정식 매장이나 백화점에서 산다'는 응답도 많았다. 이처럼 이들은 유행에 민감하고 소비욕이 강하며, 다소 허세가 있는 소비자층이라고 할 수 있다.

생각해 보면 이들의 대학 시절에는 『허세 강좌』 같은 책이 잘 팔렸던 시절이기도 했다. 시계는 태그호이어를 갖고 있는 비율이 23퍼센트, 가장 좋아하는 자동차 브랜드는 BMW가 45.5퍼센트로 매우 높았다.

식기세척기, DVD 레코더, 광케이블 인터넷 같은 기기 보급률도 높은 편이며, 앞으로는 하이브리드 자동차, 건조기 일체형 세탁기, 싸이클론 청소기, 안마의자, 바닥 난방, 지상파 디지털 방송, 정기적인 해외여행 등을 희망하고 있다.

즉, 기업이 제시하는 트렌드를 그대로 받아들이고, 그에 맞춰 신제품을 사고 싶어 하는 '신제품 수용 성향'이 강한 소비자층이라고 할 수 있다.

(2) 로하스 계열

'로하스(LOHAS)'는 건강하고 지속 가능한 삶의 방식(Lifestyle of Health and Sustainability)을 뜻하는 말이다. 한마디로 말해, 슬로우 라이프를 지향하는 남성들이다.

이런 성향을 가진 남성은 비교적 학력과 소득이 높은 편이지만, 출세에는 별로 관심이 없다. 무엇보다도 자기만의 속도에 맞춰, 좋아하는 일을 하며 살아가고 싶어 하는 타입이다. 그렇다고 해서 무책임하거나 게으른 것은 아니다. 싫은 일도 적당히 해내는 업무 능력과 책임감이 있으며, 그래서 프리터처럼 사회와 거리를 두는 스타일과는 다르다.

이들은 전형적인 '고속승진 계열'의 남성을 보면 속으로는 "교양도 없고, 지나치게 허세만 부리는 사람"이라고 깔보는 경향이 있다. 소위 말해 똑똑하고 여유 있는 사람은 그런 식의 성공주의에 별 흥미가 없다고 여기는 것이다.

이 유형의 남성은 자신만의 취미 시간을 늘리고 싶다고 생각하지만, 현실은 바빠서 그렇게 많은 시간을 낼 수는 없다. 그래서 책이나 잡지를 보며 간접적으로 취미를 즐기는 날들이 많다. 자주 읽는 잡지로는 『소토코토*』, 『사라이**』 같은 교양 있고 감성적인 매체가 있다.

---

* 지속가능성, 환경, 로컬 커뮤니티, 사회적 기업 등을 주로 다루는 에코·로컬 라이프스타일 잡지.

** 『사라이』란, 쇼가쿠칸에서 발간되고 있는 월간지. 발매일은 매월 10일. 시니어 세대 남성을 대상으로 여행, 음식, 인물, 역사, 문화, 취미, 건강, 물건 정보 등을 테마로 취급하고 있다.

회사 일뿐만 아니라 사회 활동, 비영리 단체 활동에도 관심이 많고, 개인적으로 환경 문제에 대한 세미나에 참가하기도 한다. 가족 형태는 맞벌이 부부가 비교적 많고, 아내는 고학력인 경우가 많다. 아내가 전형적인 '전업주부형'이라기보다는, 영화나 연극 같은 문화 활동에 관심이 많은 타입이다.

소비 스타일은 이름난 고급 브랜드에는 큰 관심이 없고, 대신 "조금 특별하면서도 괜찮은 물건"을 고르는 걸 나답다고 여긴다. 외제차를 좋아하긴 하지만 벤츠나 BMW 같은 브랜드보다는, 재규어나 푸조처럼 세련되고 지적인 느낌이 나는 차를 더 선호한다.

화려함이나 가격으로 위압감을 주는 것보다, 품질, 제조 방식, 전통, 문화적 깊이가 담긴 제품에 끌린다. 그래서 무지(무인양품) 같은 브랜드도 선호하고, 환경 보호에 힘쓰는 아웃 도어 브랜드 파타고니아도 지지하는 편이다.

취미로는 고서, 골동품, 진공관 앰프, 빈티지 가구, 전통 가옥처럼 약간 예스러운 감성이 담긴 아날로그적인 것들을 좋아한다. 언젠가 자신의 취향을 그대로 구현한 코오퍼러티브 하우스에서 살아 보고 싶다는 생각을 한다. 또한 회사 밖에서도 사람들과 네트워크를 만들기 위해 자신만의 웹사이트를 운영하고, 언젠가 회사를 그만두게 되었을 때 그 인맥이 도움이 될 거라고 생각하고 있다.

이 로하스 계열도 욕구 조사를 바탕으로 한 클러스터 분석에서 30-40대 남성의 약 10퍼센트를 차지하는 유형으로 나타났다. (컬처스터디스연구소와 하쿠호도 공동 연구 「계층화와 유망 시장에 대한 연구」를 참고)

계층 의식은 흥미롭게도, '상층' 33.4퍼센트, '중층' 33.3퍼센트, '하층' 33.3퍼센트로 균형 있게 분포되어 있었고, 소득 수준은 연 500만-700만 엔이 가장 많았다.

생활 수준이 높은 사람의 이미지로는 "검소하면서도 낭비 없는 삶을 산다", "명문대 출신이다", "예술과 문학에 밝다", "일본과 서양의 역사·문화를 잘 안다", "정치·경제에 관심이 많다"는 응답이 다른 유형보다 눈에 띄게 높았다.

다만, 생활 만족도에서 80점 이상을 준 비율은 38퍼센트로, 앞서 소개한 고속승진 계열보다는 다소 낮았다.

취미는 독서, 미술 감상, 가드닝, 여행, 산책이 많으며, 삶에서 중요하게 여기는 가치로는 '창조성'이 높게 나타났다. 또한 "자원봉사 활동을 한다", "사회·국제 기여 활동에 참여한다", "자연과 환경을 고려한 생활을 하고 있다", "해외 유학이나 해외 파견 경험이 있다"는 응답도 많았다. 지지 정당으로는 민주당이 다소 많은 편이었다.

소비 경향으로는, '세간의 화제는 일단 체크한다', '유행이라면 일단 사고 싶어진다', '충동구매를 한다'는 항목에 긍정적으로 답한 비율이 적어, 정보나 유행에 쉽게 휘둘리지 않는 소비자층임을 보여 준다.

현재 정기적으로 해외여행을 다니는 사람이 많고, 앞으로는 대학이나 대학원 진학, 해외 유학 또는 이주를 희망하는 응답도 많았다. 좋아하는 자동차 브랜드는 크라운, 셀시오는 14퍼센트 정도였고, 마치, 큐브 같은 소형차를 좋아하는 비율이 25퍼센트 전후로 많았다. 또한 프리우스를 좋아한다는 응답이 33.3퍼센트로 나타난 것도 이 유형의 특성을 잘 보여 준다.

(3) 스파 계열

스파(광천, 온천, 고급 휴양지, 레저 시설, 사우나 등을 좋아하는 남성) 유형은 잡지 『SPA!*』의 주요 독자층으로 보이는, 계층으로 보면 중층에서 하층 사이에 속한 화이트칼라 남성들이다. 특별히 근면하지도 않고, 일에 열정을 느끼지도 않는다. 재능이 있는 편도 아니지만, 그렇다고 해서 프리터처럼 사회에서 이탈하려는 스타일도 아니다. 일을 할 수밖에 없으니까 그냥 일하고 있는 타입이다.

브랜드에 대한 집착은 강하지 않지만, 오메가 시계 정도는 할인점에서 무난하게 구매한다. 정장은 수트 컴퍼니(THE SUIT COMPANY) 제품이면 충분하고, 유니클로는 자주 이용한다.

고급 취미는 거의 없지만, 서브 컬처는 좋아한다. 오타쿠

---

*SPA!는 시사·사회 이슈와 연예·가십, 성·라이프스타일을 다루는 남성향 대중 주간지.

라고 불릴 정도는 아니지만, 그런 취향이 어느 정도 있다. 건담은 상식이라고 생각하는 전형적인 단카이 주니어 세대이며, 약간은 로리타 취향이 섞여 있거나, 격투기 취미를 가진 경우도 있다. 파친코 같은 도박성 오락도 좋아하고, 고등학생 시절에는 노래방에 푹 빠졌던 경우가 많다. 카바레 클럽이나 AV에 돈을 쓰는 경우도 적지 않다.

로하스 계열과 마찬가지로, 더 많은 자기 취미 시간을 갖고 싶다는 생각은 있지만, 업무 능률이 좋은 편이 아니라서 잔업(야근)이 많다. 지난 몇 년간 주 60시간 이상 일해 온 경우가 많다.

언젠가 결혼을 하고 부모로부터 독립하여 자기 가정을 이루고 단독주택도 언젠가는 사야지라는 생각은 있지만, 구체적인 계획은 없다. 『주간 플레이보이』에 나오는 그라비아 아이돌 같은 여성이 어느 날 갑자기 내 앞에 나타나서 결혼해 주면 좋겠다는 헛된 상상 속에서 오늘도 하루를 보낸다.

지방 출신이라면 언젠가 고향에 내려가 좀 더 느긋하게 살고 싶다는 희망이라도 갖겠지만, 이 유형은 대도시 외곽 출신이 많아, 돌아갈 고향이 없다. 그래서 결국, 부모가 마련해 준 외곽의 집에서 도시 중심부까지 출퇴근하며, 평생 직장인을 계속해야 한다는 현실이 이들의 가장 큰 고민거리다.

인터뷰 – SPA! 계열

"느긋하게 장기 휴가를 보내고, 빨리 은퇴하고 싶다"

- 29세
- 지방 공무원
- 연봉 400만 엔대
- 저축 700만 엔

부모와 함께 사는 패러사이트 싱글이므로 매월 자유롭게 쓸 수 있는 금액은 약 15만 엔 정도지만, 실제로 사용하는 금액은 약 7만 엔 정도다. 나머지는 저축. 결혼은 35세 이전에 하고 싶으며, 맞벌이를 희망한다.

생활 수준은 70점. 단점은 자유 시간이 부족함 (평일 평균 밤 11시경 귀가), 집(거주 공간)이 좁음. 생활 만족도는 40점. 단점은 자유 시간이 부족하여 취미 생활에서 멀어지고, 친구들과도 소원해지기 쉬움. 장점은 스스로 판단하여 자유롭게 돈을 사용할 수 있음.

가치관은 자신의 인생을 철저히 설계하고, 미래를 대비해 공부하거나 저축하고 싶다는 것. 마이페이스로 일하면서 수입이 많지 않아도 좋으니 느긋하게 살고 싶다. 가족이나 친구들과 화목하게 지내고 싶다.

소비 성향에 대해 말하자면, 일상 의류는 슈퍼마켓이나 백화점(자스코, 사티, 소고)에서 구입. 브랜드 제품에는 관심 없음. 가전제품은 대형 가전 할인점(데오데오, 베스트 전기)이나 가격 비교 사이트(카카쿠 닷컴)에서 구입.

앞으로 구입하고 싶은 것 특별히 없음. 하고 싶은 일은 장기 휴가를 내고 느긋하게 보내기. 자산 운용에 관심 있음. 커리어 향상에는 별 관심 없음. 인생 설계는 결혼 후에 검토할 예정. 가능하면 조기 은퇴하고 싶다.

(4) 프리터 계열

스무 살에서 서른네 살 사이, 넓은 의미의 프리터(비정규직 청년층)는 400만 명을 넘어선다고 한다. 그리고 그 절반은 남성이다. "나답게 살고 싶다", "좋아하는 일을 하면서 살고 싶다", "정말 하고 싶은 걸 찾고 싶다"는 말을 하며 정규직이 되는 걸 미루다 보니 어느덧 서른이 되었다.

하지만 그 '나답게', '좋아하는 일', '진짜 하고 싶은 것'이 무엇인지 끝내 찾지 못한 채, 문득 불안함에 휩싸이고, 그제야 뒤늦게 안정된 일자리를 찾으려는 사람도 생기기 시작한다.

수입이 많지 않기 때문에 의식주 전반에 돈을 쓸 여유는 없지만, 대신 자신이 진심으로 좋아하는 취미에는 아낌없이 돈을 쏟아붓는 경향이 있다.

인터뷰 - 프리터 계열 남성

"지금의 나로는 안 되겠다는 생각이 든다……"

- 26세
- 디자이너
- 연 소득 200만 엔 초반
- 저축 0엔

대학교에서 휴학을 하다 뒤 졸업 후 아르바이트를 하고 있었지만, 이렇게 계속 일해 봤자 미래가 없을 것 같아 작은 디자인 회사에 취직했다. 연봉은 아르바이트 시절보다 오히려 낮은 수준으로, 월급은 약 18만 엔 정도다. 보너스는 회사가 잘될 때 지급된다고 들었는데, 작년에는 네 번 나왔다고 하지만 올해는 아직 한 번도 나오지 않았다.

집세는 5만 5,000엔. 아침은 먹지 않는다. 점심은 규동(소고기 덮밥)이나 일반 식당에서 해결하는 정도라 하루 평균 약 600엔 정도 든다. 저녁은 밤 8-9시쯤 집에 돌아와 직접 요리해 먹는다. 집에서 자전거로 갈 수 있는 거리에 자스코가 있어서, 파스타나 고야 참푸르(오키나와식 볶음 요리) 같은 것도 만든다. 직접 해 먹는 게 싸고 더 맛있다. 집 근처에 숍 99 같은 곳이 있으면 이용하고 싶고, 100엔 숍이 있으면 건

전지 같은 걸 사러 갈 것 같다.

그래서 식비는 월 3만 엔 정도로 계산되지만, 공과금 등을 내고도 매달 7-8만 엔 정도는 자유롭게 쓸 수 있을 터다. 하지만 나는 자꾸 주스를 사 마시거나 담배를 사기 때문에 돈이 꽤 없어지는 것 같다. 특별히 어디에 돈을 썼다는 느낌도 없는데, 어느새 돈이 사라져 있다. 그래서 저축은 0엔이다.

하지만 음악을 좋아해서 악기나 장비는 구매한다. 인터넷 경매 등에서 저렴하게 사는데, 얼마 전에는 대형 하몬드 오르간을 1만 엔에 샀다. 또, LCD 프로젝터도 1만 엔에 구입해 DVD 플레이어를 연결해 영상을 보고 있다.

언젠가는 더 좋은 해먼드 오르간이나 펜더 로즈(전자 피아노), 그리고 워리처 같은 빈티지 피아노(70, 80년대에 유행한 전자 피아노)를 사고 싶다. 중고 제품을 매우 좋아하며, 새 제품이 아니라는 점은 전혀 신경 쓰이지 않는다. 악기도, 책도, 옷도 항상 먼저 중고로 저렴한 것을 찾아본다.

옷에는 큰돈을 쓰지 않으며, 속옷은 유니클로에서 사는 경우가 많다. 하지만 겉옷은 역시 가격이 비싼 것이 착용감도 더 좋다. 그리고 26세가 되면서, 예전에는 헌 옷도 괜찮다고 생각했지만, 이제는 조금 비싼 옷도 갖고 싶어졌다.

요지 야마모토 같은 브랜드처럼 철학이 담긴 디자인의 옷이 역시 좋다고 느낀다. 낡은 옷을 입고, 굉장히 비싼 가방을 들고 다니는 것도 멋있지 않을까 싶다.

앞으로 하고 싶은 것은 해외여행이다. 최근 로스앤젤레스에 살던 이모가 돌아가셔서 장례식에 다녀왔는데, 그 일을 계기로 해외에 가고 싶어졌다. 여행지는 유럽이나 미국이 좋다. 아무래도 지금까지 서양 음악과 문화에 영향을 받으며 살아왔기 때문이다.

또한, 나는 집돌이에 음악을 좋아해서 집에 있는 시간이 많은데, 그게 별로 좋지 않다고 생각하기 시작했다. 재미있는 일과 마주칠 기회가 없다는 느낌이 들었다. 앞으로는 좀 더 활동적으로 살아야 하지 않을까 싶다. 스포츠 같은 것도 어느 정도는 해 보고 싶다.

얼마 전에 여자 친구에게 차였다. 그녀는 미대 입시 학원 동급생이었는데, 나는 재수했지만 그녀는 현역으로 대학에 입학했고, 나는 휴학해 졸업이 늦었지만 그녀는 정상적으로 졸업해서 대형 의류 브랜드에서 매장 디자인 일을 하고 있다. 그러다 보니 사회인으로서 나는 그녀보다 2년 늦어졌고, 그런 점도 있어서 지금의 내 모습으로는 안 된다는 생각을 하게 됐다. 지금까지의 내 자신을 긍정하고 싶지 않은 마음이 든다. 그녀는 성격이 똑 부러지는 사람이었으니까.

일은 아직 입사한 지 3개월밖에 되지 않아서 자신이 없다. 현재 하는 일은 클라이언트가 요구한 대로 레이아웃을 만드는 것뿐이라 좋아하는 일도 아니다. 그래도 열심히 하면 언젠가는 보답받을 거라고 믿고 싶다. 이게 내 일이다라고 생각할 수 있는 일을 몰두해서 하고, 이후에는 느긋하게 지내는 것이 이상적이다. 취미가 곧 일이 된다면 가장 좋을 것 같다.

나답게 살 필요는 있다고 생각한다. 나답게 사는 게 뭔지? 잘 모르겠지만, 누가 뭐래도 내 갈 길 간다는 느낌이랄까. 생활 수준? 음… 중간 정도라고 할까. 미래의 연봉은, 일단 400만-600만 엔 정도는 벌고 싶다.

제3장

단카이 주니어의
하류화는 계속된다!

단카이 주니어 남성 중 하층이라고 응답한 비율 48%!

이번 장에서는 먼저 쇼와 한 자릿수 세대, 단카이 세대, 신인류 세대, 단카이 주니어 세대를 비교한 욕구 조사를 바탕으로 네 세대의 세대별·성별 계층 의식을 비교한다.

조사 대상 샘플은 도쿄 및 인근 3개 현(1도 3현) 거주자 800명이며, 세대별·성별로 각 100명씩 조사했다. 계층 의식에 대한 구체적인 질문은 당신의 생활 수준은 다음 중 어디에 해당한다고 생각합니까?라는 질문을 던지고, 상, 중상, 중, 중하, 하 중 하나를 선택하도록 했다.

그러나 일반적으로 자신을 상층 또는 하층이라고 표현하는 사람은 많지 않다. 내각부 조사에서도 상층 응답은 0.7%, 하층 응답은 6.5%에 불과했다.

욕구 조사에서도 상층이라고 답한 사람은 단카이 주니어

남성, 신인류 남성, 단카이 세대 여성, 쇼와 한 자릿수 세대 여성 각각 1명씩, 즉 1%였으며, 그 외에는 모두 0명이었다.

반면, 하층이라고 답한 비율은 다음과 같다.

- 단카이 주니어 남성: 10%
- 단카이 주니어 여성: 4%
- 신인류 남성: 8%
- 신인류 여성: 6%
- 단카이 세대 남성: 2%
- 단카이 세대 여성: 2%
- 쇼와 한 자릿수 세대 남성: 5%
- 쇼와 한 자릿수 세대 여성: 2%

800명 중 39명, 약 5%가 하층이라고 응답했으며, 이는 내각부 조사 결과와 큰 차이가 없다.

그러나 단카이 세대 이상에서는 하층이라고 응답한 사람이 적은 반면, 신인류 세대 이하에서는 하층이 7%를 차지하며, 특히 단카이 주니어 남성의 경우 10%에 달한다.

이는 본 조사가 소비 생활에 대해 자세히 질문하는 방식이었기 때문에, 단카이 세대 이상에서는 애초에 소비에 소극적인 저소득층이 응답을 하지 않은 경우가 많았기 때문일 수도 있다.

다음으로, 상층과 중상층을 합쳐서 상층, 중층을 그대로 중층, 중하층과 하층을 합쳐서 하층으로 분류한 결과를 보면, 단카이 주니어 남성은 세대별·성별 중에서 가장 계층 의식이 낮다는 것이 드러난다.

단카이 주니어 남성의 48%가 하층이라고 응답한 것이다 (표 3-1).

하층이 48%라는 결과는 1958년 내각부 조사 결과와 비슷한 수준이다.

표 3-1 세대별·성별 계층 인식 (%)

		n	상	중	하
단카이 주니어	남성	100	12	40	48
	여성	100	17	52	31
신인류	남성	100	16	48	36
	여성	100	13	52	35
단카이 세대	남성	100	14	48	37
	여성	100	13	58	29
쇼와 한 자릿수 세대	남성	100	9	56	34
	여성	100	14	67	18

출처: 컬처스터디스연구소 + (주)e팔콘 『욕구 조사』

이에 반해, 단카이 주니어 여성은 다소 계층 의식이 높은 편이다. 또한, 단카이 주니어 여성과 신인류 남성의 계층 의식은 이미 상층과 중층의 비율이 거의 1:3으로 나타나고 있으며, 이는 201X년 모델과 유사해지고 있다.

이러한 점을 고려하면, 비교적 젊은 세대에서 이미 계층의 양극화가 진행되고 있다고 볼 가능성이 있다.

다만, 2005년 5월에 실시한 여성 1차 조사에서는 28-32세 여성의 계층 의식에서 상층이 10.2%, 하층이 45.4%, 33-37세 여성의 경우 상층이 10.6%, 하층이 41.0%로 나타났으며, 이는 욕구 조사와 비교하면 하층이 훨씬 많았다(표 3-2).

질문 내용을 고려하면, 여성 1차 조사에서는 보다 낮은 계층에 속하는 사람들이 더 많이 응답했을 가능성이 크다. 즉, 욕구 조사의 30-34세 여성의 계층 의식은 실제보다 다소 높게 측정되었을 가능성이 있다.

또한, 내각부의 국민 생활에 관한 여론 조사에서는 30-34세 남성의 경우, 상층 8.5%, 중층 47.2%, 하층 39.8%로 나타나, 이는 욕구 조사와 큰 차이가 없다. 30-34세 여성의 경우, 상층 8.9%, 중층 53.8%, 하층 32.6%로 나타났으며, 즉, 여성 1차 조사에서는 하층이 더 많았다.

참고로, 내각부 조사의 샘플 수는 2004년 기준 30-34세 남성 246명, 여성 325명이었으며, 이에 비해 여성 1차 조사의 샘플 수가 더 많기 때문에, 통계적으로 신뢰성이 높을 가능성이 크다.

또한, 여성 1차 조사는 1도 3현(도쿄 및 인근 3개 현) 거주자를 대상으로 한 조사이기 때문에 이 지역적 차이도 영향을 미쳤을 가능성이 있다.

즉, 대도시권에서는 임금 격차가 더 크다. 특히, 화이트칼라 직종이 많고, 최근 성과주의 임금 체계가 확산되면서 급여 격차가 더 커지고 있다. 또한, 이후에 살펴보겠지만, 30세를 넘어서도 미혼일 경우 계층 의식이 낮아지는 경향이 있으며, 만혼(늦은 결혼)이 두드러지는 대도시권에서는 하층 응답이 더 많아지는 경향이 있다고 볼 수 있다.

표 3-2 여성의 연령별 계층 인식 (%)

	n	상	중	하
18~22세	500	16.2	41.6	42.2
23~27세	500	7.6	39.0	53.4
28~32세	500	10.2	44.4	45.4
33~37세	500	10.6	48.4	41.0

출처: 컬처스터디스연구소 + (주)요미우리광고사 『여성 1차 조사』

표 3-3 계층 인식의 변화

연령대별 [남성]

		'70	'71	'72	'73	'74	'75	'76	'77	'78	'79	'80	'81	'82	'83	'84
20~24	상	7.1	8.6	7.8	7.2	7.1	7.6	7.7	11.4	7.5	11.5	7.9	12.5	8.8	11.7	7.5
	중	55.9	58.2	60.8	61.8	52.4	61.2	55.9	59.1	49.7	57.1	57.4	47.8	55.1	54.0	54.8
	하	32.6	30.2	28.1	27.8	33.7	25.9	31.7	24.6	31.2	26.2	31.4	35.9	29.8	28.4	34.9
25~29	상					8.2	8.4	7.2	9.0	7.1	8.0	6.3	6.7	6.0	7.5	4.7
	중					55.8	59.1	63.3	55.3	58.2	57.5	54.1	53.5	55.2	53.2	59.9
	하					33.4	28.5	28.6	32.0	30.3	31.7	38.6	36.9	36.1	38.2	30.7
30~34	상	5.6	6.6	6.5	6.7	6.5	6.7	7.7	7.3	6.7	7.5	6.9	7.9	6.6	7.6	5.7
	중	58.7	58.6	61.7	60.8	59.8	61.2	57.3	58.9	56.0	59.6	52.8	53.1	57.0	48.3	56.3
	하	33.5	31.9	28.8	30.0	31.1	28.6	32.7	31.0	34.0	30.1	38.6	34.8	34.2	42.3	35.9
35~39	상														9.0	7.6
	중														52.8	50.6
	하														35.8	38.5
40~44	상	8.6	7.1	6.7	7.7	6.1	9.0	9.5	6.1	7.5	9.0	7.7	8.7	8.4	5.1	8.7
	중	58.1	59.4	60.6	61.0	57.9	60.9	56.0	59.5	56.1	59.3	55.0	55.5	52.3	52.7	53.9
	하	30.8	30.8	30.4	29.2	32.8	27.6	31.9	30.8	33.6	29.4	34.8	33.0	36.8	38.4	35.6
45~49	상														9.4	9.7
	중														49.0	52.2
	하														38.4	35.1
50~54	상	9.7	8.1	7.4	8.4	9.8	8.6	8.6	10.7	7.3	10.2	9.1	9.2	6.9	8.8	8.9
	중	56.0	58.3	59.6	57.1	56.6	57.7	55.5	52.5	57.2	59.0	48.5	52.8	51.6	50.7	47.7
	하	32.1	31.6	30.4	31.8	31.1	31.8	33.6	32.7	32.5	27.8	39.3	35.9	38.7	37.9	40.9
55~59	상														8.2	8.6
	중														53.5	52.7
	하														35.9	37.5
60~64	상	8.8	8.3	8.8	7.6	6.1	8.1	8.7	8.0	11.4	9.0	9.0	7.3	8.2	6.9	7.0
	중	46.0	48.6	52.3	53.9	51.5	58.9	47.8	51.2	51.9	56.0	47.3	47.6	51.7	51.5	51.8
	하	40.9	38.9	34.3	35.8	36.8	31.1	40.2	36.8	33.1	32.3	40.2	42.1	36.2	39.3	39.7
65~69	상														8.7	8.6
	중														45.9	45.7
	하														42.3	42.4
70以上	상			8.4	10.6	7.2	12.7	7.8	11.7	8.9	6.4	10.1	7.9	9.4	4.4	
	중			53.4	48.2	49.0	48.1	52.2	45.4	51.4	46.1	47.9	44.3	45.9	42.9	
	하			30.6	34.4	35.9	31.8	33.3	37.5	32.3	38.5	37.8	42.1	39.1	47.3	

주: 20대는 1970-1973년, 30대 이상은 1970-1982년 사이에는 5세 단위 계층별 자료가 없어, 10세 단위 계층별 수치를 각 연령대 상단에 기입함.

'85	'86	'87	'88	'89	'90	'91	'92	'93	'94	'95	'96	'97	'99	'01	'02	'03	'04
11.9	6.3	8.0	9.4	11.0	9.4	11.6	14.5	14.1	12.4	7.7	14.2	19.3	16.0	13.6	17.7	11.8	10.6
49.3	44.9	55.7	52.0	54.6	53.0	45.3	52.0	54.4	56.5	56.4	60.6	46.0	50.6	47.0	50.3	61.5	42.6
32.9	43.5	33.0	32.2	29.4	33.2	33.1	28.5	24.7	26.5	29.5	21.3	29.0	28.2	31.8	27.4	23.7	36.2
9.3	6.2	9.7	10.3	6.0	4.7	4.3	7.5	15.2	10.2	6.7	12.3	13.6	7.8	10.3	10.0	8.8	8.9
48.7	46.5	49.3	48.6	49.3	47.9	55.9	46.9	52.0	50.0	60.6	51.5	53.7	55.0	52.7	58.1	54.7	49.4
39.8	42.3	40.1	39.5	39.8	44.2	37.5	44.0	28.7	35.9	30.0	34.0	31.0	34.4	33.7	28.0	33.3	38.4
7.2	2.6	6.5	5.6	3.8	9.4	7.3	11.8	6.5	7.6	10.9	14.1	7.9	10.0	6.1	10.8	7.9	8.5
51.2	53.7	51.8	50.7	54.5	49.4	58.4	49.4	53.8	57.2	58.2	49.6	63.3	58.0	57.4	50.0	50.8	47.2
40.3	40.5	40.6	43.0	40.2	38.7	31.0	35.5	37.7	32.7	29.6	34.3	28.4	30.6	34.3	36.6	39.0	39.8
3.2	5.6	5.4	4.1	7.2	6.4	5.9	6.3	11.5	12.2	10.0	9.7	10.7	11.7	12.2	12.0	7.1	13.6
52.7	47.7	50.3	49.5	48.8	53.2	56.0	59.5	48.6	51.3	56.6	55.5	61.1	54.8	52.4	52.9	60.7	53.6
42.1	44.0	41.5	42.9	41.4	39.2	36.7	32.5	37.8	35.3	30.3	30.8	26.5	30.9	34.0	32.6	31.0	29.0
5.3	5.3	9.1	6.9	8.7	6.2	9.0	10.8	6.9	11.3	11.5	7.2	8.9	8.4	10.7	10.8	14.3	8.7
49.0	50.9	48.0	52.5	51.3	52.2	53.6	48.2	56.5	50.7	50.9	61.5	52.8	60.9	52.4	55.0	55.4	58.1
43.0	41.8	40.3	39.4	37.4	39.3	34.7	38.2	34.9	34.3	34.8	27.9	36.2	29.9	35.2	31.7	28.4	32.0
4.5	6.6	7.0	5.6	7.7	7.1	8.0	11.0	10.6	11.6	12.7	11.5	7.8	8.7	12.4	9.0	8.8	10.2
51.5	47.0	46.5	47.6	44.9	49.6	47.3	47.2	52.0	49.5	57.4	53.1	52.1	52.3	54.6	60.4	54.0	53.4
42.1	43.6	42.8	44.5	44.4	40.5	40.7	37.6	34.7	37.1	27.9	33.1	38.2	35.3	32.2	30.6	34.8	35.4
5.4	6.9	7.6	9.2	5.2	8.3	12.4	12.1	11.7	9.5	10.2	9.2	9.3	10.0	9.0	9.3	11.4	6.8
51.6	49.9	52.8	51.9	52.2	48.3	51.3	49.5	53.7	50.1	52.5	55.7	54.2	55.1	53.7	50.7	53.8	50.0
42.2	41.0	37.2	37.5	39.4	39.1	34.4	34.6	32.9	36.3	34.2	32.7	34.7	33.1	34.9	38.3	33.6	41.3
6.3	8.2	10.3	9.0	5.6	9.8	9.4	15.6	13.3	12.6	8.8	9.6	8.9	9.4	10.8	9.7	11.6	11.8
49.3	50.1	52.4	53.6	52.2	52.3	54.1	48.4	49.1	49.1	56.3	55.7	56.1	55.5	50.6	52.4	47.2	48.5
43.2	39.6	35.5	36.0	38.0	36.7	35.1	34.7	35.0	35.8	32.4	32.8	32.3	34.0	36.1	35.0	39.4	37.0
9.7	8.1	6.6	4.7	6.8	8.4	7.3	11.1	13.4	9.6	9.5	11.5	8.3	9.0	10.8	11.6	9.8	9.4
48.5	47.9	51.0	47.2	49.1	55.2	46.7	53.3	49.0	54.1	54.6	48.3	57.3	49.9	48.7	50.6	51.0	48.8
38.8	42.7	40.8	46.3	41.5	33.5	43.0	32.7	35.0	35.0	33.9	37.6	33.3	38.9	38.5	34.9	37.7	39.1
6.0	6.1	6.1	6.9	5.7	6.5	7.3	8.9	14.4	12.0	13.2	11.8	8.8	8.1	8.3	8.1	11.6	10.1
45.2	47.2	45.1	46.0	51.2	46.7	51.6	53.7	51.6	53.8	56.3	57.1	49.2	53.0	51.9	55.0	52.5	49.3
46.0	43.4	45.1	44.1	41.1	44.5	38.6	31.3	32.0	31.7	28.4	29.7	38.6	37.5	36.4	35.5	33.4	39.4
7.1	5.3	7.1	7.8	3.7	9.2	11.4	8.7	14.0	11.1	10.5	10.6	9.7	11.1	9.5	10.3	13.2	11.9
46.8	45.4	46.6	44.9	42.0	44.6	50.5	43.2	54.5	52.8	51.4	55.5	50.1	51.6	57.7	54.0	49.0	47.1
41.9	42.3	43.9	41.3	50.5	41.7	32.8	41.9	28.0	31.7	34.2	27.3	37.7	34.9	30.1	32.1	35.6	37.6

출처: 내각부 『국민생활에 관한 여론조사』

연령대별 [여성]

		'70	'71	'72	'73	'74	'75	'76	'77	'78	'79	'80	'81	'82	'83	'84
20~24	상	7.2	7.9	8.3	8.8	8.2	11.2	12.2	8.5	10.9	14.5	11.6	11.6	10.2	12.1	12.7
	중	62.9	65.4	67.7	66.0	67.5	70.9	74.0	73.6	69.2	66.5	64.8	60.6	65.8	65.1	64.9
	하	26.3	23.4	19.3	21.9	21.0	15.6	12.1	15.6	17.5	15.0	20.6	21.6	20.0	20.2	19.4
25~29	상					7.0	10.7	9.5	8.2	6.7	10.7	8.8	8.8	8.3	8.7	10.4
	중					67.5	66.8	64.7	69.3	71.5	69.3	61.9	55.7	62.6	66.8	64.7
	하					22.3	19.6	22.3	19.8	20.0	18.1	26.5	31.8	25.6	22.8	23.4
30~34	상	6.9	7.6	7.0	7.4	6.5	7.1	10.1	9.6	8.5	8.8	7.4	7.6	7.7	7.3	9.3
	중	60.1	60.2	67.4	65.9	62.1	66.4	61.4	63.2	63.5	65.5	60.0	60.8	61.8	61.5	63.9
	하	29.7	28.5	22.8	24.3	28.4	23.8	25.7	23.5	25.1	22.9	30.3	28.9	28.0	29.1	25.0
35~39	상														7.5	8.3
	중														59.2	60.5
	하														30.5	28.6
40~44	상	8.5	8.5	8.3	7.8	8.1	10.1	9.7	7.4	9.6	9.3	7.6	9.5	8.2	8.3	11.2
	중	56.8	58.1	60.4	63.3	59.2	60.2	61.8	63.5	58.3	65.4	56.6	55.7	55.2	56.7	56.4
	하	31.0	30.2	27.9	26.0	30.6	26.8	26.0	25.7	27.6	23.0	32.8	30.8	33.0	30.7	28.5
45~49	상														7.8	9.2
	중														63.0	52.1
	하														27.4	34.8
50~54	상	6.6	7.3	6.2	6.1	7.3	8.7	8.9	8.1	7.7	8.7	12.0	8.7	8.6	7.7	8.5
	중	51.9	53.0	60.5	58.9	53.4	54.6	55.6	57.5	57.9	58.1	52.5	55.0	54.0	56.5	56.6
	하	37.8	36.3	30.3	32.0	35.5	33.7	30.9	29.2	31.0	30.3	31.2	33.1	35.4	32.0	32.2
55~59	상														8.0	7.4
	중														56.0	55.6
	하														34.3	32.7
60~64	상	4.6	5.7	5.7	5.8	6.5	7.4	8.1	6.6	7.9	6.9	4.9	7.7	6.6	6.9	7.8
	중	46.9	47.5	51.4	53.4	48.8	54.9	52.0	49.5	50.8	53.5	46.4	49.0	46.9	45.8	46.8
	하	41.2	28.2	34.4	34.7	39.1	30.9	35.5	38.3	37.1	33.7	43.5	38.5	40.9	42.9	42.1
65~69	상														7.7	5.9
	중														45.0	46.5
	하														41.1	42.1
70以上	상				8.0	6.1	6.0	6.7	7.4	6.1	5.7	4.8	7.4	8.3	9.0	6.2
	중				47.8	40.6	45.2	49.6	51.2	50.5	47.8	47.6	43.1	36.4	44.9	42.1
	하				33.5	42.2	30.1	33.1	27.8	29.2	34.7	36.2	36.6	42.1	35.5	37.7

주: 20대의 1970-1973년, 30대 이상의 1970-1982년은 5세 단위 자료가 없어, 10세 단위 수치를 각 연령대 상단에 기입함

'85	'86	'87	'88	'89	'90	'91	'92	'93	'94	'95	'96	'97	'99	'01	'02	'03	'04
10.3	11.2	9.7	10.0	5.6	14.0	9.6	12.5	19.2	11.7	12.3	23.1	17.1	19.6	21.0	17.4	18.6	14.4
59.5	66.0	63.6	59.5	65.5	61.5	65.2	60.9	57.8	61.2	67.0	57.9	61.1	54.9	62.8	61.9	60.1	55.1
25.9	19.1	24.4	21.5	24.4	19.5	20.2	16.9	18.2	22.4	15.0	17.0	18.2	19.0	14.8	16.1	18.0	22.8
8.8	5.8	5.5	6.4	9.5	8.6	10.4	9.5	11.2	9.2	11.8	10.8	8.8	10.0	11.5	9.3	13.0	11.9
68.9	65.3	65.7	63.3	62.9	66.8	61.7	64.0	63.9	61.9	58.5	64.7	63.0	66.3	62.1	62.5	54.2	58.2
19.8	25.1	27.0	28.0	23.8	21.8	23.8	24.4	22.6	23.8	24.7	21.2	25.6	21.3	25.1	24.3	30.5	26.8
7.5	6.0	5.2	8.7	8.3	9.3	6.7	8.9	10.6	10.1	10.0	10.1	12.2	9.4	9.9	9.8	10.7	8.9
62.8	61.1	63.6	65.2	62.8	61.2	66.7	63.8	63.1	63.2	67.2	67.5	59.8	62.6	55.7	57.8	61.8	53.8
27.2	29.0	28.9	23.8	27.2	27.7	24.1	25.4	23.4	23.2	20.9	20.4	25.9	25.5	31.9	31.0	26.3	32.6
8.1	7.8	6.1	7.2	8.0	11.9	8.7	13.0	12.9	11.1	13.5	13.1	12.9	9.8	11.6	8.7	8.6	9.3
57.3	53.3	60.0	56.1	56.7	53.0	59.9	59.5	61.9	61.4	61.4	63.6	63.0	61.8	59.4	67.4	56.2	61.6
32.3	35.8	31.0	34.1	32.4	32.2	28.3	25.4	23.5	25.7	23.4	20.3	21.7	25.4	24.8	21.1	33.2	28.4
6.6	5.0	8.2	7.8	8.9	11.0	7.2	12.2	12.6	8.7	10.5	9.6	11.6	13.4	12.0	12.0	11.7	11.1
60.7	53.6	54.3	56.6	55.3	55.6	58.3	55.4	58.2	62.5	64.0	63.8	62.2	59.4	61.0	59.8	62.2	58.6
30.6	38.1	35.1	32.2	33.0	30.7	33.8	29.7	26.6	28.0	23.6	24.4	23.3	24.7	25.9	23.3	23.7	28.6
7.6	6.8	8.8	8.5	7.0	10.0	9.5	14.2	13.5	14.9	10.0	13.5	12.6	11.5	9.2	12.1	10.9	9.0
53.7	50.6	52.7	57.0	59.1	54.5	53.7	56.7	55.0	56.3	63.3	60.8	56.1	56.7	60.2	56.5	56.9	62.3
36.5	39.5	35.3	31.3	32.3	31.9	34.6	26.5	28.3	26.1	24.0	22.7	28.8	29.3	29.0	30.1	30.1	28.1
8.3	9.0	9.4	5.3	7.9	11.8	6.8	13.9	12.6	12.2	12.5	12.0	12.0	11.1	7.1	11.1	9.9	10.5
57.4	51.6	55.6	58.1	51.2	54.0	53.7	53.6	57.0	54.7	58.2	57.6	59.0	55.0	56.7	58.5	54.7	57.1
32.0	36.3	32.5	35.7	37.2	32.1	36.3	29.1	26.6	31.2	26.8	29.0	27.8	31.2	34.7	28.2	32.5	30.2
6.0	7.2	11.9	9.5	9.2	6.0	8.3	11.4	13.0	10.8	11.0	10.4	10.4	10.3	13.0	11.0	10.5	11.4
53.8	57.2	47.8	47.6	48.2	59.8	51.8	54.2	53.7	54.5	53.8	58.0	55.8	59.2	57.2	55.3	54.8	53.8
38.4	33.5	37.7	39.3	40.5	31.6	37.4	30.6	29.9	32.6	32.9	28.8	31.8	28.0	27.1	30.4	31.6	31.4
6.3	7.4	9.2	7.2	6.2	9.2	6.4	11.7	12.2	10.3	10.4	9.4	9.2	7.0	9.3	9.3	9.1	10.5
51.3	51.4	45.8	48.8	52.0	48.1	52.5	53.5	55.7	52.3	52.8	58.9	57.9	56.7	56.3	55.2	53.3	55.9
39.3	35.7	42.5	39.7	37.6	39.1	36.5	29.8	29.4	33.8	32.1	28.7	29.3	33.9	32.3	34.2	33.3	30.2
3.0	4.6	5.3	5.5	6.7	8.9	5.7	9.1	11.7	10.4	9.7	8.9	8.2	8.1	9.3	8.9	10.2	9.5
45.2	48.9	52.5	44.0	38.1	45.3	52.8	52.9	46.9	55.6	57.8	55.1	51.7	57.1	57.0	59.2	59.5	49.3
46.2	40.7	35.4	46.3	49.6	40.4	37.0	31.6	34.9	30.4	28.7	31.9	36.7	31.5	30.7	28.2	28.6	38.6
7.4	7.2	5.8	7.3	7.7	7.2	7.2	10.0	11.9	10.5	9.7	9.8	8.1	9.4	9.3	9.0	12.2	9.9
44.2	39.0	38.7	47.2	40.0	49.2	46.0	49.0	47.5	45.0	48.3	48.6	52.8	51.1	55.2	53.9	49.6	49.4
37.2	43.2	46.2	38.8	43.4	36.8	37.3	30.8	32.3	35.1	33.3	31.6	32.1	33.3	30.3	30.3	32.7	32.0

출처: 内閣府『国民生活に関한 여론조사』

단카이 주니어의 계층 의식은 계속 낮아지고 있다

또한, 내각부 데이터를 세대별로 살펴보면, 젊은 세대일수록 계층 의식이 낮아지고 있다는 점을 알 수 있다. 예를 들어, 제2차 베이비붐 세대에 해당하는 1994년 당시 20-24세 남성의 하층 응답률은 26.5%였으나, 1999년 이들이 25-29세가 되었을 때 34.4%, 2004년 30-34세가 되었을 때 39.8%로 증가했다. 즉, 10년 동안 하층 응답 비율이 13.3%포인트 증가한 것이다(도표 3-1).

39.8%라는 숫자는 50-54세 남성의 41.3%에 이어 두 번째로 높은 수치이며, 10년 동안 13.3%포인트 증가한 것은 다른 어떤 세대보다도 큰 증가 폭이다.

같은 방식으로 1994년 당시 20-24세 여성의 하층 응답률은 22.4%였으며, 1999년, 25-29세가 되었을 때는 21.3%로 거의 변화가 없었지만, 2004년, 30-34세가 되었을 때는 32.6%로 증가하여, 5년 만에 11.3%포인트 상승했다(도표 3-2).

또한, 하층 32.6%라는 숫자는 여성 중에서는 65-69세 연령대에 이어 두 번째로 높은 수치이며, 10년 동안 10.2%포인트 증가한 것은 역시 여성의 다른 어떤 세대보다도 큰 증가 폭이다.

이러한 결과를 종합하면, 단카이 주니어 세대는 남녀 모두 지난 10년 동안 가장 계층 의식이 낮아진 세대라고 할 수 있다.

도표 3-1 계층 인식의 추이 (단카이 주니어 세대·남성)

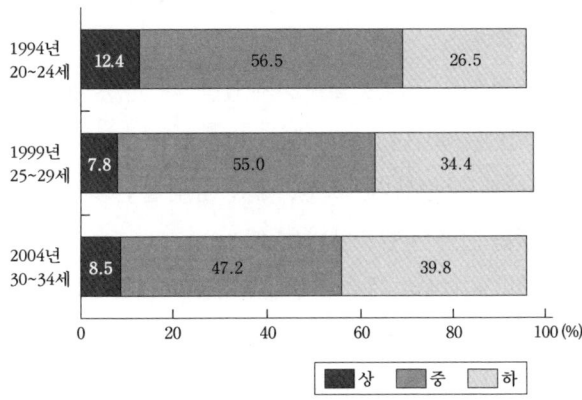

출처: 내각부 「국민생활에 관한 여론조사」를 바탕으로 컬처스터디스연구소 작성

도표 3-2 계층 인식의 변화 (단카이 주니어 세대·여성)

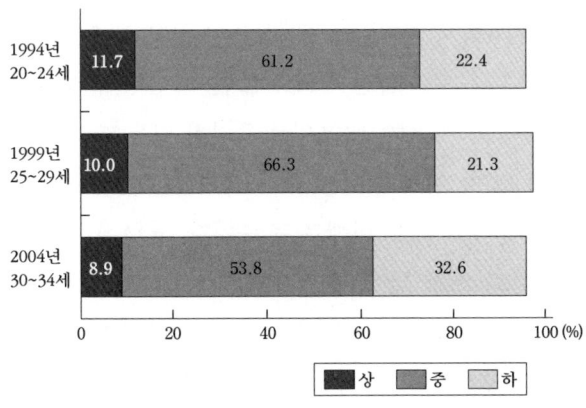

출처: 내각부 「국민생활에 관한 여론조사」를 바탕으로 컬처스터디스연구소 작성

단카이 주니어의 하류화는 계속된다! 113

진성 단카이 주니어도 하층 급증

제2차 베이비붐 세대보다 5살 어린 진성 단카이 주니어 세대는 어떨까.

남성의 경우, 1999년 20-24세였을 때 하층 응답률은 28.2%였지만, 2004년 25-29세가 되면서 38.4%로 증가, 즉 10.2%포인트 상승했다. 또한, 상층 응답률은 16.0%에서 8.9%로 절반 가까이 감소했다(도표 3-3).

여성도 마찬가지로, 하층 응답률은 19.0%에서 26.8%로 증가, 상층 응답률은 19.6%에서 11.9%로 감소했다(도표 3-4).

20-24세 이후 계층 의식이 낮아지는 것은, 학생에서 사회인이 되거나, 결혼·출산이라는 삶의 시련을 겪기 때문이라고 생각하면, 세대를 초월한 보편적인 현상으로 볼 수도 있다.

여기에 더해, 진성 단카이 주니어 세대는 마침 그 시기에 큰 경기 후퇴를 겪었기 때문에, 상층이 줄고 하층이 증가하는 현상이 더욱 두드러진 것으로 보인다. 남성의 하층 응답률이 불과 5년 만에 10.2%포인트 증가한 것은 다른 어느 세대보다도 크며, 여성의 하층 증가 폭(7.8%포인트)도 단카이 주니어 여성에 이어 두 번째로 큰 수치다.

참고로, 20-24세 남성 중 상층 응답 비율이 가장 높았던 시기는 1997년으로, 19.3%였다. 1996년부터 2002년까지 상층 응답률은 약 15% 전후로 비교적 높았다(도표 3-5).

여성의 경우, 상층 응답률이 가장 높았던 해는 19.396년으로, 23.1%나 되었다. 마찬가지로 1996년부터 2003년까지 상층 응답률이 약 20% 전후로 높게 나타났다. 이에 비해, 1984년 당시 20-24세였던, 즉 신인류 세대 남성의 경우 상층 응답률이 7.5%에 불과했다. 같은 해 25-29세였던 1955-1959년생(필자도 이 세대에 속함)은 상층 응답률이 겨우 4.7%였다.

고도 소비 사회의 도래라고 불렸던 1980년대도, 당시 젊은이들에게는 여전히 가난한 사회였던 것이다.

도표 3-3 계층 인식의 변화 (진성 단카이 주니어 세대·남성)

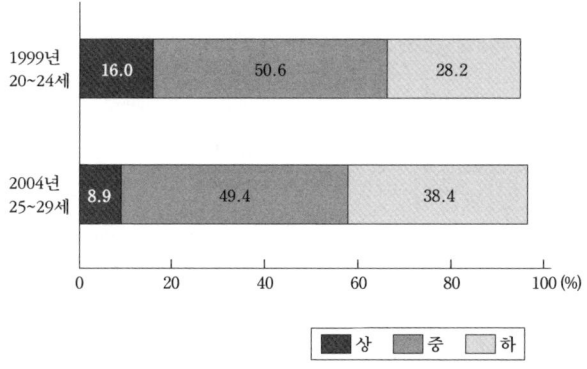

출처: 내각부 「국민생활에 관한 여론조사」를 바탕으로 컬처스터디스연구소 작성

도표 3-4 계층 인식의 변화 (진성 단카이 주니어 세대·여성)

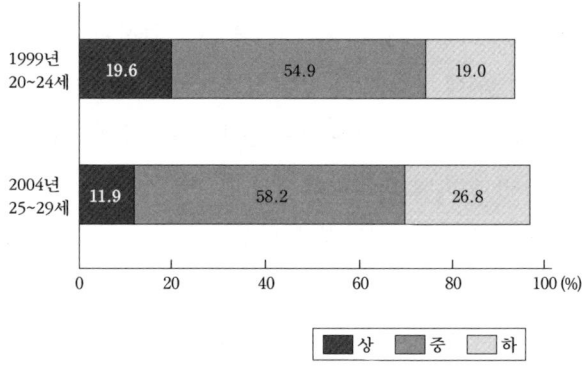

출처: 내각부「국민생활에 관한 여론조사」를 바탕으로 컬처스터디스연구소 작성

도표 3-5 20~24세 남녀의 계층 인식 '상' 비율

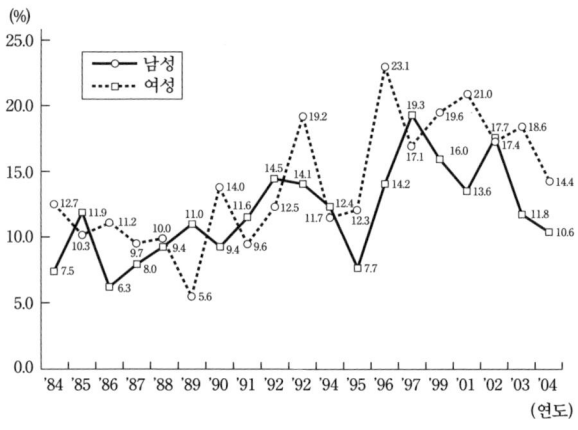

출처: 내각부「국민생활에 관한 여론조사」를 바탕으로 컬처스터디스연구소 작성

소비 사회에 도취되었던 진성 단카이 주니어 세대

1996-2003년의 20-24세는 1972-1983년생에 해당하며, 이는 내가 정의하는 진성 단카이 주니어 세대(1973-1980년생)와 거의 일치한다. 즉, 이들은 단카이 세대를 부모로 가장 많이 둔 세대이다(미우라 아츠시 『일을 하지 않으면, 자신을 찾을 수 없다』 참조).

그들의 부모인 단카이 세대는 1992-1996년경 45-49세였으며, 당시 45-49세 연령대에서 상층이라고 응답한 비율은 약 11%로 비교적 높았다. 여성도 마찬가지로, 상층 응답 비율이 13-14%로 높은 수준이었다.

즉, 단카이 세대에게는 1992-1996년이 계층 의식이 가장 높았던 시기였다. 버블 경제가 붕괴되었지만, 이 시기 부장으로 승진하는 경우가 많았으며, 경기도 다소 회복되고 소득도 증가하던 때였다.

그러나 1997년 이후, 야마이치 증권의 파산을 계기로 경기가 후퇴하였고, 구조 조정과 조기 퇴직이 활발해지면서 단카이 세대의 계층 의식도 점점 낮아지게 되었다.

그리고 그들의 자녀인 진성 단카이 주니어 세대는 1992-1996년경 중학생, 고등학생, 대학생 시기를 보내고 있었으며, 사회의 거친 현실을 알지 못한 채 소득이 증가한 부모에게 기대어 소비 생활에 취해 흥청망청 즐기기 시작했다.

마침, 한때 1달러 = 80엔까지 진행된 엔고(円高)로 인해 해외 제품이 저렴하게 수입되었고, 자동차도, 손목시계도, 패션도 해외의 고급 브랜드를 쉽게 손에 넣을 수 있는 시대가 되었다. 소비 욕구가 강했던 단카이 세대의 물질적 욕망이 전부 충족되는 사회가 되었던 것이다.

이러한 환경 속에서 진성 단카이 주니어 세대는 역사상 가장 높은 계층 의식을 갖게 되었다.

따라서, 20세 미만의 데이터를 확인할 수 있다면, 1992-1996년경에는 20-30%가 상층이라고 응답했을 가능성도 있다. 그리고 그 여파는 2003년까지 지속되었다.

그러나 진성 단카이 주니어 세대도 결국 사회에 진출하여 25-29세가 되면 사회의 가혹한 현실을 깨닫게 된다. 또한, 소비 중독으로 인해 근로 의욕을 완전히 잃어버린 일부는 프리터가 되었으며, 그중 일부는 전락하여 실업자, 무직자가 대량으로 발생하게 되었다.

당연히, 이러한 사람들의 계층 의식은 하락할 수밖에 없다. 결과적으로, 2004년 25-29세 연령대의 계층 의식이 하락한 것으로 보인다.

앞으로는 나빠질 뿐이라는 불안
— 평범한 사람들에게는 전망이 없다

현재 30세 전후의 세대는 어린 시절 매우 풍요로운 소비 생활을 누렸던 세대이기 때문에, 나이가 들수록 소비 생활의 수준이 점점 떨어질 것이라는 불안이 크다. 이는 현재 40세 이상 세대에겐 없는 감각이다.

현재 40세 이상의 세대는, 어린 시절에는 가난했지만, 20대, 30대가 되면서 점점 소비 생활이 풍요로워지고, 생활 수준도 향상되었다. 따라서 일이 힘들어도 견딜 수 있었다. 간단히 말하면, 당근과 채찍이 효과적으로 작동했던 것이다.

그런데 현재 30세 전후의 세대는, 어린 시절의 소비 생활이 너무 풍요로웠기 때문에, 사회에 나와서는 자유롭게 사용할 수 있는 돈과 시간이 줄어드는 것만을 실감하게 된다. 이제 결혼하고, 아이를 낳을 시기에 접어들었지만, 미래에 소비 생활이 나아질 것이라는 확신을 가질 수 없으므로, 계층 의식이 급격히 저하되는 것도 어쩔 수 없는 일이다.

따라서 극단적으로 말하면, 이런 시대에 결혼하는 사람은, 1) 미래에 대한 희망이 있는 사람 2) 아무런 희망도 계획도 없이 덮어놓고 결혼을 하는 사람 이 두 가지 유형뿐이라고도 할 수 있다.

즉, 평범한 소득을 가진 사람이, 앞으로 소득이 자연스럽게 증가할 것이라고 기대하며, 결혼하고 아이를 키우는 미래를 그리기 어려운 시대가 되었다.

단카이 세대와 신인류 세대는 안정적인 중산층이었다

한편, 단카이 세대 남성은, 25-29세로 아직 독신자가 많았던 1974년에는 중층이 55.8%, 하층이 33.4%였다. 그러나 35-39세로 육아기에 접어든 1984년에는 중층이 50.6%, 하층이 38.5%로 다소 계층 의식이 하락했지만, 그 폭은 단카이 주니어보다 훨씬 작았다(도표 3-6). 또한, 1984년부터 1999년까지는 하층이 꾸준히 감소하고 있어, 단카이 세대의 생활이 점점 더 여유로워졌음을 알 수 있다.

그러나 2004년에는 하층이 증가했지만, 상층도 증가하고, 중층은 감소하는 양상을 보였다.

즉, 중층에서 상층과 하층으로 이동하는 양극화가 진행된 것으로 보인다. 이는 구조 조정을 당한 사람과 임원으로 승진한 사람 간의 격차가 벌어진 결과일 것이다.

한편, 단카이 세대 여성의 경우, 1974년부터 1989년까지 중층이 감소하고 하층이 증가하는 경향을 보였다(도표 3-7).

도표 3-6 계층 인식의 추이 (단카이 세대·남성)

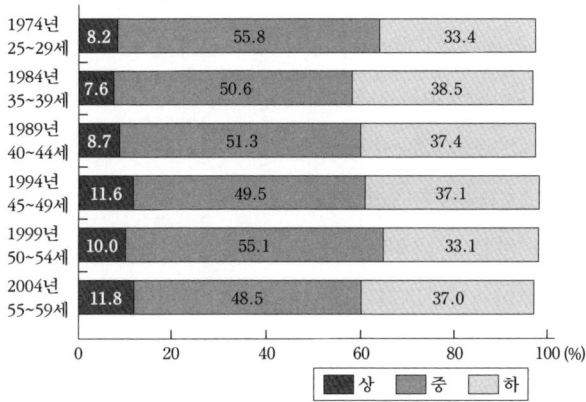

출처: 내각부 「국민생활에 관한 여론조사」를 바탕으로 컬처스터디스연구소 작성

도표 3-7 계층 인식의 추이 (단카이 세대·여성)

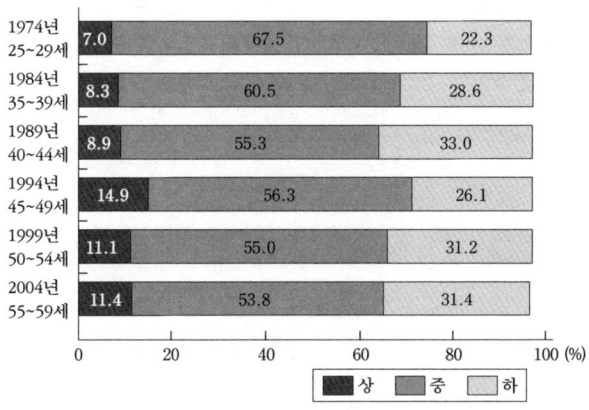

출처: 내각부 「국민생활에 관한 여론조사」를 바탕으로 컬처스터디스연구소 작성

그러나 그 이후에는, 하층은 약 30% 수준을 유지하고, 중층은 55% 전후에서 거의 변동이 없었다. 즉, 단카이 세대 여성은 매우 안정적인 중산층 의식을 유지한 사람들이라고 할 수 있다.

그렇다면, 단카이 세대보다 15세 어린 신인류 세대는 어떠할까? 남성의 경우, 1984년부터 2004년까지 큰 변화가 없는 것으로 나타났다(도표 3-8).

그러나 버블 시대였던 1989년에 하층이 약 5포인트 증가하고 중층이 약 5포인트 감소한 것은, 당시 아직 주택을 구입하지 않았던 그들이 지가 급등으로 인해 주택 구매를 포기할 수밖에 없는 심정을 반영한 결과일 것이다.

도표 3-8 계층 인식의 추이 (신인류 세대·남성)

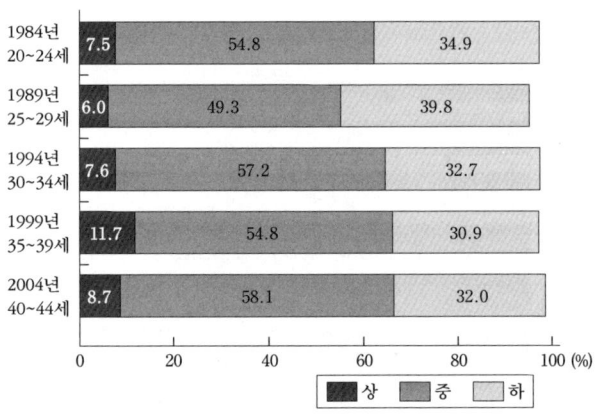

출처: 내각부 「국민생활에 관한 여론조사」를 바탕으로 컬처스터디스연구소 작성

도표 3-9 계층 인식의 추이 (신인류 세대·여성)

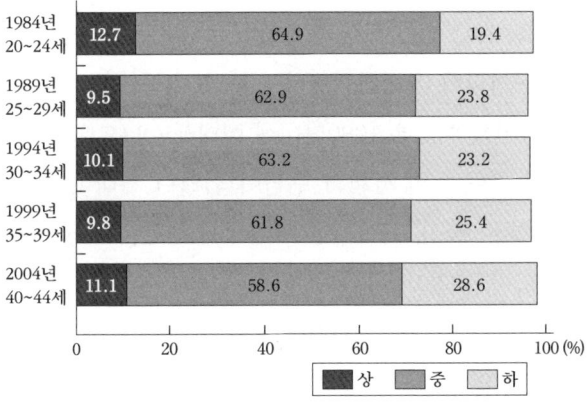

출처: 내각부 「국민생활에 관한 여론조사」를 바탕으로 컬처스터디스연구소 작성

그 후, 버블이 붕괴된 1994년에는 계층 의식이 1984년과 거의 같은 수준으로 돌아갔으며, 1999년에는 중층과 하층이 소폭 감소하고 상층이 증가하는 경향을 보였다.

그러나 2004년에는 다시 중층과 하층이 증가하고, 상층이 감소하여 거의 원래 상태로 돌아갔다. 하지만 앞으로는 성과주의에 따른 급여 격차 확대 등의 영향으로, 상층과 하층이 증가하고, 중층이 감소하는 경향이 더욱 뚜렷해질 것으로 보인다.

신인류 세대의 여성은 상층 비율에는 거의 변화가 없지만, 중층이 점진적으로 감소하고, 하층이 점진적으로 증가하는 경향을 보이고 있다.

1984년과 2004년을 비교하면, 중층이 6포인트 이상 감소했고, 하층이 9포인트 이상 증가했다. 이를 종합하면, 전반적으로 계층 의식이 다소 하락했다고 볼 수 있다(도표 3-9).

신인류 세대 여성은 1980년대에 여대생·OL(오피스 레이디) 붐을 일으키며 소비 사회의 주역이 되었던 세대이다. 그러나 이후 결혼, 출산, 육아기를 거치면서 생활이 점점 어려워지고 있으며, 그뿐만 아니라 경기 침체와 성과주의 확산으로 인해 남편의 연봉이 정체된 것 등이 계층 의식이 하락한 원인으로 보인다.

그러나 1999년부터 2004년까지는 상층 비율이 소폭 증가하고 있어, 이는 중산층의 양극화가 시작되는 징조일지도 모른다. 하지만 어쨌든, 단카이 세대와 신인류 세대는 지금까지 비교적 안정적인 중산층 의식을 유지해 왔다고 볼 수 있다.

희망 격차

야마다 마사히로 도쿄학예대학 교수의 저서 『희망 격차 사회』에 대한 아마존 재팬의 독자 리뷰 중에, '고도성장기에도 희망 격차는 있었을 것이다'라는 반론이 실려 있었다.

그러나 이는 적절하지 않은 반론이다. 물론 고도성장기에도 희망 격차는 존재했다. 그것은 당연한 일이다.

문제는 희망 격차가 존재했는지가 아니라, 희망 격차가 확대될 것이라고 생각하는 사람이 많았는가, 아니면 축소될 것이라고 생각하는 사람이 많았는가, 그리고 그것이 누구였는가 하는 점일 것이다.

희망을 잃은 젊은이들이 거리 한복판에 쓰러져 있다.

전쟁 이후, 특히 고도성장기에는 가난한 사람일수록 더 많은 희망을 가질 수 있었던 시대였다고 할 수 있다.

반면, 귀족이나 자본가, 지주 계급은 특권을 박탈당하고, 토지도 몰수되었기 때문에 희망이 축소되었을 것이다. 소작농은 토지를 받을 수 있었고, 소작농의 아들이나 딸도 최소한 고등학교 정도는 진학할 수 있게 되었다. 중학교, 고등학교를 졸업하면, 비록 블루칼라 노동자가 되더라도 대기업에 취직할 가능성이 있었으며, 열심히 노력하면 과장 정도까지는 승진할 수 있었다.

물론, 도시 노동자 계급이 된 젊은이들이 갑자기 풍요로워진 것은 아니었다. 그러나 현재 소득이 낮더라도, 매일 성실하게 일하면 장래에 소득이 증가하고 생활 수준이 향상될 것이라는 기대를 가질 수 있었다. 그렇게 되면 일할 의욕도 생겨난다.

이러한 젊은이들의 모습을 그린 것이 요시나가 사유리와 하마다 미츠오의 영화들이었다.

이와 같이, 고도성장기에는 계층이 낮은 사람일수록 더 많은 희망과 가능성을 가질 수 있었으며, 반면 높은 계층의 사람일수록 기존에 가졌던 권리가 축소되는 시대였다. 그런 의미에서, 개별적인 사례를 차치하고 전반적으로 보면 희망 격차가 축소되는 시대였다고 할 수 있다.

그러나 현재는 장래 소득 증가를 기대할 수 있는 소수의 사람과, 기대할 수 없는 다수의 사람, 그리고 오히려 소득이 감소할 가능성이 높은 적지 않은 사람들로 분화되고 있다. 과거에는 많은 사람들이 공유할 수 있었던 사회적 상승에 대한 희망이, 이제는 제한된 일부 사람들에게만 주어지고 있다.

더구나 희망을 가질 수 있는지 여부가 개인의 자질이나 능력이 아니라, 부모의 계층에 의해 결정되는 경향이 강해지고 있다. 그렇다면 희망을 가질 수 있는지 여부가 계층 격차에 의해 규정되는 것이다.

즉, 희망을 가질 수 있는 계층과, 희망을 가질 수 없는 계층으로 분화되고, 그 계층이 고정화되는 것이 바로 야마다 마사히로의 희망 격차론일 것이다.

설령 소득 격차가 확대되더라도, 미래에 그것을 줄일 수 있다는 기대가 있다면 희망 격차는 확대되지 않는다. 그러나 그 격차가 메울 수 없는 차이라고 인식되는 순간, 희망 격차는 확대되는 것이다.

허용되는(?) 격차

참고로, 욕구 조사에 따르면, 단카이 주니어 남성을 대상으로 한 현재 일본 사회에서 소득이 높은 사람과 낮은 사람의 격차가 커지고 있다고 생각하는가?라는 질문에 대해, 그렇다고 생각한다가 47%, 어느 정도 그렇다고 생각한다가 32%로, 총 79%가 소득 격차 확대를 실감하고 있다.

이를 계층 의식별로 보면, 상층에서는 75.0%, 중층에서는 77.5%, 하층에서는 81.3%로, 계층 의식이 낮을수록 격차 확대를 더 강하게 인식하는 사람이 많다.

그러나 '성과주의·능력주의에 찬성하는가?'라는 질문에 대해, '그렇다'와 '어느 정도 그렇다'를 합한 비율은, 상층에서 58.4%, 중층에서 60.0%, 하층에서 66.7%로, 계층 의식이 낮을수록 성과주의·능력주의를 긍정적으로 평가하는 경향이 더 강한 것으로 나타났다.

같은 질문에서, '연공서열과 종신 고용제가 더 좋다고 생각하는가?'라는 항목에 대해, '그렇다'라고 응답한 비율은 상층이 16.7%, 중층이 17.5%, 하층이 10.4%로, 하층에서 연공서열을 가장 부정적으로 인식하는 경향이 강하게 나타났다.

물론 이러한 경향만으로, 즉시 하층에 속하는 사람들이 소득 격차의 확대를 용인하고 있다고 단정할 수는 없다. 하층에는 프리터나 파견 직원이 포함되어 있기 때문에, 애초에 연공서열이나 종신 고용의 혜택을 받지 못했을 가능성이 크며, 또한 정규직과 같은 수준으로 일하고 있으니, 그 성과에 맞는 급여를 받아야 한다는 의식이 강할 수도 있기 때문이다.

즉, 소득 격차를 용인하는 태도와, 격차를 시정해야 한다는 태도라는 상반된 두 가지 인식이, 이 결과에 반영되었을 가능성이 있다.

정규직과 비정규직 간의 격차

한편, 단카이 주니어 여성은 81%가 소득 격차의 확대를 실감하고 있으며, 상층에서는 76.5%, 중층에서는 75.0%, 하층에서는 무려 93.6%가 소득 격차 확대를 느끼고 있다. 이는 남성과 비교했을 때, 하층에 속하는 여성이 소득 격차 확대를 훨씬 더 강하게 인식하고 있음을 보여 준다.

이러한 경향은 이번 조사에서 단카이 주니어 여성 중 21%가 파견 직원, 파트 타임 아르바이트, 프리터 등 비정규직에 종사하고 있다는 점과 관련이 있을 것으로 보인다. 비정규직 노동자는 상층에서는 5.9%에 불과하지만, 중층에서는 25.0%, 하층에서는 22.6%를 차지하고 있다. 따라서 중층과 하층 계층에서는 종합직*의 정규직 여성과의 소득 격차를 더 강하게 체감하는 사람이 많을 것으로 보인다.

또한, 현재 전업주부로 생활하고 있는 여성들도, 같은 연령대에서 계속 직장 생활을 이어 가고 있는 여성들의 소득을 의식하면서 소득 격차의 확대를 실감하고 있을 가능성이 있다.

성과주의에 대해서는, 단카이 주니어 여성의 64%가 이를 용인하고 있으며, 상층에서는 76.4%, 중층에서는 61.6%, 하층에서는 61.3%로 나타났다. 이는 남성과는 달리, 상층에 속하는 여성일수록 성과주의를 더 용인하고 있음을 보여 준다.

더 정확히 말하면, 성과주의를 인정하는 비율은 상층 여성을 제외한 여성과 남성 모두에서 약 60% 수준인데, 상층 여성만이 76%라는 높은 비율로 성과주의를 지지하고 있는 것이다. 이는 아마도, 상층에 속하는 여성들이 남성들과 동등하게 일하면서도 충분한 평가를 받지 못한 경험이 있기

---

*종합직: 일본은 한국과 달리 채용 시에 종합직과 일반직 모집을 구분한다. 종합직은 전반적인 다양한 직무를 수행하며, 일반직은 단순한 사무보조 위주의 일을 수행한다.

때문에, 성과주의를 더욱 강하게 지지하는 것으로 보인다.

연공서열·종신 고용에 대해서는, 이를 지지하는 비율이 단 6%에 불과했다. 상층에서는 0%, 중층에서는 7.7%, 하층에서는 6.5%로 나타났다. 이는 여성들이 연공서열·종신 고용의 혜택을 거의 받지 못했기 때문에, 이를 전혀 긍정적으로 평가하지 않는다는 것을 의미한다. 특히, 상층의 여성들에게 연공서열·종신 고용은 남성 중심 사회의 벽 그 자체이기 때문에, 이를 지지하는 사람이 전무한 것은 당연한 결과라고 할 수 있다.

그러나, 상층에 속하는 모든 여성이 종합직인 것은 아니며, 그보다 더 중요한 점은 반드시 일을 하고 있는 것도 아니라는 것이다. 실제로 그중 절반은 전업주부이다.

겉보기에는 성과주의와 연공서열이 무관할 것 같은 주부가 많은 여성 상층에서, 이렇게까지 성과주의 지향이 강하고 연공서열·종신 고용을 부정하는 경향이 강한 이유는 무엇일까.

물론, 상층에 속하는 사람 중에서도 취업한 여성들만이 강하게 그렇게 응답했을 가능성도 있다. 그래서 개별 데이터를 확인해 보았지만, 취업 여성과 전업주부 간에 큰 차이는 없었다.

그렇다면, 현재 전업주부라고 해도 과거에는 남성과 동등하게 일했던 경험이 있는 여성이 그렇게 응답했을 가능성이 있다.

또한, 위의 경우에도 해당하지 않는 사람이지만, 자신의 남편에게 있어서 성과주의나 연공서열 폐지가 더 유리하다고 판단했기 때문에 그렇게 응답했을 가능성도 있다.

이와 같이, 단카이 주니어 세대에서는 정규직을 중심으로 한 상층에서는 무능한 상사나 남성 중심 사회의 벽을 허물기 위해, 비정규직이 많은 하층에서는 정규직과의 차별을 없애기 위해 성과주의가 지지되고 있다고 볼 수 있다.

그러나, 성과주의 안에서도 계속 승리하는 사람과 그렇지 못한 사람 사이의 격차는 더욱 커질 것이다. 물론 프리터와의 격차는 더욱 확대될 것이다. 그렇다면, 이러한 격차의 확대, 즉 하류화를 어디까지 냉정하게 받아들일 수 있을지가 중요한 문제가 될 것이다.

아이를 키우고, 주택 대출을 갚아야 하지만 성과를 내지 못해 급여가 줄어드는 사람들은 어떻게 해야 하는가라는 문제도 확대될 것이다. 그렇게 된다면, 미혼화와 저출산 문제는 더욱 심화될 것이다.

결혼하고, 아이를 낳고, 평범하게 살아가는, 그런 보통의 중산층 생활이 점점 더 어려워지고 있다는 것은, 이제 분명한 사실이라고 할 수 있다.

제4장

연봉 300만 엔으로는 결혼할 수 없는가

최근 10년간 승부가 결정되었는가?

이번 장에서는 욕구 조사를 바탕으로, 단카이 주니어 세대의 계층 의식별로 소득, 결혼, 가족, 직업 등에 어떤 차이가 있는지를 살펴본다.

욕구 조사에서는 생활 수준을 상층, 중층, 하층으로 질문할 뿐만 아니라, 과거(5-10년 전)와 현재의 생활 수준을 100점 만점으로 평가하도록 하였다(표 4-1). 이 데이터를 보면, 남성의 경우 상층에 속하는 사람은 과거보다 현재 점수가 상승한 사람이며, 하층에 속하는 사람은 점수가 하락한 사람, 중층에 속하는 사람은 거의 변동이 없는 사람이라는 것이 드러난다. 즉, 과거 5-10년 동안의 변화가 현재의 계층 의식을 형성하고 있는 것이다.

여성도 남성과 동일한 경향을 보이지만, 남성과 비교하면 상층에서는 80점 이상으로 상승한 비율이 더 크고, 하층에서는 60점 미만으로 감소한 비율이 더 크다. 즉, 여성은 남성보다 지난 10년 동안 승자와 패자가 더욱 명확해졌으며, 그것이 현재의 계층 의식에도 영향을 미치고 있다고 추측할 수 있다. 이러한 변화는 소득 증감, 결혼 여부 등 여러 요인에 의해 결정된 것으로 보인다.

표 4-1 단카이 주니어의 계층 인식별·과거와 현재의 생활수준 점수

【남성】 (%)

		상	중	하
과거	n	12	40	48
	60점 미만	0	30.0	35.4
	60~79점	41.7	50.0	50.0
	80점 이상	58.3	20.0	14.6
		상	중	하
현재	n	12	40	48
	60점 미만	0	20.0	56.3
	60~79점	33.3	50.0	33.3
	80점 이상	66.7	30.0	10.4

【여성】 (%)

		상	중	하
과거	n	17	52	31
	60점 미만	17.6	23.1	12.9
	60~79점	52.9	34.6	41.9
	80점 이상	29.4	42.3	45.2
		상	중	하
현재	n	17	52	31
	60점 미만	5.9	13.5	54.8
	61~79점	29.4	44.2	35.5
	80점 이상	64.7	42.3	9.7

출처: 컬처스터디스연구소 + (주)e팔콘 『욕구 조사』

저축액은 500만 엔 이상과 150만 엔 미만으로 양극화

다음으로, 계층 의식별 연 소득을 살펴보면, 당연한 결과이지만 계층 의식이 높을수록 연 소득이 높은 경향을 보인다. 특히 여성의 경우, 상층에 속하는 58.8%가 연 소득 700만 엔 이상이다(표 4-2).

이때 연 소득은 기혼자의 경우 부부 합산 금액이므로, 기본적으로는 남편의 연 소득이라고 볼 수 있다.

즉, 남편의 연 소득이 높을수록 여성의 계층 의식도 상승하는 것이다.

계층 의식별 저축액(기혼자의 경우 부부 합산 금액)을 보면, 남성의 상층에서는 33.3%가 1,000만 엔 이상을 보유하고 있으며, 25%가 500-1,000만 엔을 보유하고 있어, 총 58.3%가 500만 엔 이상의 저축을 보유하고 있다. 여성도 마찬가지로 상층에서는 35.3%가 500만 엔 이상의 저축을 보유하고 있다(표 4-3).

반면, 남성의 하층에서는 56.3%, 여성의 하층에서는 80.6%가 저축액 150만 엔 미만에 해당한다. 중층도 남녀 모두 약 40%가 저축액 150만 엔 미만으로 나타났다.

이와 같이, 저축액은 계층 의식별로 큰 차이가 있으며, 상층은 500만 엔 이상, 중층과 하층은 150만 엔 미만으로 양극화되고 있는 것으로 보인다.

표 4-2 단카이 주니어의 계층 인식별 소득
(기혼일 경우는 부부 합산 소득 기준)

【남성】 (%)

	상	중	하
n	12	40	48
300만 엔 미만	8.3	7.5	31.3
300만 엔 ~	16.7	40.0	56.3
500만 엔 ~	33.3	32.5	12.5
700만 엔 ~	41.6	20.0	—

【여성】 (%)

	상	중	하
n	17	52	31
300만 엔 미만	17.7	30.8	35.5
300만 엔 ~	11.8	25.0	48.4
500만 엔 ~	11.8	25.0	12.9
700만 엔 ~	58.8	19.2	3.2

출처: 컬처스터디스연구소 + (주)e팔콘『욕구 조사』

표 4-3 단카이 주니어의 계층 인식별 저축액 분포 (%)

	남성			여성		
	상	중	하	상	중	하
n	12명	40명	48명	17명	52명	31명
150만 엔 미만	8.3	35.0	56.3	23.5	44.2	80.6
150만 엔 ~	16.7	15.0	14.6	11.8	9.6	0.0
300만 엔 ~	8.3	12.5	12.5	23.5	19.2	19.4
500만 엔 ~	25.0	22.5	6.3	11.8	19.2	0.0
1000만 엔 ~	33.3	15.0	10.4	23.5	7.7	0.0

출처: 컬처스터디스연구소 + (주)e팔콘『욕구 조사』

표 4-4 단카이 주니어의 계층 인식별 생활만족도 점수

【남성】 (%)

	상	중	하
n	12	40	48
60점 미만	0.0	15.0	41.8
60~79점	41.7	30.0	39.7
80점 이상	58.3	42.5	18.8

【여성】 (%)

	상	중	하
n	17	52	31
60점 미만	5.9	9.6	32.3
61~79점	29.4	30.7	48.4
80점 이상	64.7	59.6	19.4

출처: 컬처스터디스연구소 + (주)e팔콘 『욕구 조사』

미혼이면 생활 만족도는 하락한다

욕구 조사에서는 생활 수준 점수뿐만 아니라 생활 만족도 점수도 함께 조사하였다(표 4-4). 당연하게도 생활 만족도는 계층 의식이 높을수록 높은 경향을 보였다. 그러나 생활 수준 점수와 비교하면 생활 만족도 점수의 격차는 다소 적었다. 이는 생활 수준이 높아도 만족도가 낮은 사람, 반대로 생활 수준이 낮아도 만족도가 높은 사람이 일부 존재하기 때문으로 보인다. 또한, 여성의 경우 계층이 높을수록 비교적 만족도 점수도 높게 나타났으며, 상층에서는 64.7%가 80점 이상, 중간에서도 59.6%가 80점 이상이라고 답했다. 반면, 남성은 여성만큼 만족도 점수가 높은 비율이 많지 않았다. 상층에 속하더라도 긴 노동 시간이나 미혼 상태 등의 요인이 만족도를 낮추고 있는 것으로 보인다.

여성은 대학을 졸업해야 상류층이 될 수 있는가?

계층 의식과 학력의 상관관계는 어떻게 나타나는가?

남성의 경우, 확실히 고졸인 경우 하층이 63.2%로 많지만, 대졸이라도 하층에 속하는 비율이 44.2%로 여전히 높은 수준이다. 반대로, 고졸이라도 상층이 10.5%이고, 대졸이라 해도 13.5%로 나타나 큰 차이가 없었다. 즉, 대졸자는 중층이 될 가능성이 높지만, 상층이 될 가능성이 반드시 높은 것은 아니다(표 4-5).

표 4-5 단카이 주니어의 학력별 계층 인식

【남성】 (%)

	n	상	중	하
고졸	19	10.5	26.3	63.2
대졸	52	13.5	42.3	44.2

【여성】 (%)

	n	상	중	하
고졸	17	9.1	48.5	42.4
단대졸	33	18.5	60.0	21.4
대졸	36	30.6	44.4	25.0

출처: 컬처스터디스연구소 + (주)e팔콘 『욕구 조사』

도표 4-1 여성 대졸자·단대졸자*의 '상층' 인식 비율

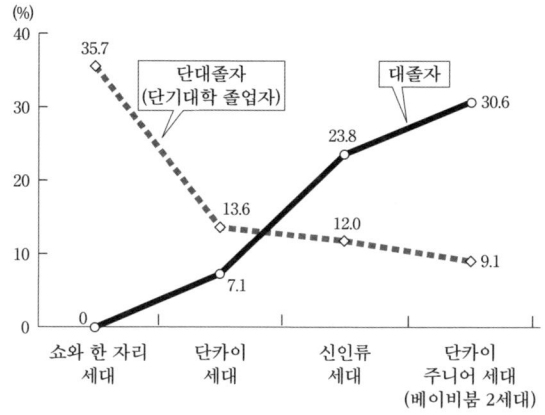

출처: 컬처스터디스연구소 + (주)e팔콘 『욕구 조사』

한편, 여성의 경우, 학력과 계층 의식의 상관관계가 상당히 높게 나타났다. 관점을 바꿔 보면 대졸 여성 중 상층이라고 응답한 비율은 젊은 세대일수록 증가하는 경향을 보였다. 단카이 주니어 여성의 대졸자 중 30.6%가 상층이라고 응답한 반면, 신인류 세대에서는 23.8%, 단카이 세대에서는 7.1%, 쇼와 한 자릿수 세대에서는 0%였다(도표 4-1).

대학 진학이 대중화된 세대일수록 대졸자의 계층 의식이 높아지는 것은 얼핏 보면 이해하기 어렵다. 대학 졸업이 특

---

* 단기대학: 줄여서 단대. 한국의 전문대학과 유사하며, 2년 또는 3년제로 전문적인 지식과 기술을 가르친다.

권이었던 쇼와 한 자릿수 세대의 여성들이 더 높은 계층 의식을 가질 것처럼 보이기 때문이다.

그러나 이는 최근 계층 의식과 연 소득 간의 상관관계가 강해졌고, 동시에 고학력화로 인해 학력과 연 소득 간의 상관관계도 높아졌기 때문이라고 생각할 수 있다. 다시 말해, 대졸 미만이면서 고소득인 사람이 줄어들었으며, 그 결과 학력과 계층 의식의 상관관계도 강화된 것으로 보인다.

한편, 단대 졸업 여성 중 상층에 속하는 비율은 쇼와 한 자릿수 세대에서 매우 높았다. 이 세대의 여성에게는 단대 졸업이 보다 안정된 삶을 보장하는 요인이 되었던 것이다.

이 세대의 여성들은 자신의 학력을 높이는 대신, 더 높은 학력을 가진 남성과 결혼함으로써 높은 계층에 속하게 되었다. 반면, 현대 여성들은 스스로의 힘으로 높은 계층을 목표로 삼으며, 이때 학력이 효과적인 자원이 되고 있다. 게다가, 부유한 전업주부가 되기 위해서도 고학력이 필요하다. 그 이유는 고소득 남성과 만날 기회가 많은 일류 기업에 들어가는 것이 유리하기 때문인데, 최근에는 일반직(사무보조)이라 하더라도 일류 기업에 입사하려면 4년제 대학 졸업이 요구되기 때문이다.

즉, 스스로 높은 급여를 받는 경우든, 남편을 통해 경제적 안정을 얻는 경우든, 대졸이 유리한 조건이 된 것이다.

결혼은 역시 중산층의 조건인가?

다음으로 계층 의식별 결혼 여부를 살펴보면, 여성의 경우 상층에서는 76.5%, 중층에서는 80.8%가 기혼(초혼)으로, 역시 중층과 상층에서는 기혼자 비율이 높게 나타났다(표 4-6).

상층에 속하면서 미혼인 사람은 17.6%, 즉 3명이었는데, 그 중 1명은 무직의 패러사이트 싱글, 1명은 연 소득 150-300만 엔의 자영업·프리랜서로 패러사이트 생활을 하고 있으며, 나머지 1명은 연 소득 300-500만 엔의 사무직으로 혼자 살고 있다.

따라서 이번 조사에서 미혼·취업자·연 소득 500만 엔 이상·계층 의식 상층이라는 전형적인 밀리오네제 여성상은 확인되지 않았다. 즉, 이번 조사에서는 앞서 언급한 바와 같이, 고소득 남성과 결혼한 여성일수록 계층 의식이 높았다는 결과가 나왔다. 또한, 결혼 여부에 따른 계층 의식을 살펴보면, 남성의 경우 미혼자의 71.2%가 하층에 속했다.

따라서 30대의 부유한 싱글 남성을 노린다는 전략은 현실성이 없다. 그 이유는 20대에는 부유한 싱글이었던 남성도 30대에는 결혼해 버리기 때문이다(표 4-7).

반면, 여성의 경우 미혼이라도 하층은 52%에 불과하며, 중층 이상이 48%로 거의 반반이었다.

즉, 독신 여성 시장이 주목받는 것처럼, 여성은 미혼이라고 해서 곧바로 낮은 계층 의식과 연결되지 않으며, 적극적으로 소비 활동을 하는 경향이 있는 것으로 보인다.

표 4-6 단카이 주니어의 계층 인식별 혼인 상태

【남성】 (%)

	상	중	하
n	12	40	48
미혼	33.3	27.5	77.1
기혼(초혼)	66.7	67.5	22.9

【여성】 (%)

	상	중	하
n	17	52	31
미혼	17.6	17.3	41.9
기혼(초혼)	76.5	80.8	48.4

출처: 컬처스터디스연구소 + (주)e팔콘 『욕구 조사』

표 4-7 단카이 주니어의 혼인 상태별 계층 인식

【남성】 (%)

	n	상	중	하
미혼	52	7.7	21.2	71.2
기혼(초혼)	46	17.4	58.7	23.9

【여성】 (%)

	n	상	중	하
미혼	25	12.0	36.0	52.0
기혼(초혼)	70	18.6	60.0	21.4

출처: 컬처스터디스연구소 + (주)e팔콘 『욕구 조사』

500만 엔이 결혼의 벽

남성의 소득과 결혼 여부의 상관관계를 살펴보면, 소득이 증가할수록 기혼율이 높아지는 것이 명확하게 나타나며, 매우 우아한 S자 곡선을 그린다(도표 4-2).

도표 4-2 남성의 소득과 기혼(초혼)율의 상관관계
(기혼일 경우는 부부 소득 합산 기준)

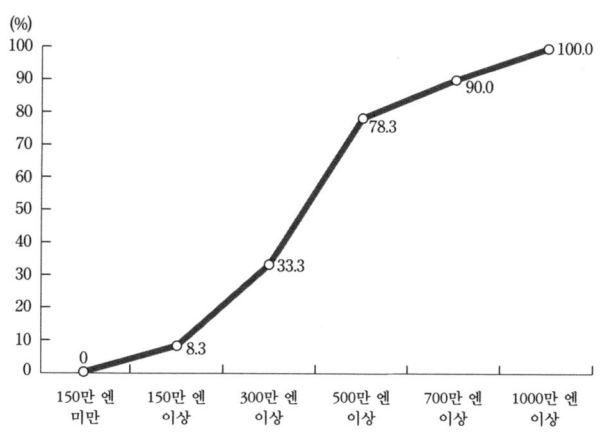

출처: 컬처스터디스연구소 + (주)e팔콘 『욕구 조사』

연 소득이 150만 엔 미만인 경우에는 결혼 가능성이 거의 없으며, 300만 엔 미만에서도 상당히 어려운 수준이다. 300만 엔을 넘어서야 비로소 결혼이 가능해지기 시작하며, 500만 엔을 초과하면 결혼이 현실적으로 이루어지고, 700만 엔을 넘으면 기혼율이 90%에 달하며, 1,000만 엔을 넘으면

100% 결혼하는 것으로 나타났다.

이 수치는 부부가 모두 소득이 있는 경우에는 합산 소득을 기준으로 한 것이며, 남성 단독 소득은 아니다. 그러나 소득 수준의 고저가 남성이 결혼할 수 있는지 여부와 상당히 강한 상관관계를 보이는 것은 분명하다.

결국, 남성 혼자의 소득이든, 부부 합산 소득이든, 최소한 500만 엔 이상의 가구 소득이 확보되어야 결혼을 원한다는 것이 명확해 보인다. 여성이 더욱 사치스러워졌다고도 볼 수 있다. 과거처럼 결혼 후 함께 열심히 일하며 점차 풍요로워지는 삶을 추구하는 여성은 이제 거의 없어졌다. 여성들은 결혼한 순간부터 이미 풍요로운 생활을 원하고 있으며, 이는 여성뿐만 아니라 그 부모들도 바라는 것이다.

반대로, 여성의 소득과 기혼율의 상관관계를 보면, 연 소득 500만 엔 이상인 경우 기혼율이 거의 90%에 달한다. 이 역시 여성 개인의 소득이 아니라 부부 합산 소득이거나 남편의 소득을 포함한 수치이므로, 앞서 언급한 것처럼 여성들은 가구 소득이 500만 엔 이상이 되는 결혼을 원하고 있음이 명확하다(도표 4-3).

다만, 중층에는 150만 엔 미만의 소득에서도 결혼한 경우가 일부 존재한다. 이는 젊은 세대에서 흔히 볼 수 있는, 이른바 속도위반 결혼일 가능성이 크다.

최근, 이러한 나의 조사 결과를 보강하는 연구가 발표되었다. 프리터 연구로 유명한 노동정책연구·연수기구의 부총괄 연구원인 고스기 레이코가 총무성의 취업구조 기본조사 데이터를 분석한 결과, 연 소득이 적을수록 결혼율도 낮다는 사실이 명확히 밝혀진 것이다.

도표 4-3 여성의 소득과 기혼(초혼)율의 상관관계
(기혼의 경우는 부부 합산 소득 기준)

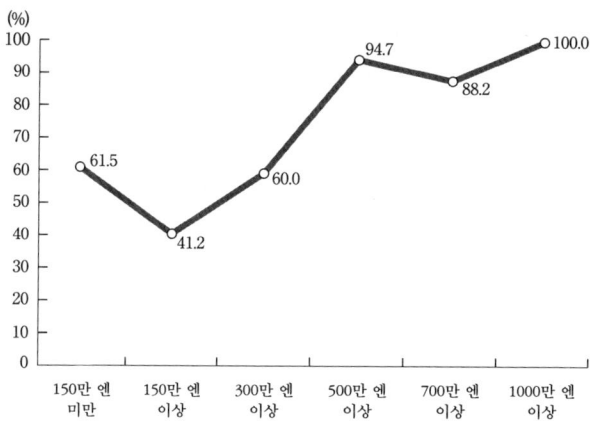

출처: 컬처스터디스연구소 + (주)e팔콘 『욕구 조사』

구체적인 숫자는 표 4-8에서 확인할 수 있다.

25-29세 남성 중 연 소득 500만 엔 이상인 경우 50-60%가 결혼했으며, 1,000만 엔 이상이면 70% 이상이 결혼한 것으로 나타났다. 30-34세 남성의 경우, 연 소득 500만 엔 이상이면 기혼율이 거의 70-80%에 달하며, 1,500만 엔 이상

이면 90%가 결혼한 것으로 나타났다.

또한, 츠쿠바대학 조교수 시라하세 사와코가 사회 계층·사회 이동 조사를 바탕으로 분석한 결과,

1995년 기준 연 소득 150만 엔 미만인 남성의 미혼율은 90% 이상, 150-250만 엔 미만의 경우 60%로 나타나, 역시 연 소득이 낮을수록 결혼이 어렵다는 사실이 명확하게 드러났다.

또한, 연 소득 450만 엔 미만인 남성의 미혼율은 1985년부터 1995년까지 증가했으나, 450만 엔 이상인 남성의 미혼율은 큰 변화가 없었다. 더욱이, 1985년부터 1995년까지 고학력자(대졸)보다 저학력자(중졸)에서 남녀 모두 미혼율이 증가한 것으로 나타났다(『저출산 고령화 사회의 보이지 않는 격차』 참고).

표 4-8 연령대별 유무직 상태, 개인 연수입별 혼인율

(재학생 제외 · 2002년 조사) (단위: %)

		남성				여성			
		15~19세	20~24세	25~29세	30~34세	15~19세	20~24세	25~29세	30~34세
전체		1.9	9.3	30.2	54.4	4.1	13.6	42.0	67.8
무직자 합계		0.3	2.2	7.5	15.8	9.3	42.0	75.4	87.7
무직 상태별	구직자	0.4	3.0	9.0	20.8	3.3	18.3	49.1	70.4
	백서 정의 기준 무직자	-	-	-	-	-	-	-	-
	미혼 가사노동 종사자	-	-	-	-	-	-	-	-
	전업주부(배우자 포함)	-	-	100.0	100.0	100.0	100.0	100.0	100.0
	기타 무직	0.4	4.1	29.8	56.3	2.6	20.5	20.5	66.1
유직자 합계		2.8	10.5	32.4	57.2	1.1	6.4	27.2	52.7
고용형태별	정규직(임원 포함)	3.4	12.2	34.7	59.6	0.4	4.4	21.2	43.8
	비정형 고용	1.6	5.7	14.8	30.2	1.2	9.0	34.9	59.9
	비정형 고용 (그 중 주변 프리터)	1.1	1.9	9.6	16.8	-	-	-	-
	자영업	3.1	15.6	47.9	64.5	0.0	13.5	38.0	54.5
	기타 취업	4.6	9.1	21.9	35.3	19.1	25.8	58.4	82.0
개인연수입별	무수입, 50만 엔 미만	1.4	3.4	12.7	26.5	3.9	18.7	59.6	82.0
	50~99만 엔	1.8	3.2	10.2	27.1	2.1	17.7	63.5	80.4
	100~149만 엔	1.5	5.4	15.3	29.6	0.5	7.0	30.5	55.2
	150~199만 엔	3.8	7.0	17.4	34.0	0.6	3.5	16.2	39.2
	200~249만 엔	3.9	10.4	22.8	40.8	0.0	3.8	17.8	38.1
	250~299만 엔	2.5	10.5	16.3	42.3	0.0	5.0	17.9	31.3
	300~399만 엔	5.7	16.2	35.6	52.9	0.0	6.4	21.4	40.6
	400~499만 엔	0.0	25.2	43.9	62.5	0.0	6.8	27.6	45.8
	500~599만 엔	0.0	19.3	52.7	71.0	0.0	7.7	33.7	49.6
	600~699만 엔	0.0	28.1	57.6	78.9	0.0	2.9	32.0	55.2
	700~799만 엔	0.0	35.7	52.2	76.6	-	0.0	24.7	39.8
	800~899만 엔	0.0	24.2	50.8	74.3	-	0.0	21.9	59.1
	900~999만 엔	-	62.0	42.3	65.1	-	-	22.4	67.4
	1000~1499만 엔	-	6.0	72.5	71.1	-	-	34.4	44.2
	1500만 엔 이상	-	0.0	73.0	90.0	-	0.0	0.0	74.7

출처: 노동정책연구·연수기구 『청년 취업 지원의 현황과 과제』 2005

솔직하게는 평범한 가정 형태를 지향한다

계층 의식과 가족 형태의 상관관계를 보면, 남녀 모두 1인 가구일 경우 하층 비율이 높았다. 남성의 경우 73.7%, 여성의 경우 72.7%가 하층에 속했다(표 4-9).

또한, 남성은 부모와 동거하는 패러사이트 싱글일 경우 하층이 74.1%로 가장 많았지만, 여성의 경우 패러사이트 싱글이라도 하층이 30.8%에 불과하고, 중층이 53.8%로 더 많았다. 즉, 여성은 남성만큼 얹혀사는 생활에 대해 부정적으로 인식하지 않는 것으로 보인다.

한편, 여성은 기혼자의 경우 25%가 상층으로 나타났지만, 남성은 전업주부와 자녀가 있는 가구일 때 상층 비율이 27.8%로 가장 높았다. 즉, 여성은 결혼을 통해 계층 의식이 상승하는 반면, 남성은 내 급여로 아내와 아이를 부양하고 있다는 의식이 있어야 비로소 상층의 감각을 느끼게 되는 것이다. 단카이 주니어 세대라고 해도, 사고방식은 의외로 보수적이다.

이러한 결과를 볼 때, 남녀 간의 소득 격차가 존재하는 것이 결혼을 더 쉽게 만들고, 결과적으로 아이를 낳고, 생활 만족도를 높이는 경향이 있다는 점은 부정할 수 없다. 모든 것을 남녀평등으로 만드는 것이 정치적으로는 올바를지 모르지만, 적어도 현재 일본인의 솔직한 결혼 감정에 비추어 봤을 때, 그것이 반드시 정답이라고 할 수는 없을지도 모른다.

표 4-9 단카이 주니어의 가족 형태별 계층 인식

【남성】 (%)

	n	상	중	하
1인 가구	19	10.5	15.8	73.7
부부 둘 다 맞벌이	12	16.7	75.0	8.3
부부(아내는 전업 또는 파트타임)	11	9.1	45.5	45.5
부부 + 자녀(맞벌이)	4	—	75.0	25.0
부부 + 자녀(아내는 전업 또는 파트)	18	27.8	50.0	22.2
부모와 동거	27	7.4	18.5	74.1
3세대 동거	3	—	100.0	—

【여성】 (%)

	n	상	중	하
1인 가구	11	9.1	18.2	72.7
부부 둘 다 맞벌이	13	23.1	46.2	30.8
부부(아내는 전업 또는 파트타임)	16	25.0	50.0	25.0
부부 + 자녀(맞벌이)	4	25.0	75.0	—
부부 + 자녀(아내는 전업 또는 파트)	36	27.8	50.0	22.2
부모와 동거	13	15.4	53.8	30.8
3세대 동거	2	—	—	100.0

출처: 컬처스터디스연구소 + (주)e팔콘 『욕구 조사』

700만 엔을 선택할 것인가, 아이를 선택할 것인가

참고로, 표 4-10을 보면, 연 소득 500-700만 엔 미만인 남성 23명 중에서 맞벌이 가구는 13%에 불과하며, 아내가 전업주부이거나 파트타임으로 일하는 가구가 60.9%를 차지하고 있다.

반면, 연 소득 700만 엔 이상인 13명의 경우, 맞벌이 비율은 61.5%(8명)였지만, 이는 모두 자녀가 없는 맞벌이 부부 딩크였으며, 아내가 전업주부이거나 파트타임으로 일하면서 아이를 키우는 가구는 30.8%(4명)에 불과했다.

여성의 입장에서 보면 (표 4-11), 연 소득 700만 엔 이상에서는 딩크 비율이 높아 28.6%에 달하지만, 500-700만 엔 구간에서는 딩크 비율이 줄어들고, 부부와 자녀가 함께 사는 가구가 57.9%로 증가했다.3

즉, 아이를 갖게 되면 아내가 일을 그만두는 경우가 많아 가구 소득이 500-700만 엔 수준으로 낮아지는 것이다. 만약 아이를 낳아도 부부가 맞벌이를 지속할 수 있다면, 경제적으로 더욱 풍족한 단카이 주니어 가구가 늘어날 것이다.

달리 말하자면 연 소득 700만 엔 이상을 유지하기 위해 아이를 낳지 않는 부부도 많을 것이라고 추측할 수 있다.

단카이 주니어 세대는 근교에서 성장한 사람이 많은 세대이다. 따라서 부모 가까이에 살려고 하면 도심에서 멀어지게 된다. 그 결과, 맞벌이를 지속하기 어려운 상황이 발생한다. 맞벌이를 계속하려면 도심 가까이에 거주하는 선택을 해야 하지만, 이 경우 주택 비용 부담을 감당할 수 있을 정도의 연 소득을 확보하는 것이 전제 조건이 된다.

혹은 근교에 거주하면서 맞벌이를 하려면, 앞서 설명한 것처럼, 주로 아내의 어머니에게 육아 지원을 전적으로 받을 필요가 있을 것이다. 이 두 가지 조건 중 하나라도 갖추지 못하면, 아이를 낳고 기르면서 맞벌이를 지속하는 것은 상당히 어려울 것이다.

또한, 여성의 경우 연 소득 150만 엔 미만인 가구 중에서 부부만 있는 가구 또는 부부와 아이가 함께 사는 가구가 60% 이상을 차지하고 있다. 다른 경우도 있겠으나, 이 중에는 속도위반 결혼을 한 젊은 부부가 상당수 포함되어 있을 것으로 보인다.

표 4-10 단카이 주니어 남성의 소득별 가족 형태 (%)

	150만 엔 미만	150만 엔 이상	300만 엔 이상	500만 엔 이상	700만 엔 이상
n	7	12	45	23	13
1인 가구	28.6	33.3	22.2	13.0	0.0
부부 둘 다 맞벌이	0.0	0.0	4.4	8.7	61.5
부부 (아내는 전업/파트타임)	0.0	8.3	11.1	17.4	7.7
부부 + 자녀 (맞벌이)	0.0	0.0	6.7	4.3	0.0
부부 + 자녀 (아내는 전업/파트타임)	0.0	0.0	8.9	43.5	30.8
본인 + 자녀	0.0	0.0	0.0	0.0	0.0
부모와 동거 (미혼)	71.4	50.0	33.3	4.3	0.0
3세대 동거 (부모 + 본인 + 자녀)	0.0	0.0	4.4	4.3	0.0
3세대 동거 (본인 + 자녀 + 손주)	0.0	8.3	0.0	0.0	0.0
기타	0.0	0.0	6.7	4.3	0.0

출처: 컬처스터디스연구소 + (주)e팔콘 『욕구 조사』

표 4-11 단카이 주니어 여성의 소득별 가족 형태 (%)

	150만 엔 미만	150만 엔 이상	300만 엔 이상	500만 엔 이상	700만 엔 이상
n	13	17	30	19	21
1인 가구	7.7	11.8	23.3	5.3	0.0
부부 둘 다 맞벌이	7.7	5.9	10.0	10.5	28.6
부부 (아내는 전업/파트타임)	30.8	5.9	13.3	15.8	19.0
부부 + 자녀 (맞벌이)	0.0	11.8	0.0	0.0	9.5
부부 + 자녀 (아내는 전업/파트타임)	23.1	11.8	40.0	57.9	38.1
본인 + 자녀	0.0	5.9	0.0	0.0	0.0
부모와 동거 (미혼)	30.8	35.3	10.0	0.0	0.0
3세대 동거 (부모 + 본인 + 자녀)	0.0	5.9	0.0	5.3	0.0
3세대 동거 (본인 + 자녀 + 손주)	0.0	0.0	3.3	0.0	0.0
기타	0.0	5.9	0.0	5.3	4.8

출처: 컬처스터디스연구소 + (주)e팔콘 『욕구 조사』

여성의 필승 패턴

참고로, 2005년 5월에 실시된 여성 1차 조사에서, 미혼·기혼 및 가족 형태별로 계층 의식이 하층에 속하는 비율을 분석한 결과, 18-22세일 때 미혼으로 부모와 함께 사는 경우, 미혼으로 혼자 사는 경우, 부부 둘만 사는 경우가 각각 30-40%로 가장 적었다(표 4-12).

표 4-12 여성의 미혼/기혼 및 가족 형태별 하층 인식 비율 (%)

	18~22세	23~27세	28~32세	33~37세
미혼이며 부모와 함께 거주	40.0	49.6	49.3	55.7
미혼이며 1인 가구	44.0	63.1	60.0	47.7
남편과 둘이서만 거주	33.3	41.7	37.1	36.1
남편과 부모와 함께 거주	100.0	—	40.0	60.0
남편 + 자녀와 거주	80.0	53.6	40.7	38.2
남편 + 자녀 + 부모와 함께 거주	75.0	71.4	29.4	22.2

출처: 컬처스터디스연구소 + (주)e팔콘 『여성 1차 조사』

이 수치는 23-27세가 되면 부부 둘만 사는 경우가 41.7%로 가장 적어진다. 덧붙여 28-32세에서는 부부 둘만 사는 경우가 37.1%로 감소하고, 부부와 부모가 함께 사는 경우 및 부부와 자녀가 함께 사는 경우가 약 40%를 차지하였다.

그리고 33-37세에서는 부부 둘만 사는 경우와 부부와 자녀가 함께 사는 경우가 36-38%로 유지되었으며, 부부와 자녀가 부모와 함께 사는 경우는 22.2%로 매우 낮았다. 즉, 젊었을 때는 부모와 함께 살다가, 이후 결혼 후 부부 둘만 함께 살고, 아이가 생기면 부모와 함께 사는 것이 하층이 되지 않는 가장 안정적인 삶의 방식이라는 것이다. 너무 보수적인 방식처럼 보이지만, 현실적으로는 이것이 가장 행복한 패턴이라고 할 수 있다.

이렇게 보면, 1980년대 이후 가족의 형태는 급속도로 다양화되었지만, 가치관이나 의식은 그만큼 다양화되지 않았다고 볼 수 있다. 반대로 말하면, 행복한 패턴대로 살 수 있는 사람이 점점 줄어들고 있는 것이다.

패러사이트 여성은 나이가 들수록 하류화

다음으로 흥미로운 점은, 미혼 상태로 부모와 함께 사는 패러사이트 여성의 경우, 나이가 들수록 하층 비율이 증가하는 경향이 뚜렷하다는 것이다.

18-22세에는 40.0%가 하층이었지만, 23-32세에는 50%에 가까워지고, 33-37세가 되면 55.7%가 하층이 되는 것이다(도표 4-4). 이러한 경향은 다음 세 가지 가설로 해석할 수 있다.

도표 4-4 패러사이트에 해당하는 여성 중 '하층' 인식 비율 (연령별)

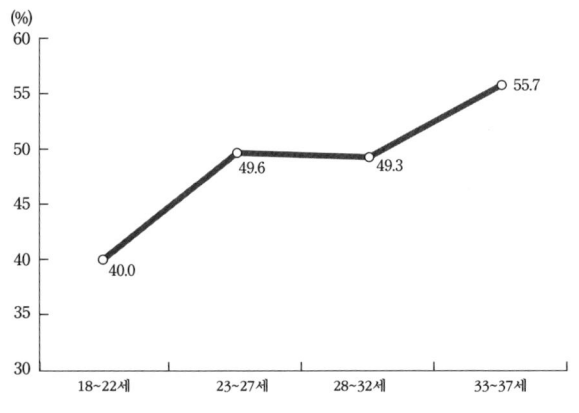

출처: 컬처스터디스연구소 + (주)요미우리광고사 『여성 1차 조사』

가설 ①
미혼 상태 자체가 나이가 들수록 계층 의식의 저하로 이어진다.

가설 ②
젊을 때 하층에 속했던 여성은 이후 결혼하기 어려우며, 젊을 때 상층에 속했던 여성은 결혼할 가능성이 더 높다. 따라서 나이가 들수록 상층의 여성은 결혼을 하게 되고, 결과적으로 미혼 여성 중에서 하층이 차지하는 비율이 점점 증가한다.

가설 ③
욕구 조사에 따르면, 현재의 계층 의식은 과거 5년간 생활 수준이 상승했는지, 하락했는지에 따라 크게 영향을 받는다. 또한, 앞서 언급한 가계경제연구소의 모니터 조사에 따르면, 단카이 주니어 세대 = 버블 붕괴 후 취업 세대는 정규직 비율이 적고, 프리터 비율이 높다. 그렇다면, 과거 5년 동안 생활 수준이 하락한 여성은 취업 및 이직 활동에 바빴거나, 파견직이나 아르바이트를 하면서 수입이 낮았고, 이로 인해 좋은 상대를 찾기 어려웠기 때문에 결혼할 기회가 적었을 것이다. 하층이라고 응답할 가능성이 크다. 반대로, 과거 5년 동안 생활 수준이 상승한 여성은 정규직으로 계속 일하며 소득이 증가했고, 그 덕분에 고소득 남성과 만날 기회가 많아 결혼할 가능성이 높았을 것이다.

따라서 이러한 여성들은 상층이라고 응답할 가능성이 크다.

가설 ①은 언제까지나 결혼하지 않으면 하층으로 떨어진다는, 일종의 성희롱적 가설이며, '패배자(미혼자) = 패배한 인생' 가설이라는 의미를 내포하고 있다.

가설 ②는 애초에 하층에 속하는 여성은 결혼하기 어렵다는 것이므로, 오히려 더 두려운 가설이다. 즉, 결혼할 수 있는지 여부는 젊었을 때의 계층, 나아가 부모가 속한 계층에 의해 결정된다는, 무서운 계층 고정화 가설이다.

가설 ③은 버블 붕괴라는 경제 상황에 의해 결정되었다는, 일종의 경제 요인 가설이다.

이 중 어떤 가설이 맞는지는, 단 한 번의 조사로는 판단할 수 없다. 개별적인 사례로 보면, 어느 가설이든 적용될 가능성이 있다. 어쨌든, 33세를 넘어서까지 패러사이트 생활을 지속하는 여성 중에는 하층이 많은 것은 확실하다.

연 소득 400만 엔이 여성의 여유로운 생활 조건

그러나 미혼 상태가 계속된다고 해서 반드시 계층 의식이 낮아지는 것은 아니다. 미혼이라도 혼자 사는 여성의 경우, 28세를 넘어서면 하층 비율이 줄어든다(도표 4-5).

혼자 사는 여성은 당연히 소득이 높은 경향을 보인다. 연간소득이 400만 엔을 초과하면, 남녀 모두 혼자 사는 경우가 많아진다(미야모토 미치코『포스트 청년기와 부모 전략』참조).

실제로 여성 1차 조사에서도, 23-27세 여성 중 연 소득 400만 엔 이상인 사람의 60% 이상이 미혼이며, 혼자 살고 있는 것으로 나타났다(표 4-13).

또한, 여성 1차 조사에서도 개인 연 소득이 400만 엔 미만인 경우 하층 비율이 50%였지만, 연 소득이 400-799만 엔인 경우 하층 비율이 27.3%로 감소하였다. 즉, 연 소득 400만 엔이 하층에서 벗어나는 최소 기준선(최저 라인)인 것이다(표 4-14).

이렇게 본다면, 나이가 들수록 1인 가구 여성의 하층 비율이 감소하는 것은, 미혼 상태가 계층 의식을 낮추는 영향보다, 소득 증가가 계층 의식을 끌어올리는 영향이 더 강하기 때문일 가능성이 있다.

물론, 나이가 들수록 혼자 사는 삶의 즐거움과 자유로움에 익숙해지는 것도 하나의 요인일 것이다.

따라서, 패러사이트 여성이 나이가 들수록 계층 의식이 낮아지는 이유를 설명하는 데에는 가설 ③이 가장 설득력이 높다고 할 수 있다. 즉, 나이가 들어도 연 소득이 400만 엔 미만으로 낮은 것이 가장 큰 원인일 가능성이 높다.

실제로 23세 이상 여성 중 연간 개인 소득이 400만 엔 이상인 여성의 경우, 상층 계층 의식이 많은 비율을 차지하며, 나이가 들수록 상층 응답 비율이 증가하는 경향이 있다(도표 4-6). 결론적으로, 연 소득 400만 엔이 있으면 30대가 되어도 미혼으로 행복하게 살 수 있는 것이다.

도표 4-5 미혼 1인 가구 여성 중 '하층' 인식 비율 (연령별)

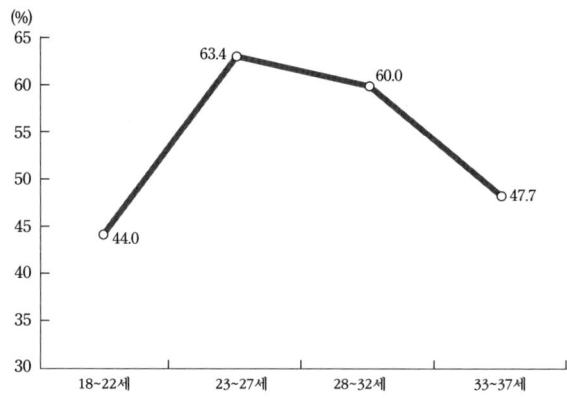

출처: 컬처스터디스연구소 + (주)요미우리광고사 『여성 1차 조사』

표 4-13 소득별 미혼/기혼 및 가족 형태 (여성 23~27세) (%)

	무소득	200만 엔 미만	200~400만 엔	400만 엔 이상
n	69	187	210	34
미혼이며 부모와 함께 거주	23.2	63.1	50.5	23.5
미혼이며 1인 가구	5.8	13.4	43.3	61.8
남편과 둘이서만 거주	24.6	9.1	4.8	11.8
남편과 부모와 함께 거주	—	—	—	—
남편 + 자녀와 거주	39.1	13.9	1.4	—
남편 + 자녀 + 부모와 함께 거주	7.2	0.5	—	2.9

출처: 컬처스터디스연구소 + (주)요미우리광고사 『여성 1차 조사』

표 4-14 소득별 계층 인식 (여성 18~37세) (%)

	n	상층	중간층	하층
무소득	473	12.3	48.6	39.1
200만 엔 미만	830	11.3	38.3	50.4
200만 엔 이상	545	7.7	43.3	49.0
400만 엔 이상	121	14.9	57.9	27.3
600만 엔 이상	22	27.3	45.5	27.3
800만 엔 이상	9	55.6	33.3	11.1

출처: 컬처스터디스연구소 + (주)요미우리광고사 『여성 1차 조사』

도표 4-6 소득 400만 엔 이상 여성 중 '상층' 인식 비율 (연령별)

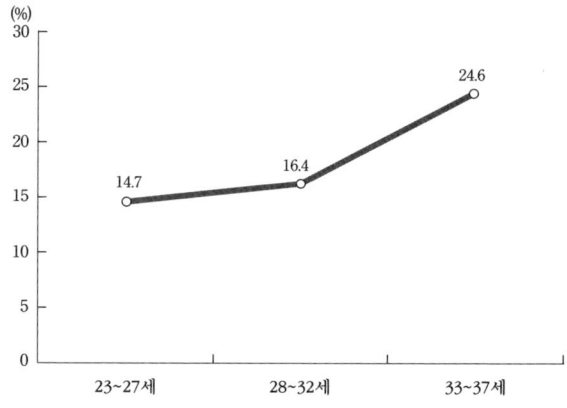

출처: 컬처스터디스연구소 + (주)요미우리광고사 『여성 1차 조사』

칼럼 1 - 신부는 똑똑하고 아름다워야…….

『주간 아사히』에 1979년부터 연재되고 있는「인연으로 맺어진 부녀」(시아버지와 며느리라는 뜻. 초기에는 제목이 달랐다. 초기 제목:「우리 집 며느리 찬양」)는, 사회적 지위가 높은 아버지를 둔 아들이 대기업에 입사하고, 밝고, 똑똑하며, 감각이 뛰어난 여성이 그의 아내가 되는 불변의 패턴을 유지하며 장기 연재되고 있다. 아무래도 최근에는 만혼 경향 때문인지, 취재에 응해 줄 사람을 찾기가 점점 어려워지고 있는 듯하다 (그 영향인지, 기사에 등장하는 아버지는 은행 출신이 많다).

그러나 그와는 별개로, 좋은 집안 출신끼리 결혼하는 것이 인간의 행복이라는 듯한 이 연재가 오랫동안 지속되고 있다는 사실만 봐도, 지난 20년 이상 일본 사회에서 계층 고정화가 진행되어 왔다는 것은 명백할 것이다.

『주간 아사히』에서는 무리겠지만, 『아사히 예능』정도라면,

- 아버지 = 시타마치(서민 지역)의 장인(職人), 아들 = 러브호텔 지배인, 며느리 = 전직 풍속 마사지 직원
- 아버지 = 트럭 운전사, 아들 = 카바레 경영자, 며느리 = 전직 폭주족

이런 가족의 행복한 모습을 다뤄보는 것도 흥미로울 것이다.

「인연으로 맺어진 부녀」 최근 사례

아버지	아들	며느리
전 일본은행	미쓰비시 상사	아들과 같은 직장에 다님. 요리를 잘하고 실력을 뽐내며, 정원에 꽃을 절대 끊이지 않게 돌봄
오너 셰프	일본 여행사	스포츠를 좋아하고 밝은 성격
통신회사 상무	TBS	여성지 라이터. 센스가 좋고, 기지가 있으며, 남을 위해 헌신함
전 일본은행	미쓰비시 신탁은행	아들과 동기. 시원시원하고 파워풀한 사람
주류회사 회장	기린 맥주	밝고 에너지가 넘침
전 경찰청 총감	미즈호 은행	전 상사(商社) 근무 경력. 현재 일본어 강사

역시 화이트칼라 관리직 아내가 최고의 선택인가?

다음으로 직업별 계층 의식을 살펴보면, 남성의 경우 사무직에서 상층이 18.5%로 다소 높은 편이지만, 하층도 48.1%로 높아, 양극화가 심한 것으로 나타났다. 즉, 같은 사무직이라도 승자와 패자가 나뉘는 구조가 있는 것으로 보인다.

또한, 아르바이트, 프리터, 무직자는 총 6명뿐이었으나, 전원이 하층에 속했다(표 4-15). 여성의 경우, 사무직에서 상층, 중층, 하층이 상당히 균등하게 분포되어 있으며, 이는 각자의 처한 환경이나 기업 규모에 따라 차이가 있는 것으로 보인다(표 4-16). 한편, 전업주부는 중층 비율이 높았으며, 프리터의 경우도 중층이 66.7%, 파견직에서도 55.6%가 중층으로 나타났다. 또한, 여성의 배우자 직업별 계층 의식을 보면, 역시 관리직에서 상층 비율이 가장 높았으며, 그다음으로 사무직이 많았다(표 4-17).

즉, 화이트칼라 관리직 남편이라는 1955년 체제적이며, 미국식 행복 모델은 여전히 유효한 것으로 보인다.

표 4-15 주요 직업별 계층 인식 (남성) (%)

	n	상	중	하
영업직	9	0.0	66.7	33.3
사무직	27	18.5	33.3	48.1
전문직·기술직	33	9.1	48.5	42.4
판매·서비스직, 계약직, 자영업 등	10	0.0	50.0	50.0
파트·아르바이트, 프리터, 무직	6	0.0	0.0	100.0

출처: 컬처스터디스연구소 + (주)e팔콘 『욕구 조사』

표 4-16 주요 직업별 계층 인식 (여성) (%)

	n	상	중	하
사무직	18	27.8	33.3	38.9
파견 직원	9	11.1	55.6	33.3
파트·아르바이트, 프리터	12	0.0	66.7	33.3
전업주부	45	15.6	62.2	22.2

출처: 컬처스터디스연구소 + (주)e팔콘 『욕구 조사』

표 4-17 배우자의 주요 직업별 계층 인식 (여성) (%)

	n	상	중	하
관리자	7	42.9	57.1	0.0
사무직	8	25.0	62.5	12.5
전문직·기술직	26	19.2	57.7	23.1
영업직	10	10.0	80.0	10.0
서비스직, 계약직, 자영업 등	10	0.0	50.0	50.0

출처: 컬처스터디스연구소 + (주)e팔콘 『욕구 조사』

상층이 많은 대학원생, 하층이 많은 프리터

그러나 여성 1차 조사에서는, 대학원생과 대학생의 계층 의식이 높게 나타나는 경향이 두드러졌다(표 4-18). 특히 대학원생의 경우, 상층이 25%이며, 하층은 18.8%에 불과했다.

내 세대에서 대학원생에 대한 이미지는 돈이 없고, 비정규 강사로 일하며 지쳐 있는 모습이었지만, 요즘 특히 여성 대학원생들은 부유한 가정의 딸이 취미처럼 다니는 경우가 많은 것 같다. 30년 전이라면 미션계 사립 여자 대학에 다녔을 계층의 여성이, 지금은 대학원이란 선택지를 택하는 것일지도 모른다. 하층 비율이 적고, 상층 비율이 높은 직업군으로는 종합직도 포함되며, 이는 예상했던 결과이다. 반면, 프리랜서·프리터, 가사 도우미·무직, 주부 외 파트타임으로 일하는 주부, 파견·계약직 직원은 모두 하층 비율이 50%대를 기록했다. 특히 프리터의 경우, 66.3%가 하층이라고 응답했다.

이러한 경향은 욕구 조사와는 다른 결과이지만, 표본 수 등을 고려했을 때, 이번 조사 결과가 보다 현실적인 것으로 보인다. 참고로, 여성의 직업별 개인 소득을 살펴보면, 관리직과 종합직은 23-27세 시점에서 연 소득 400만 엔 이상인 비율이 33-35%였으나, 33-37세가 되면, 관리직의 경우 400만 엔 이상이 100%, 종합직은 70.6%로 증가하며, 확실히 소득이 상승한 것이 확인된다(표 4-19).

반면, 23-27세 프리터의 경우, 연 소득 200만 엔 미만이 73.7%로 매우 높은 비율을 차지하며, 33-37세가 되면 200만 엔 미만이 81.8%로 더욱 증가한다. 파견직은 23-27세에서는 연 소득 200-400만 엔 구간이 65.9%였으나, 33-37세가 되면 60.0%로 거의 변동이 없었다. 당연한 결과이지만, 프리터나 파견직을 계속 유지한 채 나이를 먹어도 소득은 증가하지 않는 것이다.

표 4-18 직업별 계층 인식 (여성 18~37세 기준)   (%)

	n	상	중	하
대학원생	16	25.0	56.3	18.8
대학생	272	21.7	47.4	30.9
자영업·회사(단체) 임원·경영자	21	19.0	23.8	57.1
종합직	95	15.8	49.5	34.7
자영업·프리랜서	47	12.8	36.2	51.1
가사 보조·무직 (전업주부 외)	62	11.3	30.6	58.1
전문학교 학생	36	11.1	47.2	41.7
단기대 졸업자	9	11.1	44.4	44.4
일반직	373	10.2	43.4	46.4
전업주부 (전혀 일하지 않음)	404	9.9	52.2	37.9
전업주부 (파트 등으로 일함)	115	8.7	39.1	52.2
정규직 그 외	24	8.3	50.0	41.7
전업주부 (취미 연장선의 활동 수준)	59	6.8	52.5	40.7
파견직·계약직	246	6.5	35.8	57.7
판매·세일즈·외식·서비스직	39	5.1	46.2	48.7
프리터	169	4.1	29.6	66.3

출처: 컬처스터디스연구소 + (주)요미우리광고사 『여성 1차 조사』

표 4-19 직업별 개인 연수입 (%)

직업 구분	여성 23~27세					여성 33~37세				
	n	무소득	200만엔 미만	400만엔 미만	400만엔 이상	n	무소득	200만엔 미만	400만엔 미만	400만엔 이상
관리자	3	—	—	66.7	33.3	4	—	—	—	100.0
종합직	46	—	6.5	58.7	34.8	17	—	5.9	23.5	70.6
일반직	132	—	21.2	71.2	7.6	88	—	10.2	60.2	29.5
점원·세일즈·음식·서비스	14	—	57.1	35.7	7.1	5	—	20.0	40.0	40.0
정규직 그 외	10	—	20.0	60.0	20.0	5	—	40.0	20.0	40.0
파견직·계약직	85	1.2	30.6	65.9	2.4	60	3.3	28.3	60.0	8.3
프리터	57	3.5	73.7	21.1	1.8	11	—	81.8	18.2	—
전문학교생	5	40.0	60.0	—	—	—	—	—	—	—
대학생	9	33.3	55.6	11.1	—	—	—	—	—	—
대학원생	11	27.3	72.7	—	—	—	—	—	—	—
전업주부 (파트 등으로 일함)	14	—	100.0	—	—	58	3.4	91.4	5.2	—
전업주부 (취미 수준으로 일함)	12	16.7	83.3	—	—	22	4.5	86.4	—	9.1
전업주부 (전혀 일하지 않음)	60	78.3	20.0	1.7	—	194	86.1	12.4	1.0	0.5
가사보조·무직 (전업주부 외)	24	37.5	62.5	—	—	7	42.9	57.1	—	—
자영업·회사(단체) 임원·경영자	6	—	50.0	50.5	—	5	20.0	60.0	20.0	—
자영업·프리랜스	12	—	66.7	25.0	8.3	22	—	50.0	36.4	13.6

출처: 컬처스터디스연구소 + (주)요미우리광고사 『여성 1차 조사』

파견직・프리터는 결혼과 육아에 불리하다

또한, 직업별로 미혼·기혼 및 가족 형태를 살펴보아도, 파견직과 프리터는 결혼과 육아에 불리한 상황에 처해 있음을 알 수 있다(표 4-20). 직업을 연령별로 추적해 보면, 일반직의 경우 23-27세에는 53.0%가 미혼으로 부모와 함께 살고 있으며, 39.4%가 미혼으로 혼자 살고 있다. 그러나 28-32세가 되어도 부모와 함께 사는 비율이 크게 감소하지 않고 43.4%에 머물러 있다. 한편, 23.7%가 결혼하고, 9.8%가 자녀를 출산하였다. 그리고 33-37세가 되면 44.3%가 결혼하고, 21.6%가 자녀를 두게 된다. 23-27세에는 일반직 여성의 수가 132명이었으나, 33-37세에는 88명으로 줄어들어 약 3분의 2 수준으로 감소하였다. 즉, 나머지 3분의 1은 결혼과 출산을 계기로 일반직을 그만둔 것으로 추정할 수 있다.

표 4-20 직업 × 미혼·기혼 가족 형태

[23~27세] (%)

미혼·기혼 가족 형태	n	미혼		기혼 (자녀 없음)		기혼 (자녀 있음)	
		부모와 동거	1인 가구	남편과 동거	남편과 부모와 동거	남편과 자녀와 동거	남편 자녀 부모와 모두 동거
종합직	46	54.3	39.1	4.3	0.0	2.2	0.0
일반직	132	53.0	39.4	6.8	0.0	0.8	0.0
파견·계약직	85	47.1	43.5	8.2	0.0	1.2	0.0
프리터	57	73.7	26.3	0.0	0.0	0.0	0.0

[28~32세]   (%)

미혼·기혼 가족 형태	n	미혼		기혼 (자녀 없음)		기혼 (자녀 있음)	
		부모와 동거	1인 가구	남편과 동거	남편과 부모와 동거	남편과 자녀와 동거	남편, 자녀, 부모와 모두 동거
종합직	22	31.8	40.9	13.6	4.5	9.1	0.0
일반직	122	43.4	32.8	12.3	1.6	9.0	0.8
파견·계약직	81	46.9	27.2	23.5	0.0	2.5	0.0
프리터	26	69.2	26.9	3.8	0.0	0.0	0.0

[33~37세]   (%)

미혼·기혼 가족 형태	n	미혼		기혼 (자녀 없음)		기혼 (자녀 있음)	
		부모와 동거	1인 가구	남편과 동거	남편과 부모와 동거	남편과 자녀와 동거	남편, 자녀, 부모와 모두 동거
종합직	17	29.4	29.4	23.5	0.0	11.8	5.9
일반직	88	18.2	37.5	22.7	0.0	21.6	0.0
파견·계약직	60	35.0	21.7	36.7	1.7	5.0	0.0
프리터	11	63.6	27.3	0.0	9.1	0.0	0.0

출처: 컬처스터디스연구소 + (주)요미우리광고사 『여성 1차 조사』

반면, 종합직 여성의 경우 23-27세에는 54.3%가 부모와 함께 살고 있어, 일반직과 거의 같은 수준이었다.

그러나 28-32세가 되면 27.2%가 결혼하고, 9.1%가 자녀를 갖게 된다. 또한, 27.2%라는 비율은 일반직보다 높은 수치인데, 이는 앞서 언급한 것처럼 일반직 여성은 결혼 후 일을 그만두는 경우가 많기 때문이며, 종합직 여성이 결혼을 더 빨리하는 것은 아닐 것이다.

하지만 일반적으로 종합직 여성은 결혼이 늦어지는 경향이 있을 것처럼 보이지만, 이 데이터를 보면 종합직 여성도 일반직 여성과 비슷한 속도로 결혼하고 출산하는 것으로 보인다.

또한, 28-32세의 기혼자 중 자녀가 없는 종합직 여성의 4.5%가 부모와 함께 살고 있다는 점도 주목할 만하다. 그리고 33-37세가 되면 41.2%가 결혼하고, 17.7%가 자녀를 갖지만, 여전히 5.9%가 부모와 동거하고 있다.

즉, 기혼 종합직 여성의 계속된 취업을 가능하게 하는 한 가지 요인은, 그녀의 어머니로부터의 지원이라는 사실을 알 수 있다. 이러한 유형의 여성들은 『아에라』 특집 기사에서 자주 등장하는 사례이다.

그러나 종합직 여성의 수는 23-27세에는 46명이었으나, 33-37세에는 17명으로 줄어든다. 동일한 세대를 지속적으로 추적한 데이터가 아니므로 단정할 수는 없지만, 종합직으로 입사해도 약 3분의 2는 결혼과 출산을 계기로 일을 그만둘 가능성이 있다.

그렇다면 파견직은 어떨까? 파견직·계약직의 수는 나이가 들어도 크게 감소하지 않는다. 23-27세에는 85명이었고, 33-37세에도 60명으로 유지되고 있다.

23-27세의 파견직 여성 중 미혼으로 부모와 함께 사는 비율은 47.1%로, 종합직 및 일반직보다 다소 낮았으며, 반면 1인 가구 비율은 43.5%로 다소 높았다. 그 이유는 명확하지 않지만, 지방 출신 여성일수록 취업이 불리하며, 정규직이 되기 어려운 현실이 영향을 미쳤을 가능성이 있다.

파견직 여성은 28-32세가 되어도 미혼으로 부모와 함께 사는 비율이 46.9%로 유지되었으며, 반면 혼자 사는 비율은 감소하고, 기혼율은 26.0%로 증가하였다. 그러나 자녀를 둔 비율은 2.5%로, 종합직 및 일반직과 비교해 낮았다.

또한 33-37세가 되어도, 파견직 여성의 35.0%가 여전히 부모와 함께 살고 있으며, 기혼율은 43.4%로 증가하지만, 자녀가 있는 비율은 5.0%로 여전히 낮은 수준이다.

즉, 파견직이라는 고용 형태 자체가 결혼과 출산을 어렵게 만든다는 가설이 성립할 수 있다.

현재의 저출산 대책은 대체로 종합직 여성, 혹은 일반직을 포함한 정규직 여성의 지원에 초점이 맞춰져 있는 것으로 보인다. 그러나 이처럼 파견직 및 계약직 여성의 수가 증가하고 있는 상황에서, 이들이 계속 일해도 소득이 오르지 않고, 결국 출산이 어려운 현실을 타개하지 못한다면, 저출산 문제를 해결하는 것은 불가능할 것이다.

마지막으로 프리터를 살펴보자. 23-27세 프리터의 73.7%가 부모와 함께 살고 있다. 28-32세가 되어도 69.2%가 부모와 함께 살고 있으며, 기혼율은 단 3.8%에 불과하고, 자녀를 둔 사람은 전무하다.

더 나아가, 33-37세가 되어도 63.6%가 부모와 함께 살고 있으며, 기혼율은 9.1%, 즉 단 1명뿐이며, 그 역시 부모와 함께 살고 있다. 그리고 여전히 자녀를 둔 사람은 한 명도 없다.

물론 여성은 결혼하면 일반적으로 주부라고 응답하므로, 결혼 후에도 프리터라고 응답하는 경우는 패러사이트 프리터 부부일 가능성이 크다. 즉, 프리터끼리 결혼했지만 소득이 적어 독립할 수 없기 때문에 부모와 함께 살고 있는 것이다. 이번 설문조사에서는 그러한 여성이 단 1명 존재했던 것이다.

가족 형태는 다양해졌지만,
행복의 형태까지 다양해진 것은 아니다

이처럼 배우자 관계, 가족 형태, 직업 등의 관점에서 계층의식을 살펴보면, 과거부터 이상적인 결혼 및 가족 모델로 여겨졌던 모습이 결코 약화되지 않았다는 사실을 알 수 있다.

역시 전업주부가 가장 행복한 걸까?

　물론 여성의 사회 진출이 확대되면서 여성의 삶의 방식은 다양해졌고, 그 결과 부부만 사는 가구의 증가 등 가족 형태도 다양화되었다. 그러나 그렇다고 해서 행복의 형태까지 다양해졌다고 보기는 어렵다.

　물론, 이는 사회가 아직 과도기 상태에 있기 때문일지도 모른다. 그러나 적어도 현재 상황에서는, 가장 계층 의식이 높고 생활 만족도도 높은 가구는, 부유한 남성과 전업주부 아내, 그리고 자녀가 있는 가정이며, 그다음으로 부유한 부부 단둘이 사는 가구이다.

　즉, 미혼이든 기혼이든, 혼자 살든 부모와 함께 살든, 자녀가 있든 없든, 전업주부이든 맞벌이든, 그것만으로 동일한 계층 의식과 만족도를 가질 수 있을 만큼 다양화된 사회는 아직 오지 않았다고 할 수 있다.

칼럼 2 - 연애에도 다시 계층의 벽이 생기다

연애결혼은 1955년 체제의 꿈

연애결혼이라는 개념 역시 1955년 체제에서 발전한 결혼 형태라고 볼 수 있다. 실제로, 1955년 당시 연애 결혼율은 약 35%에 불과했으나, 1975년에는 65%까지 급증하였다.

1955년 체제는 근대화의 시대였으며, 정치적으로는 민주화가 진행되었고, 경제적으로는 공업화가 이루어졌으며, 그에 따라 도시화와 대중 소비 사회로 변화하였다.

또한, 직업 구조는 농민·자영업자 중심에서 피고용자로 바뀌었고, 가족 형태는 대가족에서 핵가족화로 변화하였으며, 교육 수준은 고학력화되었고, 문화적으로는 개인주의가 확산되었다. 이러한 1955년 체제의 흐름 속에서 연애결혼 역시 자리 잡게 된 것이다.

애초에 민주화가 진전되지 않으면 자유로운 연애는 불가능하다. 개인의 자유가 없는 사회에서는 연애결혼이 어렵다. 계급이나 신분의 장벽이 존재해서는 안 된다. 그런 의미에서, 연애결혼은 중산층화의 시대에 걸맞은 결혼 형태였다고 할 수 있다.

구체적인 작품은 떠오르지 않지만, 1970년대까지는 집안이 다른 남녀가 부모의 반대를 무릅쓰고 결혼하거나, 사랑을 지키기 위해 집을 떠나 도망치는 이야기가 많이 드라마화되었던 것 같다. 이는 가문과 계층을 뛰어넘는 것이야말로 진정한 연애결혼이라는 로맨틱한 믿음이 있었기 때문일 것이다.

실제로 내가 이전에 인터뷰한 한 젊은이는, 부모가 단카이 세대였으며, 어머니는 유명한 정치가 집안에서 태어났다고 했다. 하지만 그녀는 의도적으로 아가씨 대학에 진학하지 않고 와세다 대학에 들어가, 서민 지역 출신의 아버지와 결혼했다고 말했다(미우라 아츠시 『일을 하지 않으면, 자신을 찾을 수 없다』 참조).

만혼의 이유는 계층화

그러나 자유연애가 가장 빛나던 시대는 1970년대가 정점이었음이 틀림없다. 만약 1980년대 이후 일본 사회가 점점 계층화되어 왔다면, 당연히 다시 자유연애 결혼이 어려워지고 있을 것이다.

실제로 1980년대 이후 만혼 현상이 심화되었다. 그 이유로는 여성의 사회 진출, 다양한 사회적 변화 등이 거론되었으며, 여러 가지 요인이 제시되었다.

그러나 가장 중요한 이유임에도 불구하고, 지금까지 이를 소수의 학자(예: 오구라 치카코, 야마다 마사히로)를 제외하고는 거의 아무도 말하려 하지 않았던 이유는 1980년대 이후 계층화가 심화되면서 자유연애가 어려워졌기 때문일 것이다.

실제로, 결혼만큼 같은 계층의 사람들을 결속시키는 것은 없다. 개인주의가 강조되고, 자유로운 연애가 가능하다고 해도, 애초에 서로 다른 계층의 사람들과 만날 기회가 없으며, 설령 만난다고 해도 그것을 연애나, 더 나아가 결혼의 대상으로 고려하지 않는 것이 일반적이다.

일류 종합상사에 다니는 남성은 파친코 가게에서 일하는 여성과 결혼하지 않으며, 밀리오네제 계열의 여성은 자신이 일하는 사무실을 청소하는 남성과 결혼하지 않는다. 왜일까?

소득, 직업, 학력, 취미 등 모든 면에서 계층이 다르기 때문이다. 계층이 다르면 대화도 맞지 않기 때문이다. 상대가 아무리 좋은 사람이라도, 결혼을 고려하는 순간 그러한 문제가 드러나게 된다.

쓰쿠바 대학의 조교수인 시라하세 사와코는 『저출산·고령화 사회의 보이지 않는 격차』에서, 1990년대 후반에도 결혼의 배경에는 학력, 출신 계층, 개인의 소득 등 계층성이 여전히 존재하고 있음을 지적하고 있다.

미야다이 신지*가 왜 결혼했을까?

그 증거로, 불량 여고생들의 원조교제를 그렇게까지 부추긴 사회학자 미야다이 신지조차, 이혼녀(트라우마가 있고, 아

---

*사회학자. 원조교제를 옹호하는 주장을 하였다. 2022년 11월 29일, 미야다이는 칼로 공격을 받았다. 용의자는 같은 해 12월 16일, 동기를 설명하지 않고 자살했다.

이도 딸려 있던)와 동거하다 말고, 결국은 도쿄대 명예교수의 딸이자 일본 여자 대학 졸업생이며, 요즘 시대에는 드물게 순결한 20세 연하 여성과 '우연히 눈이 마주친 순간 강렬한 전율이 느껴졌다'며, 그녀의 아버지가 '우리 집은 기독교 집안이므로 이혼은 불가능합니다'라고 말해도, 결국 결혼을 해 버렸다고 한다. (『주간 신초』 2005년 3월 17일자)

왜 미야다이는 그녀에게 강렬한 전율을 느꼈을까?

그것은 그녀가 미야다이와 같은 계층 출신이었기 때문이 아닐까?

온 가족이 도쿄대 출신이며, 할아버지는 도쿄대 교수로서 쇼와 천황에게 직접 강의를 한 생물학자였던 가문—미야다이 가문에 걸맞은—여성이었기에, 그는 본능적으로 반응했을 가능성이 크다.

아무리 기존 체제를 파괴하는 혁명가처럼 행동하며, 성매매 합법화를 주장하는 사람이라도, 자신의 결혼 문제에 있어서는 계층적 장벽을 뛰어넘지 못했다는 사실이야말로, 계층 사회의 본질을 보여 주는 가장 명확한 증거일 것이다.

만약 우에노 치즈코(사회학자이자 페미니즘 사상가)가 잘생긴 의사와 결혼하여 전업주부가 되었다면, 세상은 아마도 조롱과 비웃음으로 가득 찼을 것이다. 그런데도, 원조교제를 부추겼던 미야다이가 이렇게까지 보수적인 결혼을 했음에도, 아무도 그에 대해 아무런 말도 하지 않는 것은 왜일까?

차라리, 센고쿠 예수*처럼, 미야다이가 자해와 원조교제에 빠진 여고생을 모아 클럽이라도 운영했다면, 나는 정말로 기립박수를 쳤을 것이다.

---

*센고쿠 예수: 사이비 종교 집단을 이끌었던 센고쿠 다케요시라는 인물의 별칭. 1980년, 그를 따르던 미혼의 젊은 여성들이 모여 '시온의 딸'이라는 클럽을 열고 호스티스로 활동했다. 클럽은 술집이자 교회로, 신도와 손님의 고민 상담을 해 주는 활동 거점이었다.

제5장

자기다움을
추구하는 것은
하류인가?

자기다움을 중시하는 경향은 하층일수록 강하다

욕구 조사에 따르면, 단카이 주니어 남성 중 생활에서 중요하게 여기는 것으로 개성·자기다움을 꼽은 비율은, 상층에서는 25.0%에 불과했으나, 하층에서는 41.7%에 달했다.

마찬가지로, 자립·자기실현을 중요하게 생각하는 비율도, 상층에서는 16.7%였지만, 하층에서는 29.2%로 더 높았다.

단카이 주니어 여성도 개성·자기다움을 중요하게 여기는 비율이 상층에서는 35.3%였으나, 하층에서는 51.6%로 증가했다. 또한, 자립·자기실현을 중시하는 비율은 상층에서는 5.9%였으나, 하층에서는 19.4%로 높아졌다(표 5-1).

왜 이런 결과가 나타나는 것일까?

자기다움이나 자기실현을 추구하는 사람은, 직업에서도 자기답게 일하려고 한다. 그러나 그렇게 하면서 높은 소득을 얻기는 어렵기 때문에, 결국 저소득 상태에 놓이게 된다.

그 결과, 생활 수준이 하락하고, 이는 다시 계층 의식의 저하로 이어지는 악순환에 빠지는 것이 아닐까 추측된다.

표 5-1 단카이 주니어 – 계층 인식별 삶에서 중시하는 가치

남성: 계층이 높을수록 중시하는 가치 (%)

	상	중	하
n	12	40	48
여유로움	66.7	37.5	43.8
인간관계·친밀감	50.0	42.5	31.3
창조성	33.3	17.5	16.7
활동성·액티브함	33.3	10.0	16.7

남성: 계층이 낮을수록 중시하는 가치

	상	중	하
n	12	40	48
개성·자기다움	25.0	25.0	41.7
자립·자기실현	16.7	20.0	29.2

여성: 계층이 높을수록 중시하는 가치

	상	중	하
n	17	52	31
여유로움	64.7	50.0	32.3
아름다움·패션감각	29.4	21.2	16.1
공손함·품위	41.2	21.2	16.1

여성: 계층이 낮을수록 중시하는 가치

	상	중	하
n	17	52	31
개성·자기다움	35.3	44.2	51.6
인간관계·친밀감	35.3	44.2	51.6
성취감·보람	17.6	28.8	32.3
자립·자기실현	5.9	17.3	19.4

출처: 컬처스터디스연구소 + (주)e팔콘 『욕구 조사』

단카이 세대와 단카이 주니어는 정반대의 경향을 보인다

그런데 단카이 세대에서는 단카이 주니어와 정반대의 경향이 나타났다. 특히 단카이 세대 남성의 경우, 상층에서 자기다움이나 자기실현을 중시하는 경향이 매우 강하게 나타났다. 개성·자기다움을 중시하는 비율은, 하층에서는 29.7%에 불과했으나, 상층에서는 64.3%로 두 배 이상 높았다. 또한 자립·자기실현을 중시하는 비율도, 하층에서는 18.9%였지만, 상층에서는 35.7%로 증가했다(표 5-2).

이것은 무엇을 의미하는가? 단카이 세대도 젊었을 때는 하층에 속하는 사람들이 상층보다 자기다움을 더 강하게 추구했을 가능성이 있다. 그러나 이후, 자기다움을 중시했던 사람들이 점차 직장에서 성공하여 상층이 되었고, 반대로, 자기다움을 추구하지 않았던 사람들은 평범한 샐러리맨 생활을 하다가, 결국 구조 조정 등으로 인해 하층으로 내려갔다는 해석도 가능하다.

그러나 그보다는, 단카이 세대의 상층이 젊은 시절부터 지속적으로 발신해 온 자기가 좋아하는 일을 하면 된다는 메시지가, 지난 30년 동안 점차 사회적 분위기로 확산되었으며, 동시에 사회적 풍요로움이 증가하는 과정에서, 이 사상이 후속 세대의 하층까지 스며든 것이라고 보는 것이 더 자연스러울 것이다.

하지만 그뿐이라면, 단카이 주니어 세대의 상층에서도 자기다움이나 자기실현을 중시하는 경향이 높아야 할 것이며, 더군다나 그 비율이 낮아지는 현상을 설명할 수 없게 된다.

그렇다면, 이러한 가치관이 확산되면서 좋아하는 일만 하고 싶다거나 싫은 일은 하고 싶지 않다는 생각을 가진 젊은이들이 하층에서 더욱 증가하게 되었고, 그 결과, 저소득층 젊은이들의 증가를 더욱 부추긴 것이라고 해석할 수도 있을 것이다.

즉, 상징적으로 말하자면, 무라카미 류의 『13세의 헬로 워크』를 읽고, 그래, 나도 정말 좋아하는 일을 찾아서 그것을 직업으로 삼아야지라고 진지하게 받아들이고 자아 찾기를 시작한 젊은이들은, 결국 프리터 생활을 계속하다가 30세가 되어도 저소득 상태에 머물고, 계층적으로 하층에 고착될 위험성이 높을지도 모른다.

자기다운 인생이라는 주문

또한, '당신의 인생에 대한 생각과 가장 가까운 선택지를 고르세요'라는 질문에서 자유롭게 자기답게 사는 것을 선택한 비율은 다음과 같다.

단카이 주니어 남성의 경우 상층 58.3%, 중층 57.5%, 하층 75.0%(표 5-3).

마찬가지로 신인류 세대와 쇼와 한 자릿수 세대에서도 하층일수록 이 선택을 한 비율이 높았다.

반면, 단카이 세대 남성의 경우 상층 64.3%, 중층 47.9%, 하층 56.8%. 즉, 단카이 세대에서는 상층일수록 자유롭게 자기답게 사는 것을 중요하게 여기는 경향이 강했다.

한편, 여성의 경우, 단카이 주니어 세대에서는 계층 의식에 따른 차이가 나타나지 않았다. 그러나 쇼와 한 자릿수 세대에서는 하층에서 이 응답이 많았으며, 반대로 신인류 세대와 단카이 세대에서는 상층일수록 자유롭게 자기답게 사는 것이라는 인생관을 더 많이 지지하는 경향을 보였다.

어쨌든, 단카이 세대에서는 남녀 모두 자유롭게 자기답게 사는 것이라는 인생관이 상층일수록 더욱 강하게 지지되고 있었다.

표 5-2 단카이 세대 남성 – 계층 인식별 삶에서 중시하는 가치 (%)

	상	중	하
n	12	40	48
개성·자기다움	64.3	35.4	29.7
자립·자기실현	35.7	14.6	18.9

출처: 컬처스터디스연구소 + (주)e팔콘 『욕구 조사』

표 5-3 세대별·계층 인식별 "자유롭게 자기답게 사는 것"에 대한 동의 (%)

		상	중	하
단카이 주니어	남성	58.3	57.5	75.0
	여성	64.7	57.7	64.5
신인류	남성	62.5	52.1	75.0
	여성	76.9	65.4	57.1
단카이 세대	남성	64.3	47.9	56.8
	여성	69.0	51.7	61.0
쇼와 히토케타	남성	55.6	55.4	67.6
	여성	50.0	59.7	72.2

출처: 컬처스터디스연구소 + (주)e팔콘 『욕구 조사』

개성을 존중하는 가족도 하층에서 더 많다

또한 흥미로운 점은 이상적인 가족상에 대한 질문에서 개성을 존중하는 가족과 각자가 자립하는 가족을 선택한 비율을 살펴보면, 단카이 세대에서는 남녀 모두 상층에서 이 응답이 많았다(표 5-4).

표 5-4 "개성을 존중하는 가족"이 이상적 가족이라고 응답한 비율 (계층 인식별) (%)

		상	중	하
단카이 주니어	남성	16.7	32.5	43.8
	n	12	40	48
	여성	35.3	40.4	48.4
	n	17	52	31
단카이 세대	남성	71.4	31.3	37.8
	n	14	48	37
	여성	84.6	53.4	41.4
	n	13	58	49

출처: 컬처스터디스연구소 + (주)e팔콘 『욕구 조사』

그러나 단카이 주니어 세대에서는 이러한 가족상이 하층에서 더 많이 지지되고 있었다. 즉, 이른바 친구 같은 부모-자식 관계라는 스타일이, 단카이 세대의 상층에서 단카이 주니어 세대의 하층으로 전파된 것으로 보인다.

실제로 개성이나 자기다움이라는 단어는 단카이 세대의 청년기부터 등장하기 시작하여, 그 후 사회 전반으로 널리 퍼진 개념이었다.

예를 들어, 1967년에 단카이 세대 남성을 대상으로 출시된 시세이도 화장품 MG5는 남성의 개성 표현을 강조하는 광고 문구를 사용했다. 또한, 1970년경 닛산 블루버드 광고에서도 '훌륭한 개성 집단'이라는 문구가 사용되었다.

그 외에도, 개인적인 기억이지만, 1970년대 광고에서는 개성이라는 단어가 자주 사용되었던 것으로 보인다.

노약자석에서 잠든 젊은이

즉, 단카이 세대는 소비 사회의 주역으로서, 1960년대 이후 개성적인 것이 좋은 것이라는 가치관을 가지고 살아왔다고 할 수 있으며, 특히 사회적 오피니언 리더(Opinion Leader) 계층일수록 더욱 강하게 개성 지향을 주문처럼 외쳐왔다고 볼 수 있다.

이렇게 지난 30년 동안, 단카이 세대를 중심으로 사회가 지속적으로 발신해 온 개성과 자기다움을 중시하는 사상이 확산되어 왔으며, 또한 사회가 점점 더 풍요로워지는 과정에서, 하층에 속하는 젊은이들조차 개성과 자기다움을 중요하게 여길 수 있는 사회가 실현되었다고 할 수 있을 것이다.

저소득층 젊은이일수록 자아 효능감을 갖고 있다

그러나 이렇게 자기다움을 중시하는 경향이 확산된 결과, 젊은 세대에서는 하층일수록 자기다움 지향이 강하고, 상층일수록 자기다움 지향이 약해지는 역전 현상이 발생했다는 점은 쉽게 이해하기 어려운 상황이다.

그러나 이는 도쿄대학교 대학원 교수이자 교육사회학자인 카리야 타케히코가, 부모의 계층이 낮은 고등학생일수록 학습 외 분야에서 자아 효능감을 갖고 있는 경우가 많다고 지적한 연구와 연결되는 것으로 보인다.

가리야 교수에 따르면, 1979년 조사에서는 나는 다른 사람보다 뛰어난 점이 있다고 응답한(즉, 자아 효능감을 가진) 고등학생의 비율이 부모의 학력이 높을수록 많았다.

그러나 1997년 조사에서는 같은 질문에 대한 응답에서 부모의 학력에 따른 차이가 사라졌다. 즉, 부모의 학력이 높든 낮든, 모든 고등학생이 자신에게 뛰어난 점이 있다고 생각하게 된 것이다. 이 결과만 보면, 이는 긍정적인 변화처럼 보인다.

그러나 가리야 교수에 따르면, 1979년 조사에서는 자아 효능감을 가진 학생일수록 학교 밖에서의 학습 시간이 길었다. 반면, 1997년 조사에서는 자아 효능감과 학교 밖 학습 시간 사이의 상관관계가 사라졌다.

그뿐만 아니라, 자아 효능감을 가진 학생일수록 오히려 학습 시간이 짧아지는 경향까지 나타났다.

또한, 1979년 조사에서는 자아 효능감을 가진 학생일수록 더 높은 학력을 목표로 삼았다. 그러나 1997년 조사에서는 자아 효능감을 가진 학생일수록 높은 학력을 원하지 않는 경향이 나타났다. 또한, 출신 계층이 낮은 학생들에게서만 나타나는 경향으로, 미래를 생각하기보다는 현재의 삶을 즐기고 싶다는 현재 지향적인 가치관을 가진 학생일수록 자기 유능감이 강하게 나타난다. 동시에, 아무리 열심히 공부해서 좋은 학교나 좋은 회사에 들어가도 미래의 삶에는 큰 차이가 없을 것이다라는, 성공담에 부정적인 가치관을 가진 학생일수록 자아 효능감이 강하다고 한다.

즉, 출신 계층이 낮은 고등학생일수록 학교 학습 이외의 영역에서 자아 효능감을 느끼고 있다는 것이다. 이 자아 효능감을 자기다움 지향이나 자기실현 감각으로 해석한다면, 하층일수록 자기다움을 더욱 강하게 추구한다는 점을 설명할 수 있을 것이다.

자기다움이라는 꿈에서 깨어나지 못하는 현실

나는 교육학자가 아니므로, 학교 외의 분야에서 자아 효능감을 느끼는 젊은이가 증가하는 것이 문제가 된다고는 생각하지 않는다. 학교 이외의, 특히 서브 컬처 등에서 자기 유능감을 갖는 젊은이들 중에서, 훗날 뛰어난 만화가, 애니메이션 작가, 뮤지션이 나올 수도 있을 것이라 기대할 수도 있다.

다만, 문제가 있다고 한다면, 학교에서도, 학교 밖에서도 자아 효능감을 느끼지 못하는 고등학생들이, 일단 학교에서 공부라도 해 두자는 생각조차 하지 않고, 대신 학교 밖의 취미나 서브 컬처에 끝없는 꿈을 품고 매달리는 경우일 것이다.

능력은 없으면서 꿈만 꾸고 있으며, 언제까지나 그 꿈에서 깨어나지 못하는 것은 분명히 문제가 될 수 있다.

단카이 세대가 20대에서 40대로 접어든 1970년대 후반부터 1980년대 말까지, 일본 경제는 저성장이라고는 해도 성장을 계속하고 있었으며, 버블 경제도 있었기 때문에, 자기다움을 추구하는 방식으로도 성공하기 쉬운 시대였다.

내가 몸담고 있는 마케팅 업계에도 히피처럼 보이는 사람들이 적지 않다. 어떻게 히피들이 마케팅을 할 수 있는가에 대해, 전문가가 아닌 사람들은 의문을 가질 수도 있겠지만, 사실 그렇다.

그러나 앞으로도 이러한 성장이 계속될 것이라는 보장은

없다. 자기다움을 추구하는 방식으로 경제적 안정이나 사회적 지위를 얻을 가능성은 점점 줄어들고 있을지도 모른다.

그 결과, 많은 사람들이 프리터나 니트*로 끝날 위험성이 높으며, 이러한 현상이 사회에 미칠 부정적인 영향에 대해서도 진지하게 고민해야 한다는 것은 분명하다.

자기다움을 중시하는 사람은
계층 의식도 생활 만족도도 낮다

애초에 자기다움을 강하게 추구한다는 것이 반드시 자기다움을 실현하고 있다는 것을 의미하는 것은 아니다. 자기다움을 추구하지만, 그것을 원하는 대로 실현할 수 없다고 느끼는 사람은 종종 생활 만족도가 낮아지며, 소득이 낮으면 계층 의식도 함께 낮아질 것이다.

실제로, 생활에서 자기다움을 중요하게 여긴다고 응답한 사람(자기다움 지향파)과 그렇지 않은 사람(비 자기다움 지향파)의 계층 의식을 비교하면, 자기다움 지향파에서 하층 비율이 더 높았다(표 5-5). 또한, 생활 만족도 점수를 비교해 보면, 자기다움 지향파에서 80점 이상을 기록한 비율이 더 낮았다(표 5-6).

자기다움을 추구하는 것 자체는 좋은 일이지만, 그것을

---

* 니트 NEET: Not in Employment, Education or Training. 직업과 관련된 일체의 활동도 하지 않는 사람.

지나치게 원하다 보니, 오히려 계층 의식과 생활 만족도 모두를 낮추는 결과를 초래하고 있다.

그러나 매우 흥미로운 점은, 과거와 미래의 생활 만족도 점수를 비교해 보면, 결과가 정반대로 나타난다는 것이다. 즉, 자기다움 지향파가 남녀 모두 80점 이상을 기록한 비율이 더 높았다.

이는 곧, 젊을 때는 자기답게 살아가는 것만으로도 만족을 느낄 수 있었지만, 30세를 넘어서면서부터는 더 이상 그렇지 않다는 것을 의미한다.

그러나 그들은 언젠가는 다시 만족도가 높아질 것이라고 기대하고 있다. 그 기대가 현실이 될 것인가, 아니면 덧없는 꿈으로 끝날 것인가— 이 문제는 사회 전체에도 중요한 영향을 미칠 것이다.

표 5-5 단카이 주니어의 '자기다움 지향' 여부에 따른 계층 인식 (%)

		n	상	중	하
자기다움 지향	남성	33	9.1	30.3	60.6
	여성	45	13.3	51.1	35.6
비(非)자기다움 지향	남성	67	13.4	44.8	41.8
	여성	55	20.0	52.7	27.3

출처: 컬처스터디스연구소 + (주)e팔콘 『욕구 조사』

표 5-6 단카이 주니어의 '자기다움 지향' 여부별 생활 만족도 점수 분포
(과거·현재·미래) (%)

		남성		여성	
		자기다움 지향	비(非)자기다움 지향	자기다움 지향	비(非)자기다움 지향
	n	33	67	45	55
과거	60점 미만	30.3	31.3	13.3	23.6
	60~79점	36.4	43.3	42.2	38.2
	80점 이상	33.3	25.4	44.4	38.2
현재	60점 미만	27.3	25.4	17.8	14.5
	60~79점	45.5	38.8	37.8	34.5
	80점 이상	27.3	35.8	44.4	50.9
미래	60점 미만	6.1	10.4	0.0	9.1
	60~79점	15.2	32.8	15.6	16.4
	80점 이상	78.8	56.7	84.4	74.5

출처: 컬처스터디스연구소 + (주)e팔콘 『욕구 조사』

표 5-7 단카이 주니어의 '자기다움 지향' 여부에 따른 미혼율 (%)

	자기다움 지향	비(非)자기다움 지향
남성	63.6%	46.3%
n	33	67
여성	37.8%	14.5%
n	45	55

출처: 컬처스터디스연구소 + (주)e팔콘 『욕구 조사』

자기다움 지향파는 미혼, 자녀 없음, 비정규직 비율이 높다

또한 미혼율을 살펴보면, 남성의 경우 자기다움 지향파의 미혼율이 63.6%, 비 자기다움 지향파는 46.3%로, 자기다움 지향파가 결혼을 하지 않는 비율이 더 높았다. 여성도 마찬가지로 자기다움 지향파의 미혼율이 37.8%, 비 자기다움 지향파는 14.5%로, 역시 자기다움 지향파의 미혼율이 훨씬 높았다(표 5-7).

가족 형태를 살펴보면, 남성의 경우 자기다움 지향파는 1인 가구 또는 부모와 동거하는 비율이 높았으며, 또한 부부 둘만 사는 가구(아내가 전업주부 또는 파트타임 근무)도 많았다. 그러나 자녀가 있는 부부 가구(부부+자녀) 비율은 낮았다(표 5-8).

표 5-8 단카이 주니어의 '자기다움 지향' 여부에 따른 가족 형태 (%)

	남성		여성	
	자기다움 지향	비자기다움 지향	자기다움 지향	비자기다움 지향
n	33	67	45	55
1인 가구	27.3	14.9	11.1	10.9
부부 둘 다 맞벌이	12.1	11.9	11.1	14.5
부부(아내 전업·파트타임)	15.2	9.0	15.6	16.4
부부 + 자녀(맞벌이)	0.0	6.0	4.4	3.6
부부 + 자녀(아내 전업·파트타임)	9.1	22.4	26.7	43.6
본인 + 자녀	0.0	0.0	0.0	1.8
부모와 동거(미혼)	30.3	25.4	24.4	3.6
3세대(부모 + 본인 + 자녀)	0.0	4.5	2.2	1.8
3세대(본인 + 자녀 + 손주)	0.0	1.5	2.2	0.0
기타	3.0	4.5	2.2	3.6

출처: 컬처스터디스연구소 + (주)e팔콘 『욕구 조사』

표 5-9 단카이 주니어의 주요 직업별 '자기다움 지향' 비율

【남성】 (%)

	n	자기다움 지향	비자기다움 지향
회사 경영자·임원·관리직	3	0.0	100.0
영업직	9	33.3	66.7
사무직	27	37.0	63.0
전문직·기술직	33	27.3	72.7
자영업·프리랜서	3	66.7	33.3
공무원	5	40.0	60.0
판매·서비스·현장직	7	14.3	85.7
파트·아르바이트·프리터	5	60.0	40.0

【여성】 (%)

사무직	18	44.4	55.6
파견직	9	66.7	33.3
파트·아르바이트·프리터	12	66.7	33.3
전업주부	43	32.6	67.4

출처: 컬처스터디스연구소 + (주)e팔콘『욕구 조사』

여성의 경우 자기다움 지향파는 역시 부모와 함께 사는 비율이 높았으며, 자녀가 있는 부부 가구(부부+자녀) 비율은 낮았다.

이렇듯 자기다움을 중요하게 여기기 때문에 1인 가구, 부모와 동거, 또는 부부 둘만의 생활을 유지하는 경향이 뚜렷하게 나타난다. 자기다움 지향파는 결혼하고 아이를 낳아 가정을 꾸리는 보편적인 인생에서 자기다움을 찾을 수 없다고 느끼는 것일지도 모른다.

또한, 자기다움 지향 경향을 직업별로 살펴보면, 남성의 경우 자기다움 지향파는 프리터 비율이 많았으며, 여성의 경우 파트타임·아르바이트, 프리터, 파견직이 많고, 전업주부 비율은 낮았다(표 5-9).

이처럼, 자기다움 지향파일수록 미혼자, 자녀가 없는 사람, 비정규직 노동자가 많다는 것은 명확하며, 만혼과 저출산의 원인이 이 자기다움 지향파에 있다고까지 말할 수 있을 것이다.

이렇게 썼다고 해서 자기다움 지향파만 비판하는 것은 문제가 아닐까 하는 생각도 든다. 또, 고용 환경의 악화와 산업 구조의 변화가 비정규직 증가를 초래했으며, 그 결과 저소득층이 증가하고, 미혼자가 늘어나면서 저출산으로 이어졌다는 경제적 요인을 간과하려는 것도 아니다.

그러나 여기에 자기다움 지향이라는 가치관적인 요소까지 더해지면서, 미혼율이 더욱 증가하고 저출산이 심화되었다는 측면도 부정할 수 없을 것이다.

이렇게 살펴보면, 일부에서 말하는 것처럼 프리터와 같은 비정규직이 자기답게 일하기 위해 선택된 것이라는 측면이 분명히 존재하지만, 동시에 그것이 소득 상승과 결혼 기회를 낮추고, 나아가 생활 만족도까지 저하시킨 선택이었다는 사실도 드러난다.

만약 그러한 불안정하고 만족도가 낮은 선택이 자기다움과 맞바꾸어 이루어진 것이라면, 우리는 지난 30년 이상 사회의 주류 가치관이었던 자기다움이라는, 마치 파랑새와 같은 개념을 앞으로 어떻게 다루어야 할 것인가?

그리고 이미 그 파랑새에 사로잡힌 단카이 주니어 세대 이후의 젊은이들에게 우리는 어떻게 대응해야 할 것인가? 지금, 우리는 바로 이 문제와 마주하고 있다.

자기다움 지향의 문제점

지금까지 살펴본 것처럼, 현대 젊은이들 중 계층 의식이 낮은 사람일수록 자기다움을 더 강하게 추구하며, 또한 다음 장에서 보겠지만, 비활동적인 경우가 많고, 혼자 있는 것을 선호하는 경향이 있다.

반대로 말하면, 자기다움을 중요하게 여기지만 성격이 내향적인 사람은, 친구가 적고, 취업 활동도 잘되지 않아, 결국 프리터가 되기 쉽다. 그 결과 소득이 낮아지고, 계층 의식도 점점 하락하는 것이다.

실제로 여성 1차 조사에 따르면, 정규직과 프리터를 포함한 비정규직 사이에서는 가치관에 상당한 차이가 나타났다.

예를 들어, 그날그날을 즐기며 살고 싶다, 타인이나 사회의 간섭을 받지 않고 살고 싶다, 창조적이고 크리에이티브한 삶을 살고 싶다, 재미있는 인생을 걷고 싶다와 같은 자기다움 지향적인 응답은 명확하게 비정규직에서 더 많이 나타났다.

반면, 목표를 세우고 계획적으로 살고 싶다라는 응답은 비정규직에서 더 낮았다. 또한, 자기다움을 표현하는 단어를 살펴보면, 정규직의 경우, 일 처리가 빠르고 효율적이다, 품격이 있다, 우아하다, 사람들과 잘 어울리고 사교적이다 등이 많았던 반면, 비정규직에서는 혼자 있는 것을 좋아한다, 느긋하다, 고집이 강하다가 많았으며, 밝다나 일 처리가 빠르고 효율적이다는 상대적으로 적었다.

비정규직은 계층 의식이 낮으며, 자기다움에 집착하는 사람은 하층에 머물 가능성이 크다. 계층 의식을 비교해 보면, 정규직에서는 상층이 11.1%, 중층이 44.8%, 하층이 44.0%인 반면, 비정규직에서는 상층이 5.5%, 중층이 33.3%, 하층이 61.2%로, 명확하게 비정규직 노동자의 계층 의식이 더 낮았다.

또한, 은둔형 외톨이(히키코모리) 연구의 권위자인 정신과 의사 사이토 타마키는, 젊은이들에게 승자 의식과 패자 의식을 심어주는 가장 중요한 요인이 커뮤니케이션 능력의 차이라는 점을 강조하고 있다.

커뮤니케이션 능력이 높은 사람은 더 좋은 취업 기회를

얻고, 더 높은 소득을 올리며, 유리한 조건으로 결혼할 가능성이 높다. 그 결과, 더 높은 계층에 속할 가능성이 커진다.

반면, 자기다움을 지나치게 중시하여 타인과의 커뮤니케이션을 피하고, 사회 적응을 거부하는 젊은이들은, 결국 낮은 계층에 머물 가능성이 높아지는 것이다.

칼럼 3 - 드래곤 사쿠라 학습법이 하류화를 막는다?

사회가 계층화, 양극화, 하류화되는 흐름 속에 있기 때문에, 그 흐름에 거스르는 상승 욕구에 가득 찬 표현이 신선하게 느껴질 때가 있다. 인기 만화이자 TV 드라마로도 제작된 『드래곤 사쿠라』가 그 대표적인 예다.

이 이야기의 줄거리는, 경영이 파탄 난 삼류 사립 고등학교를 개혁하기 위해 찾아온 변호사 사쿠라기 켄지가, 이 학교를 초(超)진학 고등학교로 변모시키려는 계획을 세우는 것으로 시작된다.

그는 우선 학생들 중에서 학습 의욕이 있는 남녀 한 명씩을 선발해, 도쿄대 진학을 목표로 특별수업을 진행하며, 그 과정에서 학생들의 실력이 눈에 띄게 향상된다.

이 특별수업의 노하우는, 현직 도쿄대 교수이자 호리에몬이라는 별칭으로 불리는 호리에 타카후미, 『소리 내어 읽고 싶은 일본어』의 저자이자 메이지대 교수인 사이토 타카시, 스기나미구 와다 중학교 교장 후지와라 카즈히로 등으로부터도 높은 평가를 받고 있다.

또한, 사쿠라기가 내뱉는 인생철학은, 현재 혼란에 빠진 교육계와 사회 전반에 만연한 가치관에 대한 도전장으로도 받아들여질 수 있어, 시원한 느낌을 준다.

예를 들어, 다음과 같은 대사들이 있다.

ⓒ 미타 노리후사 / 코단샤

"사회라는 것은 머리 좋은 놈들이 만든 규칙으로 돌아간다. 그리고 그 규칙은 머리 좋은 놈들에게 유리하도록 만들어져 있다. 반대로 그들에게 불리한 부분은 알아차리지 못하도록 감춰져 있다. 그러니까, 너희처럼 머리도 안 쓰고 귀찮다고만 하면…… 평생 속아서 비싼 돈을 내게 되는 거야. 속고 싶지 않다면, 손해 보고 패배하고 싶지 않다면, 공부해라!"

"너희 같은 애송이들은 사회에 대해 아무것도 모른다. 모른다기보다는 어른들이 가르쳐 주지 않는 거다. 그 대신, 무한한 가능성이 있다는, 아무런 근거도 없는 무책임한 망상을 심어 줄 뿐이다. 그런 환상에 휘둘려서, 개성을 살리고 남들과 다른 인생을 살 수 있을 거라고 생각하면 큰 착각이다! (도쿄대에 가면) 아무런 꿈도 가질 수 없는 암흑 같은 현실에서 벗어날 수 있다!"

"기초도 없이 네가 뭘 할 수 있다고 생각하냐? 날것 그대로의 자신에게서 무언가 오리지널한 것이 나올 거라고 착각하지 마라! 형식에 얽매이지 마!라고 떠드는 놈들은 그냥 게으르고 나태한 인간일 뿐이다!"

"넘버원(Number One)이 되지 않아도 된다? 온리원(Only One)이 되라고? 웃기지 마라. 온리원이라는 건 결국 그 분야의 넘버원이라는 뜻이잖아!"

상류층의 아이들은 처음부터 하층의 사람들과는 다르게 자라도록 교육받는다. 생활 태도, 말투, 공부하는 방식—이 모든 것이 서로 연결되어 상류다움이 형성되는 것이다.

그러나 중산층과 하층의 젊은이들은, 학교나 가정을 통해 모두가 평등하다는 말을 들으며 성장한다. 하지만 중학교, 고등학교, 대학, 그리고 취업이라는 과정을 거치면서, 결국 사회에는 위와 아래가 존재한다는 사실을 깨닫고 충격을 받는다. 그리고 사회로부터 점점 이탈하게 된다.

ⓒ 미타 노리후사 / 코단샤

『드래곤 사쿠라』가 흥미로운 이유는, 사회에 존재하는 불평등을 자유, 개성, 온리원 같은 말로 숨기는 어른들의 기만을 폭로하고, 아이들에게 사회가 어떻게 돌아가는지 그 진실을 알려 주며, 그렇기 때문에 포기하지 말고 노력하라고 주장하는 데 있다.

그리고, 도쿄대에 들어갈 수 있는지 없는지는 타고난 능력의 차이가 아니라, 인사를 한다거나, 벗은 신발을 가지런히 정리하는 등 당연한 생활 태도를 기본으로 갖춘 후, 문제를 빠르고 정확하게 해결하는 능력을 기르는 것이 중요하다고 강조한다. 이는 바로 사회 하층화에 강력한 펀치를 날리는 걸작이라 할 수 있다.

참고로, 100칸 계산으로 유명해진 카게야마 히데오는, 사실 100칸 계산만으로 학력을 향상시킨 것은 아니라고 한다.

그렇다면 그는 무엇을 했는가? 그가 강조한 것은 바로 일찍 자고, 일찍 일어나며, 아침밥을 먹는 습관을 들이게 하는 것이었다.

이러한 기본적인 생활 습관부터 가르치지 않으면, 하류화된 현대의 부모들은 밤 10시가 넘어서까지 아이를 데리고 이자카야나 노래방에 가 버린다. 이런 상황이라면, 설령 유토리 교육*이 아니라 하더라도, 학력이 저하되는 것은 당연한 일일 것이다.

---

*유토리 교육: 유토리 교육은 일본에서 1970년대 후반부터 지지를 받은 전인 교육 정책이다. 수업 시간의 단축과 학업 부담을 줄이는 내용이 주요 골자이며, 2002년 주5일제 수업을 완전 실현하게 된 배경이다.

제6장

하류 남성은 숨어 지내고, 여성은 노래하고 춤춘다

하류 사회의 3종 세트 = 3P

이번 장에서는 계층 의식별로 단카이 주니어 세대의 취미와 소비 경향을 살펴본다. 우선, 당신의 취미는 무엇입니까?라는 질문에 답변으로 몇 가지 선택지를 제공해 응답자들이 선택한 취미를 성별 및 계층 의식별로 비교하였다.

남성의 경우, 상층에서 많이 선택된 취미는 컴퓨터·인터넷(75.0%), 여행·레저(58.3%), 음악 감상(58.3%), 독서(41.7%), 집에서 영화 감상(41.7%) 등이었다.

남성의 중층에서 많이 선택된 취미는 컴퓨터·인터넷(85.0%), 집에서 영화 감상(57.5%), 독서(55.0%), 여행·레저(47.5%), 드라이브·투어링(47.5%) 등이었다.

하층에서 많이 선택된 취미는 컴퓨터·인터넷(95.8%), 음악 감상(60.4%), 독서(56.3%), 외식·미식(47.9%), 드라이브·투어링(45.8%) 등이었다. 어느 계층에서든 컴퓨터·인터넷 사용률이 높다는 것을 알 수 있다.

그러나 계층 간 차이를 보면, 상층에서 많이 선택된 취미는 여행·레저, 스키, 사이클링이며, 숫자는 적지만 골프도 포함된다. 즉, 밖에서 활동적으로 즐기는 취미가 많았다(표 6-1).

반면, 하층에서 많이 선택된 취미는 컴퓨터·인터넷, AV 기기, TV 게임 등이며, 다소 오타쿠적이거나 은둔형 외톨이적인 경향이 두드러졌다. 밖에서 하는 활동으로는 음악 콘서트 감상과 스포츠 관람이 많았으며, 이는 아마도 록 콘서트나 J리그(일본 프로축구) 경기 관람일 것으로 추측된다.

컴퓨터 사용과 관련해 디지털 디바이드(정보 격차) 문제가 제기된 적이 있었다.

즉, 경제적으로 여유 있는 사람들은 컴퓨터를 가질 수 있지만, 경제적으로 어려운 사람들은 컴퓨터를 가질 수 없기 때문에, 소득에 따라 컴퓨터 사용 여부에 차이가 발생하고, 결과적으로 정보 격차가 확대될 것이라는 우려가 있었다.

그러나 지금은 인터넷 접속료만 내면 무엇이든 얻을 수 있는 가장 저렴한 오락 수단이 컴퓨터가 되었으며, 이는 저소득층 남성들이 가장 선호하는 것이 된 것으로 보인다.

표 6-1 단카이 주니어 남성의 계층 인식별 취미 (주요 항목)

상 인식자에게 많았던 취미 (%)

	상	중	하
n	12	40	48
여행·레저	58.3	47.5	29.2
스키	33.3	17.5	12.5
사이클링	25.0	5.0	2.1
골프	16.7	10.0	4.2

하 인식자에게 많았던 취미 (%)

	상	중	하
n	12	40	48
AV 기기 (오디오·비디오)	8.3	15.0	22.9
음악 콘서트 감상	8.3	10.2	20.8
TV 게임	16.7	45.0	43.8
스포츠 관람	16.7	35.0	41.7
컴퓨터·인터넷	75.0	85.0	95.8

계층 차이가 적은 취미 (%)

	상	중	하
n	12	40	48
노래방(카라오케)	16.7	22.5	16.7
드라이브·투어링	41.7	47.5	45.8
외식·미식(맛집 탐방)	41.7	45.0	47.9

출처: 컬처스터디스연구소 + (주)c팔콘 『욕구 조사』

물론 하층에 속하는 사람들은 엑셀(Excel)로 그래프를 만들거나, 파워포인트(PowerPoint)로 프레젠테이션 자료를 만들지는 않을 것이다. 즉, 컴퓨터 하드웨어를 소유하고 있는지 여부의 격차는 없지만, 소프트웨어를 활용하고, 이를 통해 사람을 설득할 수 있는 능력의 격차는 분명히 존재할 것이다.

그러나 어쨌든, 컴퓨터를 소유하고, 이를 즐긴다는 점에서는 계층 차이가 존재하지 않으며, 오히려 취미로 컴퓨터·인터넷을 선택한 비율은 하층에서 더 높은 것도 사실이다. 이러한 점을 고려할 때, 나는 단카이 주니어 세대의 하층을 상징하는 키워드를 3개의 P라고 표현한다.

그것은 바로,

- 파소콘(Personal Computer, PC) = 컴퓨터
- 페이지어(Pager) = 휴대전화
- 플레이스테이션(PlayStation) = 비디오 게임

이 세 가지가 단카이 주니어 세대, 특히 하층을 대표하는 세 가지 보물일 것이다. 여기에 장난스럽게 덧붙이자면,

- 페트보틀(PET bottle) = 페트병 음료
- 포테이토칩스(Potato chips) = 감자칩

을 추가하여 5P라고 부를 수도 있을 것이다. 컴퓨터 앞에 앉아, 페트병 음료를 마시며, 감자칩을 먹으면서, 인터넷을 하거나 게임을 하거나, 휴대전화로 문자를 보내고 있는 모습이 선명하게 떠오른다.

하류 여성들은 노래하고 춤춘다

한편, 여성의 경우는 어떨까.

상층에서 많이 선택된 취미를 순서대로 보면, 독서(70.6%), 컴퓨터·인터넷(64.7%), 집에서 영화 감상(58.8%), 여행·레저(58.8%), 외식·미식(58.8%) 등이 있다.

중층에서는 컴퓨터·인터넷(71.2%), 독서(67.3%), 여행·레저(59.6%), 외식·미식(59.6%), 쇼핑(55.8%) 등이 많았다.

하층에서는 컴퓨터·인터넷(67.7%), 독서(54.8%), 집에서 영화 감상(54.8%), 외식·미식(54.8%), 여행·레저(48.4%), 쇼핑(48.4%) 등의 순으로 나타났다.

이러한 결과를 계층 의식별로 비교해 보면, 상층일수록 독서, 가드닝, 음악 감상, 요리와 같은 전통적인 전업주부적 취미를 많이 선택했다(표 6-2).

반면, 하층에서는 음악 콘서트 감상이 남성과 마찬가지로 많았으며, 그 외에도 악기 연주를 하는 비율이 높았다. 또한, 비율은 낮지만 그림·일러스트 제작, 댄스·무용 등의 서브 컬처적 취미를 가진 사람들이 많았다.

간단히 말하면, 하층의 여성들은 노래를 부르고, 춤을 추고, 그림을 그리고 있는 것이다. 이러한 경향은 앞서 소개한 가리야 교수의 이론과도 일치하는데, 하층일수록 서브 컬처적 취미에서 자기다움을 찾는 경향이 강한 것이다.

표 6-2 단카이 주니어 여성의 계층 인식별 취미 (주요 항목)

상 인식자에게 많았던 취미 (%)

	상	중	하
n	17	52	31
독서	70.6	67.3	54.8
원예·가드닝	29.4	17.3	16.1
음악 감상	52.9	48.1	41.9
요리	41.2	34.6	32.3
스포츠 관람	23.5	15.4	16.1
자택 영화 감상	58.8	40.4	54.8

하 인식자에게 많았던 취미 (%)

	상	중	하
n	17	52	31
음악 콘서트 감상	5.9	15.4	25.8
악기 연주	5.9	11.5	16.1
그림·일러스트 제작	0.0	5.8	9.7
댄스·무용	0.0	1.9	9.7

계층 차이가 거의 없는 취미 (%)

	상	중	하
n	17	52	31
컴퓨터·인터넷	64.7	71.2	67.7
여행·레저	58.8	59.6	48.4
외식·미식	58.8	59.6	54.8
쇼핑	47.1	55.8	48.4

출처: 컬처스터디스연구소 + (주)e팔콘 『욕구 조사』

카니발화하는 사회

사회학자 스즈키 켄스케는, 앞으로 일본 사회에서 진행될 양극화 속에서, 대중이 순간적인 흥분을 통해 '내적으로 행복한 상태'(=카니발)를 가지면서도, 객관적으로는 착취당하고, 소모품처럼 버려질 위험성이 있다고 지적하고 있다. (출처: 『카니발화하는 사회』)

노래를 부르고 춤을 추며 자기다움을 즐기는 하층의 젊은 이들은, 바로 이 카니발화하는 사회를 상징하는 존재라고 할 수 있을 것이다. 그러나 나는 스즈키의 미숙한 이원론에 찬성하는 것은 아니다. 나는 내적으로 행복하지만, 객관적으로는 착취당하고, 소모품처럼 버려지는 것이 반드시 잘못된 것이 아니라고 생각한다. 적어도 그것은 내적으로도, 객관적으로도 불행한 상태보다는 더 나은 선택이라고도 말할 수 있을 것이다.

확실히, 객관적으로 착취당하고 있는 한, 진정한 의미에서 내적인 행복은 존재할 수 없다거나, 우선은 자신이 착취당하고 있다는 사실을 자각해야 한다는, 전공투적인 (혹은 종교적인) 원리주의적 논리도 성립할 수 있을 것이다.

그러나 그러한 순수한 논리가 결국에는 반드시 붕괴할 수밖에 없다는 것은 역사가 증명하고 있다. 현실적으로 보면, 객관적으로는 (그다지) 착취당하고 있지 않더라도, 그 사실을 자각하지 못하거나, 혹은 그것만으로는 만족할 수 없어서 내적으로 불행할 가능성도 충분히 존재한다.

역 계단에 쓰러져버린 젊은이

그렇다면, 객관적인 착취를 완전히 제거하는 것이 과연 의미가 있는가? 이 문제 역시 성립할 수 있다.

그리고 물론, 많은 사람들은 객관적으로 자신이 착취당하고 있다는 사실을 인식하고 있지만, 그것을 어찌할 도리가 없기 때문에 어느 정도 내적으로 불행을 느끼고 있다.

반면, 그 정도의 불행이라면, 순간적인 흥분이나 기타 다양한 요소를 통해 적당히 넘길 수 있을 정도로 강인한 면도 가지고 있다. 다만, 나 역시 다소 우려하는 점은, 그러한 순간적인 흥분조차도, 스즈키가 지적하는 바와 같이, 월드컵과 같은 오락 이벤트 중심의 미디어 장치에 의해 지나치게 체계화되고, 관리되고 있다는 점이다.

즉, 내적으로 불행한 사람들이, 그 불행을 스스로 해결할 수 있는 강인함을 가지지 못한 채, 대형 미디어 이벤트에 의존하는 수동적인 존재가 되어가고 있는 것은 아닌가 하는 점이다.

하층은 자민당과 후지TV를 좋아한다

실제로 욕구 조사에서도, 앞서 언급한 것처럼, 단카이 주니어 남성의 하층일수록 스포츠 관람을 좋아하고, 후지TV를 자주 시청하는 경향이 나타났다.

구체적으로 보면, 아침 뉴스 시청 채널에 대해 상층에서는 33.3%가 NHK를 선택해 가장 높은 비율을 보인 반면, 하층에서는 39.6%가 후지TV를 선택했다(표 6-3).

또한, 밤 시간대 전반적으로 가장 많이 시청하는 TV 채널에 대해서는 상층에서는 후지TV(33.3%), NHK(25.0%), 중층에서는 후지TV(55.0%), 하층에서는 후지TV(33.3%)로 나타났다.

참고로, 쇼와 한 자릿수 세대(1930년대생)는 계층 의식과 상관없이, 아침과 밤 모두 NHK를 시청하는 사람이 많았다.

이에 비해, 단카이 주니어 세대는 계층 의식이 높지 않으면 NHK를 보지 않기 때문에, NHK 시청률이 하락하는 것은 당연한 일일 것이다.

표 6-3 남성: 세대별 자주 보는 TV 채널 (%)

	단카이 주니어 세대			신인류 세대			단카이 세대			쇼와 히토케타 세대		
	상	중	하	상	중	하	상	중	하	상	중	하
n	12	40	48	16	48	36	14	48	37	9	56	34
방송사(아침)												
NHK	33.3	27.5	10.4	18.8	20.8	25.0	57.1	52.1	37.8	77.8	69.6	73.5
니혼TV	8.3	22.5	10.4	12.5	16.7	13.9	14.3	25.0	32.4	22.2	14.3	8.8
TBS	16.7	7.5	8.3	0.0	6.3	13.9	7.1	0.0	2.7	0.0	0.0	0.0
후지TV	16.7	27.5	39.6	37.5	35.4	8.3	14.3	10.4	16.2	0.0	5.4	8.8
TV아사히	8.3	5.0	12.5	6.3	6.3	8.3	0.0	2.1	2.7	0.0	5.4	2.9
TV도쿄	8.3	5.0	4.2	0.0	4.2	2.8	0.0	2.1	0.0	0.0	0.0	0.0
기타	0.0	0.0	0.0	0.0	0.0	5.6	0.0	2.1	0.0	0.0	3.6	0.0
뉴스 안 봄	8.3	5.0	14.6	25.0	10.4	22.2	7.1	6.3	8.1	0.0	1.8	5.9
방송사(저녁)												
NHK	25.0	17.5	12.5	31.3	16.7	19.4	35.7	41.7	29.7	77.8	37.5	52.9
니혼TV	8.3	2.5	6.3	6.3	6.3	11.1	7.1	12.5	8.1	11.1	19.6	5.9
TBS	8.3	0.0	12.5	0.0	6.3	5.6	7.1	8.3	5.4	0.0	7.1	8.8
후지TV	33.3	55.0	33.3	25.0	35.4	22.2	0.0	18.8	21.6	0.0	12.5	0.0
TV아사히	16.7	15.0	25.0	25.0	22.9	22.0	28.6	8.3	18.9	0.0	14.3	20.6
TV도쿄	8.3	7.5	6.3	0.0	6.3	11.1	7.1	4.2	10.8	0.0	3.6	5.9
기타	0.0	2.5	0.0	6.3	2.1	0.0	14.3	2.1	5.4	11.1	1.8	5.9
TV 안 봄	0.0	0.0	4.2	6.3	4.2	8.3	0.0	4.2	0.0	0.0	1.8	0.0

출처: 컬처스터디스연구소 + (주)e팔콘 『욕구 조사』

다음으로 지지 정당을 살펴보면, 단카이 주니어 남성의 하층에서는 자민당과 민주당 지지율이 각각 18.8%로, 지지 정당을 명확히 밝히는 경향이 강하게 나타났다. 반면, 상층에서는 자민당 8.3%, 민주당 16.7%로, 지지 정당 없음이 75.0%로 가장 많아, 중층이나 하층보다 비율이 높았다(표 6-4).

이러한 조사 결과만 놓고 보면, 단카이 주니어 남성의 하층은 정치 의식이 강하고, 후지TV를 선호하며, 스포츠 관람을 즐기는 것으로 보인다.

이는 어떤 의미에서, 현대적인 사회 풍경을 반영하는 것이며, 즉, 정신과 의사 가야마 리카가 말하는 쁘띠 내셔널리즘(작은 민족주의)적인 모습으로 해석할 수도 있을 것이다.

표 6-4 세대별 남성 정당 지지도 (%)

	단카이 주니어 세대			신인류 세대			단카이 세대			쇼와 히토케타 세대		
	상	중	하	상	중	하	상	중	하	상	중	하
n	12	40	48	16	48	36	14	48	37	9	56	34
자유민주당	8.3	15	18.8	25	12.5	30.6	21.4	16.7	13.5	66.7	44.6	35.3
민주당	16.7	12.5	18.8	25	14.6	11.1	21.4	31.3	21.6	33.3	32.1	26.5
공명당	0.0	5	2.1	6.3	2.1	13.9	7.1	4.2	2.7	0.0	3.6	2.9
일본공산당	0.0	0.0	0.0	0.0	0.0	0	14.3	2.1	5.4	0.0	7.1	5.9
사회민주당	0.0	2.5	0.0	0.0	4.2	2.8	7.1	4.2	13.5	0.0	7.1	5.9
기타	0.0	0.0	0.0	0.0	0.0	0.0	0.0	0.0	0.0	0.0	0.0	0.0
특별히 지지하는 정당 없음	75	67.5	60.4	50	70.8	52.8	35.7	50	51.4	0.0	23.2	35.3

출처: 컬처스터디스연구소 + (주)e팔콘 『욕구 조사』

행복을 느끼는 순간

또한, 당신이 행복을 느끼는 순간을 선택지 중에서 고르게 한 결과, 단카이 주니어 남성의 상층에서는 맛있는 음식을 먹을 때, 가족과 함께 있을 때, 친한 친구들과 함께 있을 때가 많았다.

반면, 하층에서는 혼자 있을 때, 천천히 휴식을 취할 때가 많았으며, 몸을 활발하게 움직였을 때라고 응답한 비율이 적었다. 즉, 하층에서는 오타쿠적인 성향과 비활동적인 생활 패턴이 특징적으로 나타났다(표 6-5).

한편, 단카이 주니어 여성의 상층은 맛있는 음식을 먹을 때 외에도, 감동했을 때, 새로운 지식을 습득했을 때, 사회에 도움이 되었을 때, 자기 표현을 할 수 있었을 때 등에서 행복을 느끼는 경향이 있었다(표 6-6).

이러한 가치관은 남성에게서는 거의 나타나지 않는 특징이며, 내가 지금까지 진행해 온 조사 연구 경험으로 볼 때, 특히 단카이 주니어 세대 여성들에게 두드러지는 경향이라고 할 수 있다. 또한, 단카이 주니어 여성의 하층은 남성과 마찬가지로 혼자 있을 때 행복을 느낀다는 응답이 많았다.

표 6-5 단카이 주니어 남성 – 계층 인식별 언제 행복을 느끼는가
(주요 항목) (%)

	상	중	하
n	12	40	48
맛있는 음식을 먹었을 때	83.3	55.0	56.3
가족과 함께 있을 때	58.3	37.5	20.8
친한 친구와 함께 있을 때	41.7	17.5	29.2
자녀와 함께 있을 때	33.3	20.0	6.3
아내와 단둘이 있을 때	33.3	30.0	4.2
몸을 한껏 움직였을 때	41.7	27.5	10.4
느긋하게 쉴 때	58.3	55.0	66.7
혼자 있을 때	8.3	17.5	27.1

출처: 컬처스터디스연구소 + (주)e팔콘 『욕구 조사』

표 6-6 단카이 주니어 여성 – 계층 인식별 언제 행복을 느끼는가
(주요 항목)
(%)

	상	중	하
n	17	52	31
맛있는 음식을 먹었을 때	94.1	75.0	77.4
감동했을 때	64.7	55.8	45.2
여유가 있을 때	64.7	59.6	48.4
원하는 것을 손에 넣었을 때	64.7	55.8	54.8
무언가를 해냈을 때	58.8	51.9	51.6
남편과 단둘이 있을 때	58.8	42.3	22.6
친한 친구와 함께 있을 때	52.9	34.6	35.5
새로운 지식을 얻었을 때	41.2	30.8	22.6
선행을 했을 때	41.2	36.5	22.6
사회에 공헌했을 때	41.2	7.7	9.7
멋을 냈을 때	35.3	21.2	19.4
자신을 표현할 수 있었을 때	29.4	15.4	16.1
혼자 있을 때	17.6	19.2	25.8

출처: 컬처스터디스연구소 + (주)e팔콘 『욕구 조사』

단카이 주니어 세대는 상층도 유니클로와 무인양품을 좋아한다

다음으로, 단카이 주니어 세대가 이용하는 패션 매장에 대한 계층 의식별 선호도를 살펴보자.

남성의 경우, 자주 가는 매장은 음식점과 마찬가지로 계층 차이가 크게 나타나지는 않았다. 따라서 통계적으로 의미 있는 차이라고 보기는 어렵지만, 상층에서도 유니클로를 선호하는 비율이 높다는 점이 흥미롭다. 즉, 소득이 높은 상층조차도 유니클로를 좋아하는 것이다(표 6-7).

여성의 경우, 남성과 비교하면 계층 차이가 조금 더 뚜렷하게 나타났다. 그러나 상층에서 비교적 많이 선호하는 브랜드는 무인양품 정도였다(표 6-8).

이것은 단카이 주니어 세대다운 특징이라고 할 수 있다. 말할 필요도 없이, 무인양품은 고급 브랜드가 아니다. 오히려 저가 브랜드에 속하며, 특별히 품질이 뛰어난 것도 아니다. 그러나 적당한 감각을 갖추고 있어, 생활 속에서 거슬리지 않는다.

특히 단카이 주니어 여성의 상층 그룹은, 이후 분석할 내용에서도 나타나듯이, 지적이고 세련된 취향을 선호하는 사람들이 많다. 이러한 여성들은, 화려한 장식성이나 과시적인 브랜드보다, 무인양품처럼 절제된 디자인을 선호하는 것일지도 모른다.

표 6-7 단카이 주니어 남성 - 자주 가는 쇼핑 장소 (주요 항목) (%)

	상	중	하
n	12	40	48
무인양품	25.0	25.0	16.7
유니클로	50.0	40.0	41.7
마츠모토 키요시	25.0	37.5	25.0
츠타야	16.7	32.5	37.5

출처: 컬처스터디스연구소 + (주)e팔콘 『욕구 조사』

표 6-8 단카이 주니어 여성 - 자주 가는 쇼핑 장소 (주요 항목) (%)

	상	중	하
n	17	52	31
무인양품	47.1	42.3	38.7
유니클로	47.1	42.3	38.7
프랑프랑 (생활잡화 브랜드)	11.8	28.8	9.7
츠타야 (서점/렌탈)	11.8	42.3	12.9
세븐일레븐	35.3	75.0	58.1
로손 (편의점)	29.4	46.2	35.5
패밀리마트 (편의점)	29.4	46.2	35.5
돈키호테 (할인잡화점)	23.5	30.8	29.0
마츠모토 키요시 (드러그스토)	23.5	44.2	45.2
ampm (편의점 브랜드)	17.8	19.2	32.3
미니스톱 (편의점)	11.8	11.5	25.8

출처: 컬처스터디스연구소 + (주)e팔콘 『욕구 조사』

쇼핑을 좋아하는 하층과 쇼핑할 시간이 없는 상층

다음으로, 평소 쇼핑 방식과 생각에 대해 응답자들에게 매우 해당한다, 약간 해당한다, 보통이다, 별로 해당하지 않는다, 전혀 해당하지 않는다의 5단계 중에서 선택하도록 하였다.

이 조사 결과에 따르면, 단카이 주니어 세대의 상층 남성들은 쇼핑을 좋아하는 사람이 적었으며, 한정판 제품이나 저렴한 상품에도 쉽게 관심을 보이지 않았다.

쇼핑을 할 때는 실제로 매장에서 직접 보고 구매하고 싶다고 생각하지만, 애초에 쇼핑할 시간이 없다는 문제도 존재한다(표 6-9).

따라서 상층 남성들은 통신판매나 인터넷 쇼핑을 선호하는 경향이 있다. 구매 전 정보 수집, 기능 체크, 마음에 들면 비싸더라도 구매하는 경향에는 계층 차이가 없었지만, 상층은 자신의 지위, 직책, 연령에 어울리는 물건, 고급 제품, 전통 있는 브랜드를 선호하는 경향이 있었다. 그러나 브랜드나 제조사에는 크게 집착하지 않는 특징을 보였다.

아마도 상층 남성들은 업무가 바빠서 새로운 브랜드를 찾아볼 시간이 많지 않기 때문에, 전통적으로 좋은 제품이라고 평가받는 것들을 선택하는 것으로 보인다.

표 6-9 단카이 주니어 남성 - 평소 쇼핑 방식 및 사고방식 (긍정 응답 비율)
'매우 그렇다' 및 '어느 정도 그렇다'의 합계 (%)

	상	중	하
n	12	40	48
평소 쇼핑을 할 시간은 거의 없다	41.7	35.0	29.2
한정 상품에 약해서, 덜컥 사버리는 편이다	25.0	37.5	18.8
세일 상품이 있으면 필요 이상으로 사버리는 경우가 많다	33.3	50.0	39.6
쇼핑 자체를 굉장히 좋아한다	33.3	50.0	54.2
온라인 쇼핑을 좋아한다	50.0	47.5	18.8
인터넷 쇼핑을 자주 이용한다	58.3	62.5	37.5
정말 필요한 것이 아니면 사지 않는다	41.6	17.5	33.3
쇼핑할 때는 반드시 매장에서 직접 보고 고르고 싶다	92.6	57.5	72.9
상품을 고를 때는 정보 수집과 시간 투자를 아끼지 않는다	75.0	75.0	75.0
제품의 성능이나 세부 스펙도 철저히 체크한다	75.0	75.0	70.8
정말 마음에 드는 물건은 가격에 상관없이 산다	58.3	55.0	48.0
나이에 맞는 것, 직업과 지위에 맞는 물건을 산다	33.3	5.0	18.8
가격이 비싼 물건은 더 좋은 것이라 생각한다	58.4	35.0	37.0
오래된 브랜드나 노포의 물건을 신뢰한다	41.7	22.5	25.0
브랜드, 제조사에는 나름대로의 고집이 있다	16.6	40.0	47.9

출처: 컬처스터디즈연구소 + (주)e팔콘 『욕구 조사』

그 결과, 롤렉스, 오메가 시계의 소유율이 높게 나타났다 (표 6-10).

표 6-10 단카이 주니어 남성 – 소지 중인 시계 중 마음에 드는 브랜드 (주요 항목) (%)

	상	중	하
n	12	40	48
롤렉스	16.7	7.5	4.2
오메가	25.0	10.0	16.7
불가리	8.3	2.5	2.1

출처: 컬처스터디스연구소 + (주)e팔콘 『욕구 조사』

한편, 자기다움 지향이 강한 하층에서는 쇼핑을 매우 좋아한다고 응답한 비율이 54.2%에 달했으며, 브랜드나 제조사에 자신만의 고집이 있다고 응답한 비율도 47.9%였다.

이는 연 소득이 높을수록 브랜드나 제조사에 대한 집착이 강하다는 과거의 상식과는 다른 결과이다. 물론, 단카이 주니어 세대의 하층이 선호하는 브랜드는 우라하라주쿠*(언더그라운드 스트리트 패션) 계열의 브랜드일 가능성이 높다.

그러나 자세한 분석은 하지 않지만, 하층 계층에서도 벤

---

* 우라하라주쿠: 하라주쿠 거리 뒷골목에서 영업하는 가게를 말한다. 대량 생산된 옷보다는 개성이 두드러지는 옷을 주로 판매한다. (소위 말해 힙한 옷들. 힙스터. 수요에 비해 공급이 적은 특징을 보인다)

츠, BMW, 롤렉스, 오메가 같은 유명 브랜드에 대한 관심이 높았다. 따라서, 이들의 자신만의 고집이 단순히 우라하라 주쿠 스타일의 마이너한 스트리트 패션 브랜드에만 향하고 있는 것은 아니다.

상품을 선택할 때, 정보 수집에 시간과 노력을 들인다, 상품의 기능이나 성능 등 세부적인 요소까지 꼼꼼히 확인한다, 정말 마음에 들면 가격에 상관없이 구매한다 등의 항목에 대해서는 계층 간 차이가 크지 않았다.

소득이 낮아도, 아니, 오히려 소득이 낮기 때문에 자유 시간이 많아, 충분한 시간을 들여 물건을 고르고, 마음에 들면 가격에 관계없이 구매하는 것이다. 또한, 선호하는 자동차 브랜드나 위스키 브랜드에서도 계층 차이는 크게 나타나지 않았다. 이처럼, 높은 계층과 높은 소득을 가진 단카이 주니어 세대가 존재함에도, 기업들이 이들을 자극할 만한 독창적인 가치를 제안하지 못하고 있다는 점도 지적할 수 있을 것이다.

한편, 단카이 주니어 여성의 상층은 유행하는 상품을 빠짐없이 체크하고, 친구나 가족으로부터 쇼핑 상담을 자주 받으며, 정보 수집에 시간을 들이는 등 소비자로서도 트렌드에 민감하고, 정보 발신의 중심이 되는 경향을 보였다(표 6-11).

일류 브랜드 지향도 뚜렷하지만, 저렴한 가게에서 구매하는 경향도 강하여, 합리적으로 소비하는 모습이 보인다. 선호하는 손목시계 브랜드를 살펴보면, 롤렉스, 까르띠에는 오히려 중층과 하층에서의 선호도가 더 높았으며, 상층에서만 유독 많이 선택된 브랜드는 시티즌이었다.

이러한 결과에서도 상층 여성들의 신중하고 실용적인 소비 성향이 엿보인다(표6-12).

여성의 소비는 여행과 미용으로 향한다

물론, 상층 여성들 사이에서도 더 다양한 브랜드 취향이 있을 가능성이 있지만, 생각보다 소박하고 실용적인 소비 성향을 보이는 것일지도 모른다.

남성들이 앞으로 돈과 시간을 투자하고 싶은 것으로 꼽은 항목을 보면, 상층에서는 재테크·투자, 가구·인테리어가 많았으며, 건강, 스포츠·피트니스는 중층과 상층에서 모두 높은 지지를 받았다. 반면, 하층에서는 오락·이벤트 지향이 강한 경향을 보였다(표 6-13). 이러한 경향은 앞서 살펴본 취미 패턴과도 일치하는 결과이다. 여성이 앞으로 돈과 시간을 투자하고 싶은 것으로 선택한 항목을 보면, 여행·레저, 가구·인테리어, 건강, 미용, 재테크·투자 등이 상층에서 많이 나타났다(표 6-14). 남녀 공통적으로, 가구·인테리어와 재테크·투자에 대한 관심이 높다는 점이 특징적이다.

표 6-11 단카이 주니어 여성 – 평소의 소비 방식 및 구매 태도

'그렇다'와 '대체로 그렇다'의 합계 (주요 항목)   (%)

	상	중	하
n	17	52	31
세간에서 화제가 되는 것은 일단 확인한다 (「대체로」 제외)	41.1 (23.5)	38.4 (9.6)	29.1 (9.7)
친구나 가족에게 쇼핑 조언을 받는다	35.4	23.1	16.2
상품을 고를 때는 정보 수집에 시간을 들인다	58.8	44.2	48.4
일류 브랜드 제품을 고르려 한다	23.5	9.6	6.5
브랜드 제품은 될 수 있으면 저렴한 매장에서 산다	41.2	19.3	22.6

출처: 컬처스터디스연구소 + (주)e팔콘 『욕구 조사』

표 6-12 단카이 주니어 여성 – 소지한 손목시계 중 좋아하는 브랜드 (주요 항목)

(%)

	상	중	하
n	17	52	31
롤렉스 (ROLEX)	5.9	9.6	9.7
까르띠에 (Cartier)	5.9	9.6	9.7
불가리 (BVLGARI)	5.9	5.8	3.2
티파니 (Tiffany & Co.)	5.9	1.9	0.0
론진 (Longines)	0.0	3.8	0.0
쇼파드 (Chopard)	0.0	0.0	3.2
오메가 (OMEGA)	5.9	5.8	6.5
태그호이어 (TAG Heuer)	0.0	5.8	6.5
세이코 (SEIKO)	11.8	11.5	9.7
시티즌 (CITIZEN)	11.8	3.8	0.0
라도 (RADO)	0.0	1.9	3.2
G-SHOCK	5.9	13.5	16.1
기타	35.3	7.7	22.6
좋아하는 브랜드는 없다	35.3	42.3	35.5

출처: 컬처스터디스연구소 + (주)e팔콘 『욕구 조사』

표 6-13 단카이 주니어 남성 – 앞으로 돈이나 시간을 들이고 싶은 것
(주요 항목) (%)

	상	중	하
n	12	40	48
재테크·투자	58.3	35.0	37.5
가구·인테리어	25.0	15.0	12.5
건강	41.7	40.0	14.6
스포츠·피트니스	33.3	32.5	12.5
주거·리폼	50.0	47.5	25.0
가전·정보기기	33.3	42.5	37.5
자동차 관련	25.0	42.5	35.4
여행·레저	50.0	60.0	43.8
저축	25.0	40.0	41.7
교육·자격 취득	16.7	32.5	35.4
엔터테인먼트·이벤트	16.7	20.0	29.2

출처: 컬처스터디스연구소 + (주)e팔콘 『욕구 조사』

표 6-14 단카이 주니어 여성 – 앞으로 돈이나 시간을 들이고 싶은 것
(주요 항목) (%)

	상	중	하
n	17	52	31
여행·레저	64.7	59.6	38.7
가구·인테리어	41.2	36.5	19.4
건강	52.9	32.7	25.8
미용	41.2	25.0	12.9
재테크·투자	23.5	19.2	6.5
주거·리폼	52.9	42.3	41.9
교육·자격 취득	29.4	32.7	22.6
저축	47.1	57.7	45.2
엔터테인먼트·이벤트	23.5	26.9	35.5

출처: 컬처스터디스연구소 + (주)e팔콘 『욕구 조사』

전형적인 트리클다운(Trickle-Down)*형 소비를 이끌었던 단카이 세대

단카이 주니어 세대의 특징을 보다 명확하게 하기 위해, 비교 대상으로 단카이 세대 남성의 데이터를 살펴보았다. 우선, 취미를 보면, 단카이 세대 남성의 상층에서 많이 선택된 취미는 여행·레저, 드라이브·투어링, 야구 등이었다(표 6-15).

그러나 드라이브·투어링은 단카이 주니어 세대에서는 계층 차이가 없는 취미였으며, 야구는 오히려 하층에서 많이 선택한 취미였다. 즉, 단카이 세대에서 중요하게 여겨졌던 취미에 대한 가치관이, 단카이 주니어 세대에서는 역전되거나 의미를 잃고 있는 경향이 나타나고 있다.

또한, 선호하는 자동차 브랜드를 보면, 단카이 세대의 상층에서는 NSX, 스카이라인, 벤츠, BMW와 같은 스포츠카 또는 외제차가 주를 이루었다. 이처럼 강한 상승 경향을 가진 소비자층이, 전후 일본의 소비 시장을 계속해서 이끌어 온 것이다(표 6-16).

한편, 단카이 세대의 중층에서 선호하는 자동차 브랜드를 보면, 크라운, 셀시오, 시마와 같은 국산 고급차가 많았다. 이러한 차량을 손에 넣는 것이 단카이 세대 중산층에게 큰 기쁨이었으며, 그들의 상승 경향이 소비 확대의 원동력이 되어 왔음을 보여 준다.

---

*트리클다운: 대기업을 선망하는 가치관. 대기업이 성장하면 중소기업과 소비자에게도 이로우며, 전반적인 경기가 활성화된다는 논리.

표 6-15 단카이 세대 남성 – 계층 인식별 취미 (주요 항목) (%)

	상	중	하
n	12	40	48
여행 · 레저	71.4	45.8	43.2
컴퓨터 · 인터넷	64.3	54.2	51.4
드라이브 · 투어링	57.1	16.7	21.6
영화관에서 영화 감상	50.0	45.8	35.1
야구	28.6	8.3	5.4
미술 감상	21.4	6.3	5.4
골프	35.7	45.8	16.2
애완동물 · 관상어	14.3	20.8	10.8
파친코 · 경마 · 경륜	7.1	20.8	16.2

출처: 컬처스터디스연구소 + (주)e팔콘 『욕구조사』

표 6-16 단카이 세대 남성: 계층 의식별 선호 차량 종류 (주요 항목) (%)

	상	중	하
n	14	48	37
크라운	14.3	41.7	21.6
셀시오	21.4	27.1	21.6
시마	7.1	25.0	5.4
스카이라인	21.4	20.8	5.4
NSX	21.4	10.4	10.8
벤츠 C 클래스	21.4	14.6	5.4
BMW 3 시리즈	21.4	12.5	13.5

출처: 컬처스터디스연구소 + (주)e팔콘 「욕구 조사」

이에 비해, 쇼와 한 자릿수 세대에서는 상층에서 크라운, 셀시오를 선호하는 사람이 많았으며, 중층에서는 마크 II나 카롤라를 선호하는 경향이 강했다.

즉, 계층 의식과 자동차의 등급이 비례 관계를 이루고 있었던 것이다(표 6-17).

표 6-17 쇼와 한 자릿수 세대: 계층 의식별 선호 차량 종류 (주요 항목) (%)

	상	중	하
n	9	56	34
크라운	55.6	26.8	20.6
셀시오	22.2	8.9	17.6
마크 II	11.1	26.8	23.5
카롤라	0.0	17.9	14.7
벤츠 C 클래스	11.1	8.9	11.8
BMW 3 시리즈	11.1	5.4	14.7

출처: 컬처스터디스연구소 + (주)e팔콘 「욕구 조사」

다시 말해, 단카이 세대의 자동차 선택 패턴은, 쇼와 한 자릿수 세대에서 상층이 선호했던 차종이 중층까지 확산된, 전형적인 트리클다운 소비 패턴이었다고 할 수 있다. 즉, 중층이 더 비싸고 고급스러운 차량을 동경하며 소비를 촉진한 것이다. 그 결과, 자동차 판매량과 기업의 이익이 함께 증가할 수 있었다.

그리고 단카이 세대의 상층은, 더욱 고급스러운 외제차나 스포츠카로 관심을 옮겨 갔다. 결국, 단카이 세대는 자동차 업계에 있어서 매우 다루기 쉬운(=소비 성향이 뚜렷한) 시장이었던 것이다.

제7장

하류의 성격, 식생활, 교육관

계층은 성격에 의해 결정되는가?

이미 언급했듯이, 은둔형 외톨이 연구자로 알려진 정신과 의사 사이토 타마키는, 계층 격차가 커뮤니케이션 능력의 격차에 의해 결정된다고 지적하고 있다.

승패를 결정짓는 축 중 하나는, 명백히 커뮤니케이션이다. (중략) 사회적인 성공을 거두기 위해서는 일정 수준 이상의 지적 능력이 필요하다고 여겨지지만, 그보다 더 중요한 요소가 바로 커뮤니케이션 능력이다.

커뮤니케이션 능력은 단순한 기능적 기술이 아니라, 상대와의 관계 형성을 통해 자신을 사회적 존재로 확립하는 데 결정적인 역할을 한다.

커뮤니케이션이 서툴다고 믿어 버린 아이들은, 너무 이른 시점에서 스스로를 패배자로 분류해 버린다. (중략) 이런 유형의 커뮤니케이션 격차가 그대로 연장되면서 결국 은둔형 외톨이와 같은 문제가 발생한다고 해도 과언이 아니다(출처: 사이토 타마키『패배자교의 신자들』).

또한, 교육사회학자이자 도쿄대 조교수인 혼다 유키는, '젊은이들의 라이프 스킬, 생활상의 기술을 분석하면서, 자신의 의견을 타인에게 설명할 수 있다, 잘 모르는 사람과 자연스럽게 대화할 수 있다와 같은 커뮤니케이션 스킬이, 학력이 높아질수록 향상된다'고 지적하고 있다(출처: 혼다 유키「사회적 자립과 라이프 스킬」, 내각부『청소년의 사회적 자립에 관한 의식 조사 보고서』).

욕구 조사에서도 이러한 경향이 어느 정도 뒷받침된다. 이미 살펴본 것처럼, 단카이 주니어 세대의 하층에서는 남녀 모두 혼자 있을 때 행복을 느낀다는 경향이 강하게 나타났다.

또한, '당신 자신에 해당하는 사항을 선택하세요'라는 질문에서, 상층 남성들은 결국엔 누군가가 어떻게든 해 줄 것이라는 생각이 항상 있다고 응답한 비율이 0%였으며, 반대로 결정한 것은 즉시 실행한다, 나는 성격이 밝다고 생각한다, 사람에 대한 호불호가 거의 없다, 주변 사람들의 태도나 감정 변화를 민감하게 느낀다는 응답이 많았다. 특히, 나는 성격이 밝다는 항목에서 그렇다라고 응답한 비율은 하층에서는 매우 적었다(표 7-1).

표 7-1 단카이 주니어 계층 의식별 자신에 대한 인식 중 '그렇다' 및 '약간 그렇다'의 합계 (주요 항목)

【남성】 (%)

	상	중	하
n	12	40	48
마지막엔 누군가가 어떻게든 해줄 거라는 느낌이 늘 마음속에 있다	0	17.5	20.9
결심한 일은 즉시 실행한다	58.3	32.5	31.3
자신의 성격은 밝은 편이라고 생각한다	58.4	45.0	41.7
ㄴ, ('그렇다'만 해당)	16.7	15.0	6.3
사람을 좋아하거나 싫어하는 감정은 거의 없다	41.6	22.5	21.9
주변 사람의 태도나 감정 변화에 매우 민감하게 반응한다	75.0	57.5	58.4

【여성】 (%)

	상	중	하
n	17	52	31
마지막엔 누군가가 어떻게든 해줄 거라는 느낌이 늘 마음속에 있다	11.8	23.0	25.8
타인의 능력이나 장점을 키울 수 있다	29.4	15.3	16.1
주목을 받기 위해 튀는 발언이나 행동을 하는 일이 많다	23.8	3.8	9.7

출처: 컬처스터디스연구소 + (주)e팔콘 『욕구조사』

즉, 상층 남성은 성격이 밝고, 사람을 가리지 않으며, 대인관계가 원만하고, 배려심이 있으며, 실행력이 강하고, 의존심이 적은 특징을 가진다. 반면, 하층 남성은 성격이 어두운 편이며, 우유부단하고, 의존심이 강한 경향을 보인다.

간단히 말하면, 상층 남성은 조직의 리더형이거나 스포츠맨 스타일의 남성이 많은 반면, 하층 남성은 이러한 유형이 적다. 이러한 의미에서, 단카이 주니어 세대 남성들은 여전히 전통적인 젠더 의식을 강하게 가지고 있으며, 그 틀에서 벗어나지 못하고 있다고도 볼 수 있다.

여성의 경우, 같은 질문 항목에서 남성만큼 계층 차이가 뚜렷하지는 않았다. 다만, 결국엔 누군가가 어떻게든 해 줄 것이라는 생각이 항상 있다는 응답이 상층에서 적다는 점은 남성과 공통적이었다.

또한, '타인의 능력이나 장점을 키워 줄 수 있다'와 '주목받기 위해 눈에 띄는 언행을 자주 한다'는 응답은 상층에서 많았다. 즉, 여성의 경우 남성과 반대로, 상층 여성일수록 전통적인 여성성이나 젠더 의식에서 벗어나 있으며, 다소 남성적이며 리더형 성격을 가지고 있다고 볼 수 있다.

상류층 여성은 여성다움을, 하류층 여성은 자기다움을 중시한다

그러나 상층의 여성들이 반드시 전통적인 여성다움을 부정하는 것은 아니다. 오히려 그 반대라고도 할 수 있다. 예를 들어, 남자는 남자답게, 여자는 여자답게 살아야 한다는 주장에 대해 그렇다고 생각한다 혹은 어느 정도 그렇게 생각한다라고 응답한 비율은 상층에서는 29.4% 중층에서는 21.1% 하층에서는 16.2%이다.

이를 자기다움 지향파와 비자기다움 지향파로 비교하면, 자기다움 지향파는 그렇다고 생각한다 혹은 어느 정도 그렇게 생각한다 라는 답변이 15.5%이나, 비자기다움 지향파는 25.5%였다.

또한, 앞으로 여성은 결혼 후에도 일을 하며(수입을 유지하며) 살아야 한다는 질문에 대해 그렇다라고 응답한 비율은 상층에서는 5.9%이나, 중층에서는 30.8%, 하층에서는 25.8%였다. 이를 자기다움 지향파와 비자기다움 지향파로 비교하면, 자기다움 지향파는 17.8% 비자기다움 지향파는 25.4%이다.

또한 결혼과 출산 후에도 일과 육아를 병행하고 싶다는 질문에 그렇다라고 응답한 비율은 상층에서 11.8%, 중층에서 17.3%, 하층에서 25.8%. 즉, 하층일수록 결혼 후에도 일을 계속하고 싶다는 경향이 강하게 나타났다.

또한, 독신 시절에는 일에 전념하고, 결혼 후 아이가 생기면 가족 중심으로 살고 싶다는 질문에 그렇다 혹은 어느 정도 그렇게 생각한다라고 응답한 비율은 상층에서 53.0%, 중층에서 44.2%, 하층에서 35.5%이다.

한편, 결혼이나 일 모두에 큰 관심이 없으며, 무엇보다도 자기다움을 유지하며 살고 싶다는 질문에 그렇다라고 응답한 비율은 상층에서는 0%, 중층에서는 7.7%, 하층에서는 22.6%였다.

결국, 상층일수록, 그리고 비 자기다움 지향파일수록 전통적인 남녀관을 유지하고 있다.

다시 말해, 전통적인 젠더 관념이나 여성성에 비중을 두지 않는 여성일수록, 자기다움을 더욱 강하게 추구하는 것이다.

또한, 상층 여성들은 단순히 전통적인 남녀관을 지지하는 것뿐만 아니라, 리더십이 강한 성격을 함께 갖고 있으며, 이러한 점에서 재색겸비형 여성일 가능성이 높다고 추측할 수 있다.

전형적인 예로는, 고학력, 종합직, 직장에서 능력을 인정받으며, 외모까지 뛰어난 여성들이며, 그러나 결혼 후에는 전업주부로서 빠르고 효율적으로 가사와 육아를 해낼 수 있는 유형이라고 볼 수 있다.

상류층은 사교적, 하류층은 눈에 띄지 않는다

여성 1차 조사에서도, 성격에 일정한 계층 차이가 존재함을 확인할 수 있다.

자기다움을 표현하는 단어로 '사람들과 잘 어울리고 사

교적이다'라고 응답한 비율은, 18-37세 여성의 상층에서 29.6%, 중층에서 19.5%, 하층에서 15.8%였다.

마찬가지로 밝다라는 응답은, 상층에서 41.3%, 중층에서 37.4%, 하층에서 29.3%.

또한, 활기차다, 자신의 생각을 확고히 가지고 있다, 자기주장이 강하다, 대담하다, 리더십이 있다, 책임감이 강하고 타인을 배려한다, 노력하는 성향이 강하다 등 리더형 성격은 상층에 더 많았다(표 7-2).

그러나 동시에, 여성다움(페미닌), 품격이 있다, 섹시하다, 지적이다, 예의 바르다, 우아하다 등 전통적으로 여성에게 요구되는 가치들도 상층이 더 많았다.

또한, 도시적이다, 멋지다, 일 처리가 빠르다, 경쾌하다, 단정하다, 영리하다 등, 일을 잘하는 여성의 이미지와 관련된 항목들도 상층에서 많았다.

반면, 하층에서 많이 선택된 단어는 느긋하다, 눈에 띄지 않는다, 수수하다 등이었다. 또한, 하층에서는 리더십이 있다, 여성다움, 품격이 있다, 섹시하다, 지적이다, 도시적이다, 우아하다, 단정하다, 일 처리가 빠르다, 사람들과 잘 어울린다 등의 응답 비율이 낮았다.

표 7-2 계층 의식별로 본 '나다움'을 나타내는 단어 (주요 항목)

【18~37세 여성】 (%)

n	상	중	하
	223	867	910
개성적	41.3	32.2	33.4
대담한	18.8	10.8	11.0
자기주장이 강한	24.7	16.7	15.9
리더십 있음	15.7	10.1	9.0
자기 생각을 확고히 가짐	46.2	36.4	32.1
배려심 있음	34.5	29.5	26.3
여성스러움, 페미닌함	14.3	8.4	5.8
품위 있음	17.9	8.2	5.7
섹시함	8.1	3.9	3.2
명랑함	41.3	37.4	29.3
건강함	36.8	29.1	24.9
지적임	22.4	11.5	8.1
세련됨	11.2	6.6	3.1
예의 바름	31.4	18.9	19.8
멋있음	14.3	5.9	7.0
우아함	9.9	4.3	2.4
산뜻함	13.0	6.2	7.1
유능함	22.4	16.1	13.5
단정함	25.6	16.1	13.6
단정하지 않음	12.6	11.2	14.6
노력파	34.1	22.8	22.1
느긋함	23.8	23.8	30.2
사교성 좋음, 사회적임	29.6	19.5	15.8
산뜻함	10.8	7.0	6.7
고집이 셈	32.3	19.3	23.4
화려함을 좋아함	9.4	4.8	5.4
눈에 띄지 않음	4.5	6.8	11.0
소박함	4.9	9.3	14.7
영리함	18.8	9.8	9.8
솔직함	26.9	22.4	19.8

출처: 컬처스터디스연구소 + (주)e팔콘 + (주)요미우리광고사 『여성 1천 명 조사』

게으름을 피우면 연애도 할 수 없다

최근, 종합직 등에서 실력파 비즈니스 우먼이 증가하면서, 서점에서도 여성이 저술한 비즈니스 서적이 점점 늘어나고 있다. 브리태니커사의 영업 담당자로 세계 2위의 매출을 기록한 와다 히로미도 그중 한 사람이다. 그녀의 최신 저서『사람들에게 사랑받는 대화법』은 12만 부가 판매되었다. 그 책의 신문 광고에는 이렇게 적혀 있다.

> 사랑받는 캐릭터로 인생이 바뀐다!
> 능숙하게, 자연스럽게,
> 당신의 감정을 상대에게 전달하는 대화법!
> 공감어 소프트, 어미 트레이닝, 미소 되돌리기 작전…
> 이 한 권으로 평생 득을 보는 7가지 비법!

이 책은 영업직을 위한 책이지만, 광고 문구만 보면 남자친구를 사귀기 위한 책처럼도 보인다. 반대로 말하면, 영업에서 성공할 수 있는 사람은 연애에서도 성공할 가능성이 높다는 뜻이기도 하다.

영업과 연애 모두에서 가장 중요한 것은 커뮤니케이션이며, 핵심은 적극성과 자기 어필이다. 즉, 자기 자신을 어필하는 것이냐, 상품을 어필하는 것이냐의 차이일 뿐이다.

그렇다면, 일정 수준의 커뮤니케이션 능력을 갖춘 여성

은, 일뿐만 아니라 연애나 결혼에서도 자신의 목표를 이루는 가능성이 높다는 결론이 나온다. 자기 자신을 효과적으로 어필할 수 있는 여성(물론 남성도 마찬가지)은, 취업에서도, 연애에서도 승리하는 것이다.

예전처럼 조용히 얌전한 태도로 있으면 남성이 먼저 다가오는 시대는 끝났다. 가만히 앉아 차를 따르고 복사나 하고 있으면, 알아서 상사가 결혼 상대를 찾아 주는 시대도 아니다.

이제는 자신의 상대를 스스로 찾고, 스스로 말을 걸어야 한다. 연애도 자기 결정, 자기 책임의 시대이다. 게으름을 피우면 연애조차 할 수 없다.

이처럼, 여성의 경우 전통적인 여성다운 성격을 갖추면서도, 일을 잘하고 리더십 있는 새로운 성격을 함께 지닌 사람이 가장 높은 계층 의식을 가진다. 반대로, 이 두 가지 요소를 모두 갖추지 못한 사람이 낮은 계층 의식을 가지는 것이다. 이것이야말로 현대 여성 사이의 격차가 얼마나 커졌는지를 보여 주는 증거가 아닐까?

미남자는 돈과 권력이 없다 라는 속담이 있지만, 현대의 상층 여성들은 여성다움뿐만 아니라, 돈과 권력의 원천이 되는 지성, 영리함, 사교성까지 갖추고 있다(미우라 아츠시 『카마야츠 여성의 시대』 참조).

여성 2차 조사의 결과를 살펴보면, 남성에게 인기를 얻고 싶다는 감정은 계층 차이가 없었지만, 상층일수록 자신의 외모와 직업 능력에 대한 자신감이 높았으며, 여성으로서의 존재를 긍정적으로 인식하는 동시에, 임신과 출산에 긍정적이고, 사회에도 시선을 돌려야 한다고 생각하는 경향이 있었다(표 7-3).

즉, 상층 여성들은 돈뿐만 아니라, 외모, 직업 능력, 출산 의욕까지 쉽게 갖출 수 있는 것이다.

표 7-3 계층 의식별로 본 의식의 차이 (주요 항목)

【18~37세 여성】 (%)

	상	중	하
n	123	305	172
역시 남성에게 인기 있고 싶다	38.2	42.6	37.2
여성은 더 사회에 눈을 돌려야 한다	27.6	16.7	18.6
자신의 외모에 어느 정도 자신이 있다	38.2	20.3	10.5
자신의 업무 능력에 어느 정도 자신이 있다	39.8	22.6	19.2
여성이라는 것은 즐거운 일이다	56.9	43.9	33.7
아이는 낳는 편이 좋다	59.3	49.2	47.1
임신·출산이 가능한 것은 여성의 행복 중 하나다	51.2	41.6	38.4
결혼은 하고 싶지 않다	4.1	2.3	8.7

출처: 컬처스터디스연구소 + (주)e팔콘 + (주)요미우리 광고사 『여성2차 조사』

연애가 어려운 시대

또한, 여성 종합직의 증가로 인해, 남성들은 이제 남성들끼리만이 아니라 여성들과도 같은 기준에서 경쟁해야 하는 상황이 되었다. 이러한 변화가 과거처럼 순수한 연애 감정이 자연스럽게 형성되는 것을 어렵게 만들었으며, 결과적으로 만혼과 저출산을 초래하고 있다고도 볼 수 있다.

앞서 언급했듯이, 과거 여성들이 집단으로 차별받았던 시대에는 여성이라면 모두가 동일하게 차별받았고, 물론 남성들도 남성이라는 이유만으로 모두가 동일하게 우대받았기 때문에, 개개인에게는 지금보다 평등한 구조였다.

또한, 과거에는 남성과 여성이 개인 대 개인이 아니라, 집단 대 집단—즉, 수컷과 암컷으로서 서로를 마주할 수 있었기 때문에, 연애와 결혼이 현재보다 훨씬 간단했다.

남성과 여성이 집단으로서가 아니라, 개인으로서 서로 마주하게 되면, 연애는 필연적으로 더 어려워진다. 더군다나, 결혼이라는 장기적인 경영 사업의 파트너를 찾는 과정에서는, 상대가 가진 자원을 세세하게 검토해야 할 필요가 생긴다. 그리고 이를 위해서는, 상대를 깊이 이해할 수 있는 더욱 높은 수준의 커뮤니케이션 능력이 요구된다.

만담극처럼, 집주인이 쿠마에게 너도 슬슬 가정을 꾸려야지. 네가 좀 믿음직스럽지 못하니, 아내는 똑부러지는 사람이 좋겠다. 그러니 이 여자와 결혼해라라고 말하면, 바로 다음 날부터 부부 생활을 시작하는 일은, 현대 사회에서는 전혀 불가능하다.

사회적으로 일정한 공통점을 가진 남성과 여성으로서가 아니라, 개별적인 개인 대 개인으로 마주해야 하기 때문에, 먼저 서로 간의 접점을 찾는 것부터 시작해야 한다.

이로 인해, 추후 자세히 설명하겠지만, 커뮤니케이션 능력이 높은 남녀일수록 결혼이 쉽고, 일을 잘하며, 소비도 즐기는 반면, 커뮤니케이션 능력이 낮은 남녀일수록 결혼이 어려워지고, 혼자 있는 것을 선호하며, 일과 소비에 대한 의욕도 낮아지는 현상이 발생한다.

즉, 남성이든 여성이든, 커뮤니케이션 능력이라는 성격적 특성에 의해 상류층과 하류층으로 분리되는 것이다. 그리고, 말할 필요도 없이, 상층의 남성은 상층의 여성과, 하층의 남성은 하층의 여성과 결합하는 경향이 강해진다.

자기 스타일은 하류

여성들의 삶의 방식에 대한 의식 차이는 패션에 대한 인식에도 반영된다.

여성 2차 조사에 따르면, 패션 참고용으로 잡지를 읽지 않는다고 응답한 비율은 상층에서 23.6%, 중층에서 28.2%, 하층에서 34.9%이다. 즉, 하층일수록 패션 잡지를 읽지 않는 경향이 강했다. (여성 1차 조사에서도 거의 동일한 수치가 나타났다.)

따라서, 잡지에서 제안하는 인기 스타일이나 예쁜 스타일 같은 패션 계열에도, 하층일수록 관심이 없었다.

또한, 특정한 패션 계열을 의식하지 않는다는 무관심파의 비율은 상층 32.5%, 중층 39.0%, 하층 44.8%이다.

즉, 하층일수록 패션 스타일 자체에 대한 관심이 낮은 경향을 보였다.

또한, 나는 나만의 스타일로 입는다고 응답한 비율은 상층 20.3%, 중층 19.7%, 하층 27.3%이다. 즉, 하층 여성들은 전반적으로 패션에 대한 관심이 낮았다.

계층 의식별 식생활 차이

이러한 계층 의식의 차이는 식생활에서도 뚜렷하게 나타난다. 욕구 조사에서 남성이 자주 가는 음식점을 분석한 결과, 전반적으로 계층 차이가 크지는 않았다.

그러나 마츠야, 가스토, 조나산 등의 패밀리 레스토랑은 하층에서 중층까지 지지가 높은 경향이 있었다.

남성과 비교했을 때, 여성의 경우 계층 차이가 더욱 분명하게 나타났다. 스타벅스는 상층에서 지지가 높았으며, 그 외 대부분의 패밀리 레스토랑과 패스트푸드점은 중층에서 지지가 높았다.

또한, 사이제리아, 맥도날드, 도토루, 요시노야, 마츠야

등은 하층에서 지지가 높았다. 특히 여성 중층 계층에서 체인 음식점을 선호하는 비율이 놀랄 만큼 높았는데, 이는 중층 계층 여성 중 자녀를 둔 사람이 많기 때문으로 보인다. 또한, 상층 계층에서는 일부러 대중적인 체인점을 피하는 경향이 있을 가능성도 있다. 또한, 여성 2차 조사에서는 다음 항목들이 하층에서 더 많이 나타나는 경향이 확인되었다.

- 아침을 거르는 경우가 있다 (하층 = 45.3%)
- 식사 시간이 불규칙해지기 쉽다 (45.9%)
- 식사하는 것이 귀찮다고 생각할 때가 있다 (30.8%)
- 요리하는 것이 귀찮다 (45.3%)
- 편의점에서 도시락을 자주 구매한다 (20.3%)
- 식품이나 음료를 구매할 때 드러그스토어(약국 체인점)를 이용한다 (44.2%)
- 과식이나 거식(섭식 장애)을 경험한 적이 있다 (15.7%)
- 컵라면을 자주 먹는다 (17.4%)
- 편의점 디저트의 신제품을 체크한다 (23.8%)

또한, 다음 항목들은 하층에서 응답 비율이 낮았다.

- 요리하는 것을 좋아한다 (32.0%)
- 잡지의 요리 기사를 자주 읽는다 (31.4%)

- 식품을 고를 때 첨가물을 신경 쓴다 (14.5%)
- 채소를 많이 먹으려고 한다 (43.0%)
- 영양 균형을 신경 쓴다 (36.6%)

이와 같이, 하층 여성들은 전반적으로 식생활에 대한 관심이 낮았다. 요리나 식사를 귀찮게 여기는 경향이 있으며, 아침을 거르거나, 편의점 도시락이나 컵라면을 자주 먹으며, 첨가물이나 영양에 대한 관심이 적고, 식습관이 불규칙하며, 과식이나 거식(섭식 장애)을 겪을 위험도 높은 것으로 나타났다.

하류층을 위한 컵라면의 시대

고도성장기 이전에는 가난한 사람일수록 가공식품을 먹지 않았을 것이다. 그 이유는 가공식품이 더 비쌌기 때문이다. 대신, 자신이 직접 요리를 해서 먹었다.

그러나 현재는 가공식품이 더 저렴하며, 직접 요리를 하는 것보다 편의점, 패밀리 레스토랑, 이자카야에 가는 것이 더 경제적이다. 그 결과, 하층일수록 이러한 외식 산업에 더 많이 의존하게 된다.

실제로, 닛신식품의 안도 코우키 사장은 2004년 9월기 결산 발표 자리에서, 앞으로 일본인은 연 소득 700만 엔 이상과 400만 엔 이하로 양극화될 것이다. 700만 엔 이상 소비자를 위한 고부가가치 건강 지향 라면을 개발하고, 400만 엔 이하 소비자를 위한 저가 상품을 개발할 것이다. 라고 발언해 화제가 되었다.

컵누들의 정가는 150엔이지만, 2005년 가을에는 연 소득 400만 엔 이하 계층을 위한 100-130엔짜리 신제품이 출시될 예정이라고 한다.

닛케이 BP사 홈페이지에 따르면, 안도 사장이 이러한 결정을 내리게 된 계기는 '일본 소비자는 미국처럼 소득에 따라 양극화될 것이다. 저소득층을 무시하고는 앞으로 일본 기업이 유지될 수 없다.'라는 니와 우이치로 이토추 상사 회장의 발언이었다고 한다.

닛신식품은 최근 200-300엔 이상의 고부가가치 컵라면 시장에서 성공을 거두었지만, 항상 100엔 이하로 컵누들을 판매하는 디스카운트 매장을 찾는 소비자가 증가하고 있으며, 이 소비층을 무시하고는 닛신의 미래를 보장할 수 없다는 판단을 내린 것이다.

같은 현상은 맥주 시장에서도 나타나며, 기존 맥주 판매량이 줄어드는 반면, 발포주나 제3의 맥주가 더 많이 팔리고 있다. 즉, 하류층을 무시하고는 기업도 존속할 수 없다는 것이다.

한쪽에는 도요타 렉서스 같은 고급 브랜드를 겨냥한 부유층이 있고, 다른 한쪽에는 더 저렴한 컵누들과 발포주를 찾는 하층 소비층이 있다. 이것이 바로 현대 일본의 현실이다.

교외 지역에 사는 하류 여성의 삶

실제로, 욕구 조사 결과에서, 단카이 주니어 세대(1971-1975년생)와 신인류 세대(1961-1965년생)를 합쳐, 남녀별로 가치관, 행복감, 취미 등의 변수를 기준으로 클러스터 분석을 실시한 결과, 여성 클러스터 중에서 특이한 클러스터가 하나 나타났다. (앞서 언급한 하쿠호도와의 공동 연구를 바탕으로 한 분석이다.)

이를 근교 하류 클러스터 여성이라고 명명해 보았다. 이 클러스터의 계층 의식은 상층 9.1%, 중간 36.4%, 하층 54.5%로 매우 낮은 편이었다. 또한, 거주 지역을 보면, 지바현과 사이타마현 거주자가 전체의 63.7%를 차지했으며, 총 12개 클러스터 중에서 가장 높은 비율을 보였다. (평균은 38.5%)

이 클러스터의 결혼 상태를 보면, 기혼율이 90.9%로 매우 높았다. 가족 형태는 부부와 자녀가 함께 사는 가구가 72.7%로, 평균(53.5%)보다 훨씬 높은 비율을 차지했다. 직업을 보면, 전업주부가 54.5%로, 평균보다 다소 많았다. 즉, 전형적인 근교 패밀리 계층이라고 할 수 있다.

그러나 연 소득 300만 엔 미만이 54.5%로, 평균(30%)보다 현저히 낮아 저소득층 비율이 높았다. 반면, 자가 소유율은 63.6%로 평균보다 높았으며, 단독주택 비율도 63.6%로 평균보다 높았다. 즉, 아파트 소유자는 없고, 전원이 단독주택을 소유하고 있었다.

저축액을 보면, 150만 엔 미만이 45.5%로 평균과 비슷한 수준이었으며, 36.4%가 주택 대출을 보유하고 있었다. 그러나 자가 소유율(63.6%)을 고려하면, 27.2%는 이미 대출을 상환 완료한 상태였다.

특이한 점은 대졸 이상 학력이 전무하며, 이는 모든 클러스터 중에서도 이례적인 경향을 보였다. 출신지를 보면, 도쿄 및 인근 3개 현 출신자가 90.9%로, 평균(74.5%)보다 훨씬 많았다. 따라서, 근교로 이주한 2세대 계층이라기보다는, 오랫동안 지바나 사이타마에 거주해 온 가문의 후손일 가능성이 높다.

배우자의 직업을 보면, 서비스업(미용사), 웨이터, 택시 운전사 및 생산·기술직(장인), 수리공, 생산 공정 작업자 이 36.4%로, 다른 클러스터와 비교했을 때 현저히 높은 비율을 차지했다. (평균은 6.6%)

이 근교 하류 클러스터는 소비 행동, 특히 식생활에서 뚜렷한 특징을 보인다.

자주 가는 음식점을 보면 맥도날드 90.9% (평균 67.5%), 가스토 63.6% (평균 31.0%), 사이제리아 54.5% (평균 40.6%),

롯데리아 36.4% (평균 9.6%)이다.

즉, 저가 전략을 내세운 패스트푸드 및 패밀리 레스토랑이 상위를 차지하고 있다.

자주 먹는 음식으로는 초콜릿 81.8% (평균 56.9%), 햄버거 72.7% (평균 33.5%), 아이스크림 72.7% (평균 49.7%), 포테이토칩 63.6% (평균 37.1%), 아라레·오센베이(일본 전통 과자) 63.6% (평균 42.1%), 피자 54.5% (평균 21.8%), 찐빵(호빵) 54.5% (평균 22.8%), 목캔디 54.5% (평균 28.9%), 비스킷·쿠키 45.5% (평균 29.4%) 순이다.

즉, 다른 클러스터와 비교했을 때, 과자류와 패스트푸드를 매우 자주 섭취하는 경향이 뚜렷하게 나타났다.

또한, 음식을 선택할 때 중요하게 여기는 조건으로 양이 많을 것 45.5% (평균 25.9%), 뒤처리가 간단할 것 36.4% (평균 23.9%) 두 가지가 꼽힌다. 이 두 가지 항목이 다른 클러스터보다 높은 비율을 보였다.

그 외에 취미를 살펴보면 컴퓨터·인터넷 90.9% (평균 67.0%), 여행·레저 72.7% (평균 49.2%), TV/비디오 게임 63.6% (평균 21.3%), 캠핑·아웃 도어 54.5% (평균 11.2%), 가라오케 45.5% (평균 22.3%), 스키 36.4% (평균 7.1%), 낚시 27.3% (평균 5.1%), 볼링 27.3% (평균 7.6%), 스노보드 27.3% (평균 14.2%) 순으로, 실내 활동 취미가 많기는 하지만 야외 활동이나 스포츠 관련 취미를 적극적으로 즐기는 사람도 평균보다 많았다.

자주 이용하는 소매점으로는 세븐일레븐 90.9% (평균 62.9%), 로손 72.7% (평균 34.0%), 유니클로 72.7% (평균 53.3%), 마츠모토 키요시(드러그스토어) 63.6% (평균 40.6%), 패밀리마트 54.5% (평균 36.0%), 야마다 전기 54.5% (평균 37.6%), 케요 D2(홈센터) 45.5% (평균 20.8%), 게오(GEO, 중고 DVD·게임점) 27.3% (평균 7.1%) 순이다. 즉, 할인점이나 편의점을 자주 이용하는 경향이 강하게 나타났다.

이러한 소비 행동의 특징과 비교하면, 가치관에서는 뚜렷한 특징이 나타나지 않았으며, 애초에 강한 가치관을 가지지 않는 클러스터라고 볼 수 있다. 그중에서도 인생관을 살펴보면, '평범하게 사는 것'을 선택한 비율이 36.4%로 비교적 많았으며(평균 28.4%), '그때그때를 즐겁게 사는 것'은 18.2%로 적었으며(평균 36.5%), '미래를 고려하여 계획적인 인생을 사는 것'도 18.2%로 낮았다(평균 32.0%).

즉, 현재 지향도 미래 지향도 약하며, 그저 평범한 인생을 담담하게 살아가는 것이 이상적인 삶이라는 인식을 가지고 있는 것으로 보인다.

또한, 생활에서 중요하게 여기는 가치로 친구·인간관계와 개성·자기다움을 선택한 비율이 각각 18.2%로 적었으며, 이는 전체 평균(38.1%, 43.7%)보다 현저히 낮았다.

행복을 느끼는 순간을 살펴보면 '남편과 둘이 있을 때' 0% (평균 26.4%), '사치를 부릴 때' 0% (평균 21.3%), '멋을 냈을 때, 새로운 지식을 습득했을 때, 친한 친구와 함께 있을 때' 9.1% (평균 21.8%, 26.4%, 27.9%), '무언가를 완수했을 때' 18.2% (평균 49.7%), '자신의 성장을 느낄 때' 18.2% (평균 29.4%), '감동했을 때' 36.4% (평균 50.8%)로 이러한 결과를 보면, 약간의 고립감과 무기력한 경향이 나타난다.

반면, 평균과 비슷하거나 그보다 높은 항목은 '맛있는 음식을 먹었을 때' 72.7% (평균 72.1%), '아이와 함께 있을 때' 54.5% (평균 34.0%), '소득이 증가했을 때' 45.5% (평균 39.1%) '혼자 있을 때' 27.3% (평균 23.9%)이다.

특히, 아이와 함께 있을 때는 다른 클러스터와 비교해도 높은 비율을 보였다.

이들이 생각하는 이상적인 가족은 '즐겁고 밝은 가족' 100% (평균 84.3%), '건강한 가족' 72.7% (평균 73.1%), '서로 친밀한 가족' 72.7% (평균 76.6%) 순이다.

이를 제외한 대부분의 항목이 평균보다 낮았으며, 최소한의 행복만을 바라는 듯한 경향을 보였다. 어떤 의미에서, 이 클러스터는 연 소득 300만 엔 시대를 긍정적으로 살아가는 실제 사례라고도 할 수 있을 것이다.

단카이 주니어 여성들의 아이들이 계층 사회를 결정짓는다

마지막으로, 자녀 양육에 대해 언급하고자 한다. 만약 앞으로 일본이 계층 격차가 더욱 확대되고 고착화되는 사회가 된다면, 그 흐름을 결정짓는 것은 단카이 주니어 세대, 특히 여성들의 자녀일 가능성이 높기 때문이다.

단카이 주니어 세대의 여성들은 태어나자마자, 1975년 세계여성회의에 의한 '국제 여성의 10년'이 시작되었고, 여성 권리 확대의 흐름 속에서 성장했다.

그리고 1986년 남녀고용기회균등법이 시행되었을 때, 이들은 중학생 정도의 나이였다. 즉, 남녀평등 의식을 자연스럽게 익힌 세대였다. 또한, 4년제 대학 진학자가 단기대 진학자를 처음으로 초과한 세대이기도 하다.

그러나 그렇기 때문에, 단카이 주니어 세대의 여성들은 단순히 같은 여성이라는 이유만으로 연대할 수 있는 세대가 아니다. 왜냐하면, 연 소득 1,000만 엔을 버는 여성도 있지만, 프리터로 살아가는 여성도 있어, 계층 격차가 크기 때문이다.

격차가 확대된 단카이 주니어 여성들이 자녀를 낳고 키운다면, 당연히 격차는 더욱 심화될 가능성이 높다.

고소득 부부는 자녀를 어릴 때부터 해외 유학에 보내려 할 것이고, 저소득 부부는 공립 교육에 만족할 수밖에 없을 것이다.

그렇다면, 그 차이는 과연 어떻게 나타날 것인가? 이를 알아보기 위해, 욕구 조사에서 자신의 자녀에게 바라는 미래라는 질문에 대한 응답을, 단카이 주니어 세대와 신인류 세대 여성 간에 비교하며 살펴보도록 하겠다(표 7-4, 7-5).

참고로, 미혼·기혼 여부나 자녀 유무에 따라 응답 경향이 달라질 수도 있다고 생각하여, 이를 기준으로도 집계해 보았지만, 큰 차이가 없었다. 따라서, 전체 응답 결과를 기준으로 분석하기로 하였다.

또한, 남성의 경우, 여성만큼 자녀의 미래에 대해 바라는 것이 많지 않았으며, 계층 차이도 뚜렷하지 않았기 때문에 이번 분석에서는 대상에서 제외하였다.

상류층은 유토리 교육을 싫어한다

우선, 아들(남자아이)에 대한 교육 및 미래에 대한 기대를 주요 응답 비율이 높은 순으로 살펴보면, 다음과 같다.

	단카이 주니어 세대 여성	신인류 세대 여성
자신답게 사는 것	79%	76%
개성에 맞춘 교육	63%	49%
외국어를 익히는 것	52%	49%
기술을 익혀 일하는 것	49%	47%
여유로운 교육	29%	15%

신인류 세대 여성과 비교하면, 단카이 주니어 세대 여성들은 개성에 맞는 교육과 유토리 교육을 더 선호하는 경향이 있었다.

표 7-4 단카이 주니어 여성·신인류 여성의 자녀 교육에 대한 생각 (남자아이 기준) (%)

	단카이 주니어				신인류			
n	전체	상	중	하	전체	상	중	하
	100	17	52	31	100	13	52	35
유학	13.0	23.5	9.6	12.9	15.0	15.4	17.3	11.4
영재 교육 기회	7.0	17.6	3.8	6.5	6.0	7.7	3.8	8.6
개성에 맞춘 교육	63.0	52.9	69.2	58.1	49.0	30.8	57.7	42.9
여유로운 교육	29.0	23.5	30.8	29.0	15.0	0.0	15.4	20.0
일류 대학이나 일류 기업에 진학	8.0	17.6	5.8	6.5	9.0	15.4	9.6	5.7
공무원이 되는 것	3.0	0.0	1.9	6.5	10.0	15.4	1.9	20.0
기술을 익혀 일하는 것	49.0	58.8	44.2	51.6	47.0	30.8	44.2	57.1
중소기업의 경영자가 되는 것	1.0	0.0	0.0	3.2	1.0	0.0	0.0	2.9
의사·변호사·세무사가 되는 것	6.0	11.8	5.8	3.2	2.0	0.0	0.0	5.7
대학 교수가 되는 것	1.0	5.9	0.0	0.0	1.0	0.0	0.0	2.9
유명인이 되는 것	2.0	5.9	0.0	3.2	2.0	7.7	0.0	2.9
자원봉사나 국제 기여 활동	6.0	17.6	1.9	6.5	10.0	7.7	7.7	14.3
사회 기여 및 국제 기여 활동	7.0	5.9	5.8	9.7	11.0	7.7	9.6	14.3
일본 문화나 역사에 대한 관심	20.0	29.4	15.4	22.6	17.0	23.1	15.4	17.1
서양 문화나 역사에 대한 관심	12.0	5.9	9.6	19.4	10.0	7.7	9.6	11.4
외국어를 익히는 것	52.0	70.6	44.2	54.8	49.0	38.5	57.7	40.0
골프나 테니스가 취미인 것	5.0	5.9	3.8	6.5	7.0	0.0	13.5	0.0
피아노·바이올린 등 악기 연주	15.0	17.6	11.5	19.4	15.0	15.4	15.4	14.3
클래식 음악 감상	6.0	5.9	3.8	9.7	7.0	15.4	5.8	5.7
고상한 춤이나 예절	22.0	35.3	26.9	6.5	14.0	7.7	17.3	11.4
자신답게 사는 것	79.0	82.4	75.0	83.9	76.0	53.8	80.8	77.1
기타	5.0	0.0	5.8	6.5	1.0	0.0	0.0	2.9
특별히 바라는 것은 없음	2.0	0.0	1.9	3.2	2.0	0.0	1.9	2.9

출처: 컬처스터디스연구소 + (주)e팔콘 『욕구 조사』

이는 단카이 주니어 세대가 학창 시절 치열한 입시 경쟁을 경험했기 때문일 가능성이 높다.

한편, 단카이 주니어 세대를 계층 의식별로 나누어 보면, 상층에서는 70.6%가 외국어 습득을 희망했으며, 기술을 익히는 것(전문직)도 상층에서 58.8%가 희망했다.

반면, 신인류 세대에서는 외국어 습득에 계층 차이가 나타나지 않았으며, 기술을 익히는 것은 오히려 하층일수록 희망하는 경향이 강했다. 즉, 단카이 주니어 세대와 신인류 세대는 교육에 대한 태도에서 차이를 보였다.

또한, 비율 자체는 낮지만 계층 차이가 크게 나타난 항목은 유학으로, 단카이 주니어 세대의 상층에서는 23.5%가 이를 희망했다.

그 외에도 영재 교육, 일류 대학이나 일류 기업에 들어가는 것, 의사, 변호사, 세무사가 되는 것 등은 상층에서 더 많이 희망하는 경향이 있었다.

반면, 신인류 세대에서는 유학, 영재 교육, 의사·변호사·세무사가 되는 것에 대한 계층 차이는 없었으며, 일류 대학이나 일류 기업에 들어가는 것만 상층에서 더 많이 희망하는 경향을 보였다.

또한, 단카이 주니어 세대의 상층에서 특히 두드러지게 많은 항목은 교양 있게 행동하는 법으로 상층에서는 35.3%, 중층에서는 26.9%, 하층에서는 6.5%로 나타났다.

그러나 이 항목도 신인류 세대에서는 계층 차이가 거의 나타나지 않았다.

참고로, 여유로운 교육(유토리 교육)을 희망하는 비율은, 상층 23.5%, 중층 30.8%, 하층 29.0%로, 통계적으로 유의미한 차이라고 보기는 어렵지만, 상층에서 다소 낮은 경향을 보였다.

같은 항목을 신인류 세대에서 보면 상층 0%, 중층 15.4%, 하층 20.0%로 나타난다.

즉, 유토리 교육은 두 세대 모두 상층에서는 거의 희망되지 않는다는 것을 알 수 있다.

다음으로 여아에 대한 교육 및 미래에 대한 기대를 주요 응답 비율이 높은 순으로 살펴보면, 다음과 같다.

	단카이 주니어 세대	신인류 세대
자신답게 사는 것	80%	84%
개성에 맞춘 교육	60%	50%
외국어를 익히는 것	50%	51%
기술을 익혀 일하는 것	44%	51%
품위 있는 태도를 기르게 하는 것	42%	40%
피아노·바이올린 등 악기 연주	22%	32%

단카이 주니어 세대에서 상층일수록 많이 희망하는 항목은 교양 있게 행동하는 법으로 상층 58.8%, 중층 46.2%, 하층 25.8%이다.

신인류 세대에서도 상층에서 다소 높은 경향을 보였으나, 상층 46.2%, 중층 40.4%, 하층 37.1%로 신인류 세대에서는 그 차이가 크지 않았다.

또한, 외국어 습득은 단카이 주니어 세대와 신인류 세대 모두 상층에서 더 많이 희망하는 경향이 있었다.

그 외에도 유학, 일류 대학 진학·일류 기업 입사, 일본 문화와 역사에 대한 관심은 신인류 세대의 상층에서도 높은 희망 비율을 보였으며, 영재 교육, 자원봉사 및 국제 공헌 활동은 단카이 주니어 세대의 상층에서만 높은 비율을 보였다.

여유로운 교육(유토리 교육)은, 남자아이의 경우와 마찬가지로, 단카이 주니어 세대와 신인류 세대 모두에서 상층의 희망 비율이 낮았다.

개성에 맞는 교육을 희망하는 비율을 보면 단카이 주니어 세대에서는 계층 차이가 없었지만 신인류 세대에서는 상층 61.5%, 중층 57.7%, 하층 34.3%으로 계층 차이가 명확하게 나타났다.

악기 연주를 희망하는 비율은, 단카이 주니어 세대에서는 전반적으로 낮았으며, 계층 차이도 없었지만, 신인류 세대에서는 희망하는 비율 자체가 높았으며, 특히 상층에서 46.2%가 이를 희망하는 등, 계층 차이가 나타났다.

왜 단카이 주니어 세대에서는 개성에 맞는 교육과 악기 연주에 계층 차이가 없는데, 신인류 세대에서는 차이가 생긴 것일까?

이는 신인류 세대가 단카이 세대와 마찬가지로 개성이 좋은 것으로 여겨졌던 세대이며, 또한, 상층일수록 개성을 더욱 중시하는 경향이 강한 세대였기 때문일 가능성이 크다.

실제로, 생활에서 중요하게 여기는 것으로 개성·자기다움을 선택한 비율을 보면 신인류 세대 상층 61.5%, 중층 42.3%, 하층 37.1%이다.

또한, 신인류 세대는 어린 시절 피아노나 바이올린 같은 악기 레슨을 받는 것이 일종의 사회적 지위로 여겨졌던 세대이기도 했다.

그러나 단카이 주니어 세대에서는 앞서 언급한 것처럼, 개성·자기다움 지향이 이미 하층까지 확산되어 있다. 또한, 악기 연주는 누구나 할 수 있는 것이 되었기 때문에, 계층 차이가 사라졌을 것이다.

표 7-5 단카이 주니어 여성·신인류 여성의 자녀 교육에 대한 생각 (여자아이 기준) (%)

	단카이 주니어				신인류			
	전체	상	중	하	전체	상	중	하
n	100	17	52	31	100	13	52	35
유학	12.0	23.5	7.7	12.9	15.0	23.1	13.5	14.3
영재 교육 기회	6.0	17.6	0.0	9.7	7.0	15.4	1.9	11.4
개성에 맞춘 교육	60.0	52.9	63.5	58.1	50.0	61.5	57.7	34.3
여유로운 교육	36.0	29.4	34.6	41.9	20.0	7.7	21.2	22.9
일류 대학이나 일류 기업에 진학	5.0	11.8	3.8	3.2	7.0	15.4	5.8	5.7
공무원이 되는 것	3.0	0.0	1.9	6.5	5.0	7.7	0.0	11.4
기술을 익혀 일하는 것	44.0	41.2	42.3	48.4	51.0	69.2	46.2	51.4
중소기업의 경영자가 되는 것	1.0	0.0	0.0	3.2	0.0	0.0	0.0	0.0
의사·간호사·세무사가 되는 것	4.0	5.9	3.8	3.2	3.0	15.4	0.0	2.9
대학 교수가 되는 것	0.0	0.0	0.0	0.0	0.0	0.0	0.0	0.0
유명인이 되는 것	2.0	5.9	0.0	3.2	2.0	7.7	0.0	2.9
자원봉사나 국제 기여 활동	8.0	17.6	5.8	6.5	11.0	15.4	7.7	14.3
사회 기여 및 국제 기여 활동	8.0	5.9	9.6	6.5	11.0	15.4	7.7	14.3
일본 문화나 역사에 대한 관심	18.0	29.4	13.5	19.4	15.0	38.5	9.6	14.3
서양 문화나 역사에 대한 관심	10.0	5.9	7.7	16.1	13.0	15.4	7.7	20.0
외국어를 익히는 것	50.0	64.7	42.3	54.8	51.0	61.5	53.8	42.9
골프나 테니스가 취미인 것	4.0	0.0	3.8	6.5	10.0	0.0	17.3	2.9
피아노·바이올린 등 악기 연주	22.0	23.5	21.2	22.6	32.0	46.2	30.8	28.6
클래식 음악 감상	7.0	5.9	5.8	9.7	8.0	15.4	7.7	5.7
품위 있는 태도를 기르게 하는 것	42.0	58.8	46.2	25.8	40.0	46.2	40.4	37.1
자신답게 사는 것	80.0	76.5	80.8	83.9	84.0	92.3	82.7	82.9
기타	4.0	0.0	5.8	3.2	3.0	7.7	1.9	2.9
특별히 바라는 것은 없음	2.0	0.0	1.9	3.2	3.0	0.0	1.9	5.7

출처: 컬처스터디스연구소 + (주)e팔콘 「욕구 조사」

**상류층 단카이 주니어 여성은 품격 있고
국제적으로 통용되는 자녀를 원한다**

지금까지의 분석을 종합하면, 단카이 주니어 여성의 상층에서 남녀 자녀 모두에게 품격 있는 행동을 희망하는 비율이 높았으며, 이러한 계층 차이가 신인류 세대보다 더욱 뚜렷하게 나타났다.

또한, 남녀 자녀 모두에게 외국어 습득, 영재 교육, 자원봉사·국제 공헌을 희망하는 비율도 상층에서 높게 나타났으며, 이러한 경향 또한 신인류 세대보다 더욱 강했다.

이러한 결과를 종합하면, 단카이 주니어 세대의 상층 여성들은 국제적으로 통용되는 자녀를 양육 목표로 설정하고 있는 것으로 보인다.

이러한 경향은 중층보다도 훨씬 강하며, 하층과는 비교할 수도 없을 정도로 뚜렷하게 나타났다.

참고로, 단카이 주니어 세대의 상층 여성 중 29.4%가 해외 유학이나 해외 주재 경험이 있었다.

이 수치는 단카이 세대 남성의 상층에서 나타난 35.7%에 이어 두 번째로 높은 비율이다.

즉, 단카이 주니어 세대의 상층 여성들은 아버지의 직업상 해외에서 생활한 경험이 있는, 이른바 귀국 자녀가 많으며, 그에 더해 자격 취득 등을 목표로 해외 유학을 다녀온 경험자도 많다.

이러한 경험들이 국제적으로 통용되는 자녀라는 자녀 양육 목표를 형성하는 배경이 되었을 것이다.

반면, 단카이 주니어 세대의 하층 여성들은 기술을 익혀 자기답게 살아가는 자녀를 양육 목표로 설정하는 경향이 강할 것으로 보인다.

물론 어느 삶의 방식이든 그 자체로 존중받을 가치가 있다. 그러나 부모가 하층이라 해도, 자녀는 상층이 되기를 바랄 수도 있다. 바로 그 지점이 중요한 문제이다.

아마도 앞으로 젊은 세대일수록 계층 의식의 차이는 더욱 뚜렷해질 것이다.

내가 대기업 관계자로부터 들은 이야기에서도, 불황 속에서 취업 경쟁을 뚫고 입사하는 신입사원들은 확실히 학업 성적이 우수하고, 유학 경험자도 많으며, 엘리트 의식이 강한 편이다.

그러나, 실제 업무는 발로 뛰는 영업, 밤늦게 찾아가고 새벽에 다시 방문하는 고된 업무도 포함된다. 이러한 거친 일들을 과연 이런 수재 엘리트들이 잘 해낼 수 있을지, 일반 대중의 감정을 이해할 수 있을지 걱정된다는 이야기가 많다.

최근의 신입사원들은, 초등학교 입시가 대중화된 세대의 첫 번째 그룹일 것이다. 어릴 때부터 선택받은 사람들로 자라, 자신과 같은 계층의 사람들과만 어울려 온 젊은이들이 이제 사회에 나오고 있는 것이다.

부모의 삶과 상관없이, 아이는 자신의 삶을 선택할 수 있어야 한다

내 지인 중에 오쿠타마에서 약간 히피 같은 생활을 하는 부부가 있다. 두 사람 모두 흥미로운 인물이며, 아내는 매우 선한 사람이고, 남편은 재능이 있다. 사실, 남편은 일류 대학을 졸업한 남자이다.

그의 직업은 작가다. 가끔 책을 출판하는데, 매우 개성적인 책을 쓰지만, 아마도 수입은 많지 않을 것이다.

최근, 이 부부에게서 아이가 태어났다. 당연히, 그 아이는 공립 교육만을 받게 될 가능성이 높고, 학원이나 구몬식 교육도 이용하지 않을 가능성이 크다. 왜냐하면, 부모가 애초에 그런 것들을 싫어할 것이기 때문이다.

그러나, 부모가 히피라고 해서, 아이도 히피가 되고 싶을지는 알 수 없다. 마찬가지로, 부모가 엘리트라고 해서, 아이에게 엘리트가 되는 삶을 강요할 수 없는 것처럼, 부모가 자기다움을 중시하며, 마이페이스로 느긋하게 살아가고, 실제로 그렇게 살고 있다고 해서, 자녀에게도 같은 가치관과 삶의 방식을 강요해서는 안 된다고 생각한다.

부모뿐만 아니라, 행정과 사회도 모든 아이들에게 최대한 다양한 인생의 선택지를 제공해야 한다.

히피 부모의 자녀라 할지라도, 장차 국제적으로 통용되는 인간으로 세계에서 활약할 가능성을 열어 주어야 한다.

이렇게 생각해 보면, 단카이 주니어 세대 하층 여성들이 기술을 익혀 자기답게 살아가는 자녀를 양육 목표로 삼는 것이, 과연 얼마나 자녀의 미래를 내다본 결과인지가 궁금해진다.

어쩌면 부모 스스로 우리 아이는 국제적으로 통용되는 사람이 될 수 없다고 처음부터 단념하고 있는 것은 아닐까?

그렇기 때문에, 단카이 주니어 세대의 자녀들이 성인이 되었을 때, 지금 확대되고 있는 계층 격차가 더욱 심화되고, 고착화되며, 계층 사회의 현실이 더욱 분명하게 드러나게 될 것이 아닐까 하는 우려가 든다.

제8장

계층에 따른 거주지 고착화가 일어나고 있는가?

도쿄의 지형: 높은 지대 야마노테와 낮은 지대 시타마치

도쿄의 지리 관련 서적을 보면 반드시 언급되는 것이 있다. 도쿄의 지형은 마치 왼손을 오른쪽으로 향하게 펼쳐 놓은 것과 같은 형태를 하고 있다. 손가락 부분이 산(대지)이고, 손가락 사이가 계곡이다.

우선, 간다 북쪽에는 도쿄대학이 위치한 혼고 대지가 있다. 그다음 도시마구로 이어지는 지역이 도시마 단구, 그 너머가 무사시노 단구이다.

또한, 메구로가와 주변이 메구로 대지, 그 남쪽이 쿠가하라 대지, 그리고 다마가와 너머에는 다마 구릉이 있다. 이처럼, 도쿄는 구릉과 계곡이 얽혀 있으며, 서쪽으로 갈수록 높은 구릉이 형성되고, 동쪽으로 갈수록 저지대가 펼쳐지는 지형을 가지고 있다.

그리고 이러한 지형적 특징이 도쿄의 주거지 발전 역사를 규정하고, 더 나아가 그곳에 거주하는 사람들의 계층과도 깊은 관계를 맺고 있다. 과거 내가 편집했던 잡지에서는 제4 야마노테론 이라는 설을 제시한 적이 있다(도표 8-1).

'우에노 산의 사이고 씨*'라는 말이 있지만, 실제로 우에노역 동쪽 지역은 저지대이며, 거기서 미술관·박물관 방향으로 가려면 가파른 언덕을 올라야 한다. 그 언덕이 바로 우에노의 산이다. 그리고 그 서쪽에는 앞서 언급한 혼고 대지가 있으며, 과거 '가가 백만석(加賀百万石)' 지역(오늘날 가나자와현)의 봉건 영주 저택이 자리했던 곳이다. 이 지역을 나는 제1 야마노테라고 명명했다.

그 후 메이지·다이쇼 시대에는, 야마노테선 내부 서쪽 절반의 구릉지대에 있던 무가의 또는 무사 집안의 소유지가 민간에 매각되며 주거지로 개발되었다. 이 지역을 나는 제2 야마노테라고 명명했다.

지명으로 보면, 야마(산)이라는 이름이 붙은 곳이 많다. 예를 들어, 현 황후 폐하께서 태어나신 곳은 이케다야마이며, 또한 다이칸야마도 이 지역에 속한다. 그리고 다이칸야마에는 사이고야마 공원이 있다.

---

* 우에노 산의 사이고 씨: 우에노 공원에 있는 사이고 타카모리 동상. 사이고 타카모리는 일본 근대화 과정에서 중요한 역할을 한 인물로 메이지 유신을 이끈 인물 중 한 명으로 꼽힌다. 에도 시대 말기부터 메이지 시대 초기에 걸쳐 활동한 무사 겸 정치가.

그러나, 다이쇼 말기부터 쇼와 초기에 걸쳐, 더 서쪽 지역이 점차 주거지로 개발되기 시작했다. 당시 도쿄의 인구가 급격히 증가한 것이 주요 원인이었지만, 또 다른 이유는 관동대지진이었다.

관동대지진으로 인해 동쪽의 시타마치 지역은 완전히 파괴되었으며, 이제 이런 곳에서는 살 수 없다는 이유로, 많은 사람들이 서쪽 지역으로 이주하게 되었다.

이렇게 해서 제3 야마노테 시대가 시작되었다. 이 지역은 세타가야, 스기나미, 메구로 등이 포함된다.

이 시기에 만들어진 대표적인 고급 주거지가 도쿄뿐만 아니라 일본을 대표하는 고급 주택지로 자리 잡은 덴엔초후와 세이조이며, 이 밖에도 오기쿠보나 기치조지 역시 이 시기의 주거지 개발과 함께 성장했다.

또한, 마사코 비가 태어난 곳은 메구로구 센조쿠 지역이었다. 즉, 일본의 황태자비 탄생지는 제2 야마노테에서 제3 야마노테로 이동한 것이다.

그 후 전후에는, 다마가와 서쪽 다마 구릉 지역이 개발되었다. 이때 형성된 주요 주거지는 마치다, 하치오지, 다마 뉴타운, 그리고 요코하마·카와사키 지역의 아오바구, 아사오구, 미나토미라이 뉴타운 등이 포함된다.

그리고 텔레비전 드라마 『긴츠마』(금요일의 아내들 시리즈)로 상징되는 것처럼, 도큐 덴엔토시선 노선 인근 지역은, 주민의 고령화와 함께 점차 고급 주거지로 변화했다.

　이러한 현상을 포착하고, 이것이야말로 앞으로의 새로운 야마노테, 즉 제4 야마노테가 될 것이다라고 주장한 것이 바로 제4 야마노테론이다.

도표 8-1 야마노테의 이동

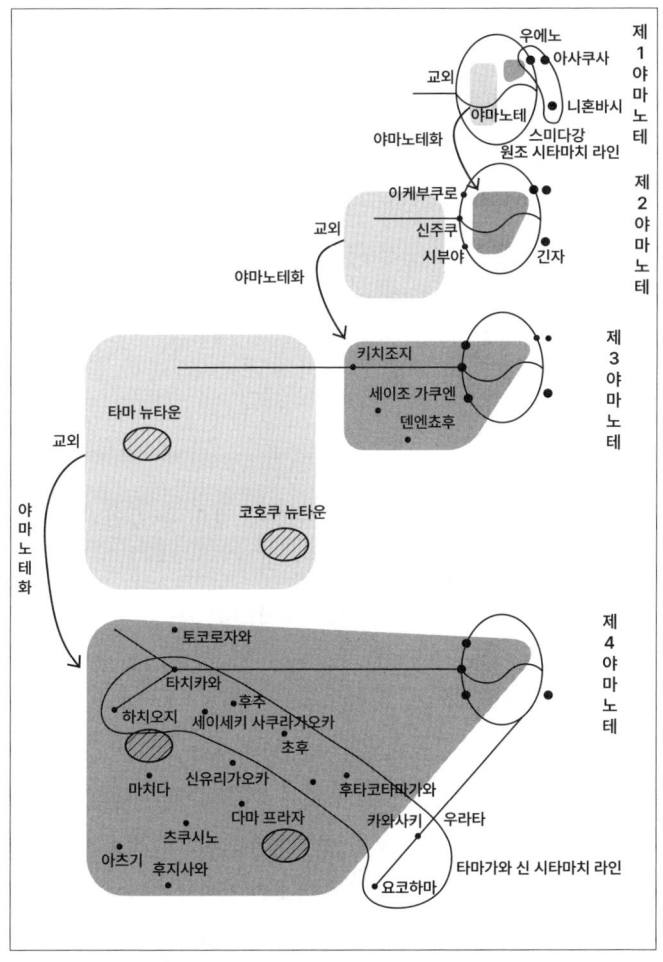

출처: 아크로스 편집실 《도쿄의 침략》

계층에 따른 거주지 고착화가 일어나고 있는가? 285

야마노테에 사는 중산층

야마노테와 시타마치는 단순히 지형을 나타내는 것이 아니라, 그곳에 거주하는 사람들의 계급과 라이프 스타일을 반영한다.

야마노테는 글자 그대로 산 쪽, 언덕 쪽이라는 의미이다. 그리고 언덕 위에는 지배 계층이 거주한다. 어느 나라에서나 상류 계층은 높은 곳을 선호하며, 산 위나 언덕 위에 거주한다.

예를 들어, 미국이라면 비벌리 힐즈, 파리라면 몽마르트 언덕이다. 만약 언덕이 없다면, 고층 맨션을 지어 최상층에 거주한다. 롯폰기 힐즈도 같은 개념이다.

도쿄에서는 이 언덕이 황궁 서쪽에 펼쳐져 있었다. 따라서, 상류 계층과 중산층은 서쪽에 거주하고, 서민은 동쪽에 거주하는 구조가 현재까지 계속 유지되어 왔다.

군인, 학자, 의사 등도 대체로 야마노테 지역에 거주했다. 문호인 모리 오가이와 나츠메 소세키도 혼고에 살았다.

도표 8-2는 도쿄제국대학(현재 도쿄대) 교수들의 거주지를 나타낸 것이다. 메이지 20년(1887년)에는, 도쿄대 교수들은 대학 주변에 거주했으며, 시타마치(도쿄 동쪽 저지대)에도 상당수 거주하고 있었다. 그러나 다이쇼 12년(1923년)이 되면서, 거주 지역이 나카노, 나카메구로 등 야마노테선 서쪽으로 확장되었다.

도표 8-2 도쿄대학 교수 자택 분포도

1887년(메이지 20년)

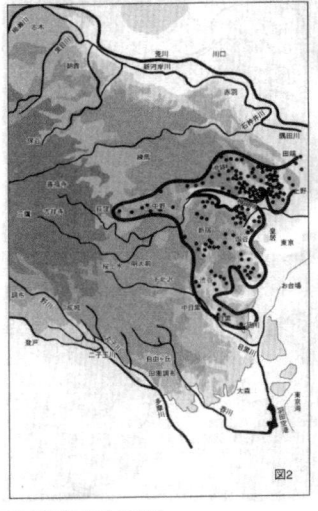

1923년(다이쇼 12년)

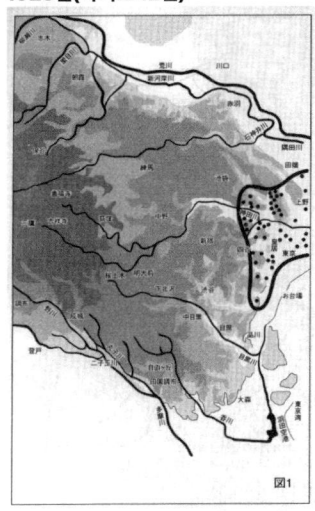

1943년(쇼와 18년)

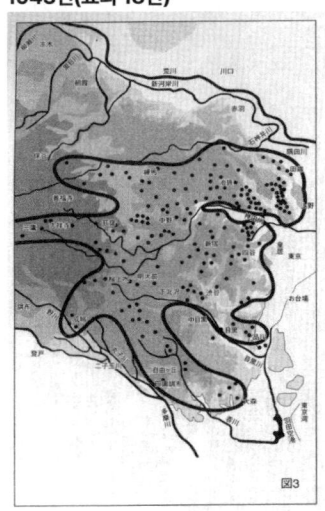

출처: 타카다 히로시 외 『거주자 분포로 본 "야마노테"의 확대』에서 발췌, 이와코 시즈코·하이 라이프 연구, 야마노테 문화 연구회 편 『도쿄의 야마노테 대연구』 수록

그리고 쇼와 18년(1943년)에는, 거주지가 더욱 서쪽으로 확대되며, 오기쿠보, 기치조지, 미타카, 메이다이마에, 세이조, 지유가오카, 덴엔초후 등지로 이동하였다.

즉, 도쿄대 교수들이 제3 야마노테 지역으로 이주하기 시작한 것이다. 그리고 제3 야마노테에는 중산층 샐러리맨들도 다수 거주하게 되었다. 즉, 야마노테 지역이 점차 대중화되기 시작한 것이다.

1970년대부터 1980년대까지 일본의 중산층 사회론을 주도했던 학자 중 한 명인 무라카미 야스스케는, 『신중간 대중의 시대』에서 중산층을 다음과 같이 정의했다.

① 경제적 측면:
풍족하다고는 할 수 없지만, 일정한 생활 방식을 유지할 수 있을 만큼의 소득과 자산을 가진다.
② 정치적 측면:
항상 선거권을 가지고 있으며, 행정기관, 민간 기업, 지역 사회에서 어떠한 형태로든 관리적 역할을 수행하는 계층이다.
또한, 산업 사회 운영·관리에 필수적인 정보와 지식을 공급하고 전달하는 지적 전문직도 포함된다.
③ 문화적 측면:
어떠한 형태로든 고등 교육을 받았으며, 근면, 절약, 결혼과 가족의 존중, 계획성, 효율성, 책임감 등의 산업화 적응

적인 수단적 가치관을 인식적으로 수용하는 계층이다.

즉, '중산층이란 자본주의 사회에서 실질적인 문화적 리더' 계층에 다름 아니다. 그리고 '이 정의는 일본뿐만 아니라 산업 사회 전반에 적용된다'라고 주장했다.

그리고 이 중산층의 '일본 내 사례로 전전 도쿄의 야마노테 계급이 해당한다'고 설명하며, '야마노테 계급을 구성한 사람들은, 관료, 회사원, 교사, 기술자, 의사, 근대적 부문의 중소기업 경영자 등'이었다.

또한, '이들은 대학이나 전문학교를 졸업했으며, 독서와 신문 구독 습관을 가지고 있었고, 서양식 응접실이 딸린 주택에 살며, 가정부를 고용하고, 양복을 입고 출퇴근했으며, 예절 방식과 야마노테 말씨라고 불리는 화법도 형성되기 시작했다'라고 설명하고 있다.

이것이 바로 제2 야마노테에서 제3 야마노테에 걸쳐 거주했던 중산층의 이미지일 것이다.

그러나 전후, 야마노테는 본격적으로 대중화되었다. 다마 구릉을 깎아 조성한 신흥 주거 지역에 수많은 주택이 건설되었으며, 경제 성장과 함께 더 많은 국민이 중산층에 합류했다.

사람들은 가전제품을 사고, 자동차를 사고, 내 집을 마련하며, 신문을 읽음으로써 자신이 중산층이 되었다는 실감을 얻었다. 그리고 그 '내 집'이 있던 곳이 바로 도쿄 근교였다. 즉, 도쿄 근교에 내 집을 마련하는 것이야말로, 중산층에 속해 있다는 가장 확실한 증거가 되었던 것이다.

도큐 덴엔토시선 노선 인근 지역의 상류화

이렇게 해서 대량의 인구가 근교로 이주하였고, 스스로를 중산층이라고 인식하게 되었다.

그리고 특히 제2차 베이비붐 이후 세대는, 태어날 때부터 근교에서 중산층으로 성장하게 되었다. 그러나 계층화의 관점에서 보면, 어느 근교에서 태어나고 자랐는가가 중요한 문제가 될 가능성이 있다. 따라서, 앞서 언급한 욕구 조사를 활용하여, 단카이 주니어 세대의 거주 지역별 계층 의식을 살펴보았다(표 8-1).

표본 수가 적기 때문에 어디까지나 참고 자료이지만, 남성의 경우, 요코하마·카와사키 거주자 및 사이타마현 거주자에서 상층 비율이 다소 높았다.

여성의 경우, 지역별 큰 차이는 없었으나, 요코하마·카와사키 거주자들은 중층이 70%로 많았으며, 하층이 매우 적었다는 점에서, 상대적으로 높은 계층 의식을 가지고 있다고 볼 수 있다. 따라서 남녀 공통적으로, 요코하마·카와사키 거주자의 계층 의식이 다소 높다는 경향을 확인할 수 있었다.

여성 1차 조사에서 33-37세 여성의 거주지를 분석한 결과, 상당히 뚜렷한 경향이 나타났다(표 8-2). 도쿄 23구 내 거주자를 살펴보면, 동쪽 지역에 거주하는 여성도 상층 비율이 22.0%로 높았으며, 서쪽 지역 거주자보다 상층 비율이 약간 더 높은 수준이었다.

그러나 23구 서쪽 거주자의 하층 비율은 33.0%로 낮은 반면, 동쪽 거주자는 43.9%로 높았다.

즉, 23구 동쪽 지역에서는 상층과 하층의 양극화가 나타나고 있다고 볼 수 있다. 이러한 현상은 23구 동쪽 지역에는 전통적으로 블루칼라 계층이 많이 거주해 왔으며, 최근 들어 고층 맨션에 입주한 신규 거주자들도 함께 존재하기 때문인 것으로 보인다.

23구 서쪽 지역과 마찬가지로, 요코하마·카와사키 거주자는 하층 비율이 33-35%로 낮았다. 상층 비율은 8.0%로 많지는 않지만, 중층이 57.3%로 가장 많았다.

즉, 상층과 하층이 적고, 중층이 많은 경향은 미타마 지역과도 유사하며, 이를 통해 도쿄 서남부 근교가 중산층 지역임이 다시 확인되었다고 볼 수 있다.

다소 의외였던 점은, 사이타마현에서 상층 비율이 11.2%로 다소 높게 나타난 것이다. 그러나 내가 지금까지 진행한 조사 경험에서도, 사이타마현 거주자의 계층 의식이 최근 상승하는 경향이 관찰된 바 있다. 사이타마현은 넓은 지역을 포함하므로, 우라와나 오미야 같은 지역에 거주하는 사람들의 계층 의식은 도쿄 23구와 비슷하게 상층 비율이 높은 것으로 보인다.

표 8-1 단카이 주니어의 거주지별 계층 의식

【남성】 (%)

	n	상층	중층	하층
도쿄 23구	30	6.7	40.0	53.3
미타마 지역(서도쿄)	9	11.1	33.3	55.6
요코하마·카와사키	17	29.4	35.3	35.3
기타 가나가와	8	12.5	37.5	30.0
사이타마	19	27.3	45.5	27.3
지바	17	5.3	63.2	31.6

【여성】 (%)

	n	상층	중층	하층
도쿄 23구	29	20.7	41.4	37.9
미타마 지역(서도쿄)	10	13.3	40.0	46.9
요코하마·카와사키	16	20.0	73.3	6.7
기타 가나가와	9	22.2	55.6	22.2
사이타마	19	21.1	31.6	47.4
지바	17	5.9	70.6	23.5

출처 컬처스터디스연구소 + (주)e팔콘 『욕구 조사』

표 8-2 33~37세 여성의 거주지별 계층 의식 (%)

	n	상층	중층	하층
도쿄 23구 (동부)	41	22.0	34.1	43.9
도쿄 23구 (서부)	91	20.9	46.2	33.0
도쿄 기타 지역	58	3.4	55.2	41.4
요코하마·카와사키	75	8.0	57.3	34.7
가나가와 기타 지역	55	3.6	45.5	50.9
사이타마	98	11.2	46.9	41.8
지바	82	4.9	48.8	46.3

출처: 컬처스터디스연구소 + (주)e팔콘 + (주)요미우리광고사 『여성 1차 조사』

지방 출신자는 상위 계층이 되기 어렵다

다음으로, 욕구 조사를 통해 출신지별로 계층 의식을 살펴보자(표 8-3). 이 또한 표본 수가 적어 참고 수준이지만, 단카이 주니어 세대 남성의 경우 요코하마·카와사키 출신자가 상위 계층이라고 인식하는 비율이 높았다. 요코하마·카와사키에서 태어나 현재도 그곳에 거주하는 남성은 계층 의식이 높다고 할 수 있다.

또한, 도쿄 23구 출신자는 상위 계층 비율이 적고, 산타마 지역 출신자는 하위 계층 비율이 매우 높은데, 그 이유는 불분명하다. 한편, 단카이 주니어 세대 여성의 경우 1도 3현(도쿄도, 가나가와현, 사이타마현, 지바현) 출신자는 거의 20%

전후가 상위 계층이라고 인식하는 반면, 지방 출신자의 경우 상위 계층 인식 비율이 매우 낮았다. 여성의 경우, 1도 3현 출신이라는 점이 계층 의식에 유리하게 작용하는 것으로 보인다.

그러나 지방 출신 여성의 경우 하위 계층으로 인식하는 비율이 낮다. 이는 지방에서 굳이 여성을 도쿄로 보내는 가정은 그만큼 일정 수준의 경제력을 갖추고 있기 때문이라고 해석할 수 있다. 아마도 지방에 머물렀다면 상위 계층이었을 가능성이 높은 사람이, 도쿄에 오면 중위 계층이 되는 것으로 보인다.

이와 같이 종합해 보면, 도쿄 외곽, 특히 요코하마·카와사키에서 태어나 성장하는 것이 현재의 단카이 주니어 세대의 계층 의식에 긍정적인 영향을 주고 있다는 점은 분명해 보인다. 즉, 도큐 덴엔토시선 노선 인근을 중심으로 한 제4 야마노테가 단카이 주니어 세대의 상류층 지역이 되어 가고 있다고 말할 수 있을 것이다.

표 8-3 단카이 주니어의 출신지별 계층 의식

【남성】 (%)

	n	상층	중층	하층
도쿄 23구	21	4.8	42.9	52.4
미타마(서도쿄)	9	11.1	11.1	77.8
요코하마·카와사키	16	31.3	37.5	31.3
기타 가나가와	6	—	50.0	50.0
사이타마	13	15.4	53.8	30.8
지바	10	10.0	40.0	50.0
기타 지방	25	8.0	40.0	52.0

【여성】 (%)

	n	상층	중층	하층
도쿄 23구	29	27.6	37.9	34.5
미타마(서도쿄)	4	25.0	25.0	50.0
요코하마·카와사키	11	18.2	72.7	9.1
기타 가나가와	6	16.7	66.7	16.7
사이타마	16	25.0	43.8	31.3
지바	9	—	44.4	55.6
기타 지방	25	4.0	68.0	28.0

출처: 컬처스터디스연구소 + (주)e팔콘 『욕구 조사』

도심 회귀와 교외 정착 시대의 시작

최근 도심 회귀가 진행되고 있다고들 말한다. 그러나 회귀라는 단어의 뉘앙스는 실제 상황과 다소 맞지 않는다. 현재 도심 지역에서 증가하고 있는 것은, 바로 교외 세대인 단카이 주니어 세대를 중심으로 한 젊은 층이기 때문이다.

물론, 출생 당시에는 도쿄 23구 내에 있었으나 곧바로 교외로 이사했을 가능성도 크므로, 그런 의미에서는 회귀라고 볼 수도 있을 것이다.

어쨌든, 1995년부터 2004년에 걸쳐 중앙구에서는 대규모 맨션 건설이 활발하게 이루어지면서 인구가 약 7만 5,000명에서 약 9만 1,500명으로 증가했다. 이 가운데 1963-1975년생 인구만 8,500명 증가했으며, 이들의 자녀로 추정되는 1991-2003년생 인구도 9,000명 증가했다. 즉, 대략 1만 7,500명 정도의 젊은 가족층이 중앙구에서 증가한 것이다.

마찬가지로, 미나토구에서는 약 6,000명, 고토구에서는 약 1만 3,000명의 1963-1975년생 인구가 증가했다. 그런 의미에서, 단카이 주니어 세대를 중심으로 한 전후 세대가 상당히 도쿄 도심에 늘어나고 있다는 점은 분명하다. 이들이 승자인지 여부는 확실하지 않지만, 비교적 소득이 높은 계층이 도심으로 회귀하고 있다고는 말할 수 있을 것이다.

그러나 애초에 인구가 적은 중앙구 등의 지역을 기준으로 계산했기 때문에 증가분이 유난히 두드러져 보일 뿐이며, 교외에서 태어나 성장한 단카이 주니어 세대는 기본적으로 도심으로 돌아오지 않는다고 보는 것이 정확하다.

데이터를 보면, 도쿄 내로 유입되는 인구 수와 도쿄 내에서 이동하는 인구 수는 1984년경부터 대체로 일정하게 유지되고 있다. 주변 3개 현(가나가와현, 치바현, 사이타마현)의 경우, 그동안 도쿄에서의 전입자 수가 많았으나, 가나가와현에서는 1994년 이후 전입자보다 현 내에서 이동하는 인구 수가 많아졌다. 치바현과 사이타마현도 최근 점점 그런 경향을 보이고 있다.

즉, 도쿄에서 교외로 이주하는 시대는 끝났으며, 이제는 각 현 내에서 거주지를 이동하는 시대에 접어들고 있다는 뜻이다. 이것이 바로 교외 정착 시대의 시작이다.

단카이 주니어 세대의 83%는 앞으로도 같은 지역에 거주할 예정

이를 더욱 검증하기 위해, ㈜주거환경연구소의 의뢰를 받아 컬처스터디스연구소에서 실시한 조사의 데이터를 재집계해 보았다.

이 조사에서는 1도 3현(도쿄도, 가나가와현, 사이타마현, 치바현)에 거주하는 2003년 당시 27-33세, 즉 1970-1976년생(거의 제2차 베이비붐 세대에 해당) 남녀를 대상으로, 앞으로 5년에서 10년 후, 즉 대략 2010년경에 어디에 거주할지를 물었다. 표본 수는 700명이었으며, 1도 3현을 14개 지역으로 나누고, 지역별로 정밀한 샘플링 할당을 실시하여 신뢰성이 높은 수치를 도출했다.

이러한 지역 구분을 바탕으로, 현재 해당 지역에 거주하는 제2차 베이비붐 세대가 5-10년 후 어디에 거주할지를 예측한 것이 표 8-4이다. 예를 들어, 현재 요코하마에 거주하는 사람이 73명인데, 이 중 2010년에도 요코하마에 거주할 것이라고 응답한 사람은 65명이다. 또한, 사이타마 중심지(우라와·오미야 일대)에 거주하는 사람은 현재 49명이며, 이 중 2010년에도 같은 곳에 거주할 것이라고 응답한 사람은 41명이다.

현재 도쿄 23구 중심부에 거주하는 사람은 27명이지만, 미래에는 29명으로 2명만 증가하는 것으로 보인다. 그러나 실제 인구는 조사 샘플 수의 약 6,000배이므로, 이는 12,000명 증가하는 셈이다. 즉, 도쿄 23구 중심부에서 단카이 주니어 세대만으로도 12,000명 증가하는 것이므로, 상당한 증가라고 볼 수 있다.

하지만 애초에 인구가 적은 도심을 기준으로 하면 증가가 두드러져 보일 뿐, 교외 지역을 기준으로 보면 대부분의 사람들은 도심으로 이동하기는커녕, 같은 현 내의 다른 지역으로도 거의 이동하지 않는다.

실제로, 14개 지역 평균을 보면, 현재 거주하는 지역에 앞으로도 계속 살 것이라고 응답한 사람이 83%에 달한다. 예를 들어, 사이타마 서남부에서 사이타마 중심부로 이사할 것이라고 응답한 사람은 0명이었다.

표 8-4 2010년경 어디에 거주하고 있는가 (단위: 명)

		2010년의 거주지														
		①23구 중앙	②23구 서부	③23구 동부	④미타마	⑤카와사키	⑥요코하마	⑦요코하마·카와사키 외곽	⑧지바 중심	⑨지바 북부	⑩보소	⑪사이타마 동북	⑫사이타마 중심	⑬사이타마 남서	⑭사이타마 서북	지방·불명	총계
2003년의 거주지	①23구 중앙	20	4	1					1				1				27
	②23구 서부	5	71	1	1	1	5	1	1		1				1	4	92
	③23구 동부		1	57					2			1	1				62
	④미타마	2	5		62		2	1	1			1		1	1	3	79
	⑤카와사키		1		4	1	23	1		1							31
	⑥요코하마		1	1	3		65	1					1			1	73
	⑦요코하마·카와사키 외곽		1	2			5	64	2	1							75
	⑧지바 중심	1						1	55		1	1	1			1	64
	⑨지바 북부	1		1			1	1	2	25							31
	⑩보소										26						26
	⑪사이타마 동북			1	1				1			25	3			1	32
	⑫사이타마 중심		2	1		1	1		1		1		41			1	49
	⑬사이타마 남서		2											31	3		36
	⑭사이타마 서북													4	17	2	23
	총계	29	89	70	69	26	81	66	68	26	28	29	51	33	22	13	700

자료: (주)주거환경연구소 조사 자료 및 컬처스터디스연구소 재집계

1도 3현 전체로 다시 집계해 보면, 90%가 현재 살고 있는 지역 내에서 계속 거주할 것이라고 답했다. 즉, 대부분의 사람들이 지금 살고 있는 지역 주변에서만 이동하며, 가스카베 사람은 더 이상 오미야로 이사하지 않고, 사야마 사람은 우라와로 오지 않으며, 아즈기 사람은 요코하마로 이동하지 않는다는 뜻이다.

결국, 대부분의 사람들이 현재 살고 있는 철도 노선과 지역을 중심으로 정착해 가고 있는 것이다. 어째서 이렇게 거주지가 고정화되는 것일까. 과거 단카이 세대까지의 사람들은 젊었을 때 지방에서 도쿄 등 대도시권으로 이주한 경우가 많았다. 그러나 1960년대 출생자들부터는 애초에 대도시권에서 태어나고 성장한 사람들이 증가하기 시작했다.

그 이유는 그들의 부모 세대가 이미 대도시권으로 나와 정착했기 때문이다. 단카이 주니어 세대는 교외에서 대량으로 성장한 최초의 세대이며, 그들에게 교외는 곧 고향이다. 하지만 이렇게 되면서, 지방에서 도쿄로 나와서 한번 제대로 해 보겠다는 식의 의욕이 점차 사라졌다.

교외에 살면 바로 도심으로 나올 수 있지 않나?라고 생각할 수도 있다. 하지만 초·중학교 시절을 계속 교외의 공립학교에서 보낸 사람들 중에는, 대학생이 되어서야 처음으로 도심을 접한 경우도 적지 않다.

더구나, 최근에는 대학교도 교외로 이전하는 경우가 많아, 대학생이 된 후에도 교외를 벗어나지 않는 사람도 많다.

고등학교 졸업 후 바로 취업하는 계층의 경우는 더욱더 지역을 벗어나지 않는다. 요즘은 교외에도 세련된 백화점과 패션몰이 많기 때문에, 굳이 도심으로 나갈 필요가 없다.

이렇게 해서, 소위 지모티(지역 고정형 인간)가 탄생했다. 지모티는 교외라는 마을에서 편안하게 살고 싶어 하는 가치관을 가진 젊은이들이라고 할 수 있다.

교외의 블록화, 거주지 고착화, 인터넷

그러나 이러한 현상이 자연스럽게 이루어진 것은 아니다. 이는 국토 정책에 의해 유도된 결과였다.

1985년, 국토청은 「수도 개조 계획」을 발표했다.

이 계획의 핵심은 도쿄 도심에 과도하게 집중된 기능을 교외로 분산시키는 것이었다.

이를 위해, 도쿄에서는 타치카와, 하치오지, 가나가와현에서는 요코하마, 카와사키, 사이타마현에서는 오미야, 우라와 치바현에서는 치바를 업무 핵심 도시로 발전시키는 정책을 추진했다.

또한, 부차적인 핵심 도시로서 가나가와현은 아츠기, 히라츠카, 요코스카를 도쿄는 오메를 사이타마현은 토코로자와, 카와고에, 히가시마츠야마, 쿠마가야를, 치바현은 나리타, 카시와, 후나바시, 토가네, 키미츠 등의 지역을 정비하여 발전시키려 했다.

이 계획이 성공적으로 실현되고 있는 것이 바로 현재의 상황이라고 할 수 있다. 즉, 도코로자와 지역 사람들은 굳이 도쿄로 나가지 않아도 백화점(세이부, 파르코, 자스코 등)이 있기 때문에 도코로자와에서 생활하면 충분하다는 상황이 된 것이다. 그리고 여전히 부족한 물건이 있다면, 인터넷으로 주문하면 된다.

오미야도 20년 전만 해도 낡은 타카시마야 백화점 정도밖에 없었지만, 지금은 백화점(루미네, 소고) 등 다양한 상업 시설이 들어섰다. 그래서 실제로 오미야에서 인터뷰해 보면, 아게오의 여고생들은 쇼핑하러 오미야에만 가고, 이케부쿠로에는 가지 않는다고 말한다.

그 이유는 이케부쿠로는 사람이 너무 많아서 싫기 때문이다. 아츠기 사람들도 기껏해야 마치다까지는 가지만, 신주쿠에는 전혀 가지 않는다. 이처럼, 교외 지역 내에서 어느 정도 자급자족 생활권이 점점 형성되고 있는 것이다.

이렇게 교외에서 자란 젊은이들은 자신의 지역을 좋아한다. 그야말로 지역 고정형 인간인 것이다. 또한, 이미 도심의 취업자 수는 감소하기 시작했으며, 반대로 교외의 업무 핵심 도시 주변에서는 취업자 수가 증가하고 있다. 즉, 교외에 살면서 도심에서 일하는 시대에서, 교외에 살면서 교외의 공장, 물류 거점, 상업 시설에서 일하는 시대로 조금씩 변화하고 있는 것이다.

이처럼 교외에서 태어나고 자란 젊은이들은 학교도, 쇼핑도, 직장도 모두 교외에서 해결하려고 한다. 이 때문에, 마치다, 오미야, 가시와와 같은 교외의 상업 중심지들이 최근 인기를 끌고 있는 것이다. 굳이 신주쿠, 이케부쿠로, 우에노까지 나가지 않아도 생활에 불편함이 없기 때문이다. 따라서 현재 소매업 매출이 증가하고 있는 곳은 교외 지역이다.

 도표 8-3은 소매 흡인력의 성장률을 나타낸 것이다. 소매 흡인력이란, 특정 광역 지역의 인구를 분모, 해당 지역의 소매업 총매출을 분자로 한 것을 100으로 기준하여 산출한 지표이다.

도표 8-3 소매 흡인력 증가율 (1988~2002)

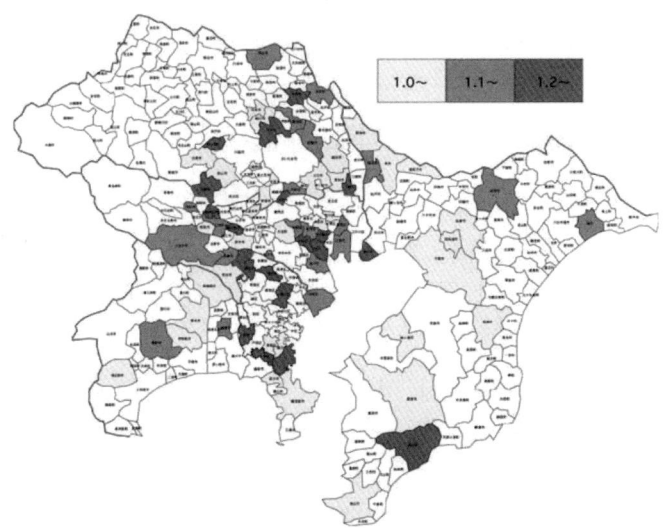

출처: 일본 경제산업성 「상업통계」를 바탕으로 컬처스터디스연구소 작성

소매 흡인력이 110이라면, 이는 인근 지역에서 손님을 끌어오고 있다는 의미이며, 반대로 90이라면, 이는 손님을 인근 지역에 빼앗기고 있다는 의미이다.

이 소매 흡인력의 성장률을 1988년과 2002년을 비교해 보았다. 그 결과, 소매 흡인력이 증가한 지역은 도심에서는 치요다구, 미나토구, 시부야구뿐이었다. 그 외의 증가 지역은 모두 교외였다.

반면, 기치조지, 세타가야, 메구로, 조후 같은 지역은 손님을 계속 빼앗기고 있었다. 아다치구, 에도가와구, 네리마구, 이타바시구 역시 손님을 잃고 있었다.

반대로, 도심과 교외를 가르는 국도 16호선 바깥 지역, 그리고 고속도로 인터체인지가 있는 지역들은 성장하고 있었다. 즉, 이제 더 이상 도심까지 나갈 필요가 없어진 것이다.

타치카와에는 타카시마야도, 이세탄도 있다. 하라주쿠의 인기 브랜드 유나이티드 애로즈도 타치카와 루미네에 입점해 있지만, 기치조지에는 없다.

이처럼, 교외는 점점 도심에서 독립된 상업 지역으로 자리 잡아 가고 있다.

이러한 흐름 속에서, 가스카베 사람은 가스카베에, 아츠기 사람은 아츠기에, 가시와 사람은 가시와에 계속 살고 싶어 하는 경향이 강해졌다. 어떤 의미에서는 일부 승자들만이 독신 생활을 위해, 혹은 딩크(DINKS, 맞벌이 무자녀 부부)

생활을 위해 도심으로 이사하는 것에 불과하다.

물론, 향후 도쿄 도심 근처의 만 지역에 대량으로 건설되는 초고층 맨션들이 모두 완공된다면 상황이 어떻게 변할지는 알 수 없다. 그러나 앞서 언급한 주거환경연구소의 조사 결과를 보면, 비교적 맨션을 선호한다고 알려진 단카이 주니어 세대조차도, 여전히 정원이 있는 단독주택을 선호하는 경향이 강하다. 특히 향후 자녀를 키울 계획이 있는 사람들은 더욱 그렇다.

따라서, 단카이 주니어 세대의 교외 인구가 쉽게 줄어들지는 않을 것이며, 게다가 출생하는 자녀 수를 고려하면, 결국 단카이 주니어 세대 가구의 인구는 교외를 중심으로 더욱 증가할 것이라고 봐야 할 것이다.

글로벌 빌리지가 아니라, 그저 마을일 뿐

이러한 현상은 행복한 일처럼 보일 수도 있다. 그러나 거주지의 고정화라는 트렌드에는 결국 계층화의 문제가 얽혀 있는 듯하다. 예를 들어, 교외의 안락한 삶에 익숙해지면, 더 이상 그곳에서 벗어나려는 의지를 갖지 않게 된다. 그래도 편하게 살 수 있으니 괜찮지 않아?라고 생각할 수도 있지만, 정말로 그것이 좋은 일일까?

아마도, 지역 고등학교를 졸업하고 학력을 고졸로 마치는 계층의 젊은이들은, 대학에 진학하거나 중·고등학교 시절부터 도쿄의 사립학교에 다니는 계층에 비해 훨씬 더 지역 밀착적인 삶을 살게 될 것이다. 그렇게 되면 교류하는 인간관계도 고정될 것이다.

결혼을 하더라도 부모의 집 근처에서 살 가능성이 높으며, 시간이 지나면 부모의 집 주변에 형제자매가 각자의 집을 짓고, 그곳에서 자녀를 키우는 형태가 될 가능성이 크다. 거주지와 인간관계가 모두 고정된 사회라면, 이는 마셜 맥루한(Marshall McLuhan)이 말한 글로벌 빌리지(Global Village, 지구촌) 시대라기보다는, 오히려 옛날의 전통적인 마을로 회귀하는 것이 아닐까?

게다가 앞서 보았듯이, 단카이 주니어 세대의 하류층일수록 휴대전화와 인터넷 같은 손쉬운 자기애적 도구에 더욱 의존하는 경향이 있다. 그렇게 되면 언제나 같은 사람들끼리만 어울리는 젊은이들은, 좁은 마을 사회에서 살아가던 과거의 농민들과 다를 바 없는, 이른바 새로운 농민이 되어 가는 것처럼 보이기도 한다.

물론, 마을이나 농민이 나쁘다는 뜻은 아니다. 하지만 그 상태에서 벗어나지 못하고, 그 상황에 자족해 버린다면, 그것은 분명 문제일 것이다.

세이부 이케부쿠로선 학생들은 이케부쿠로에 가지 않는다

내가 강사로 일한 적이 있는 세이부 이케부쿠로선 인근인, 네리마구에 위치한 한 사립대학에서, 학생 10명 정도에게 주소를 물어보고 깜짝 놀랐던 적이 있다. 기억을 더듬어 보면, 4명은 사이타마현 내 이케부쿠로선 노선 인근에 부모와 함께 거주하고 있었으며, 그중 2명은 고등학교 동창이었다.

나머지는 이바라키현과 다마 뉴타운, 도쿄 내에서는 에도가와구와 분쿄구, 그리고 가나가와현 출신이 한 명 있었던 것으로 기억한다. 즉, 대학임에도 불구하고 학생들의 거주지가 매우 제한적이었다.

일류 대학이라면 전국에서 학생들이 모여들어 다양성이 존재한다. 그러나 이류 이하의 대학에서는 굳이 지방에서까지 입학하는 학생이 적을 뿐만 아니라, 각 철도 노선 인근에는 비슷한 수준의 대학이 존재하기 때문에, 철도 노선을 넘어 입학하는 학생조차 드물다. 결과적으로, 대부분이 같은 현 내, 같은 철도 노선 인근 지역 출신 학생들로 구성되는 것이다. 생각해 보면, 미나토구와 요코하마시에 위치한 사립대학에서 학생들에게 주소를 물어봤을 때도, 대부분이 가나가와현 출신이었던 것으로 기억한다.

아늑해서 좋지 않느냐는 시각도 있을 수 있지만, 대학이라는 사회 경험의 장에는 원래 더 다양한 배경을 가진 학생들이 모이는 것이 바람직하지 않을까. 도쿄 야마노테 출신의 부유한 학생도 있고, 지방에서 온 어렵게 공부하는 학생도 있는 편이, 대학이 사회의 축소판으로서 의미가 있을 것이다.

요즘에는 어렵게 학비를 벌며 공부하는 학생이 많지 않다고 해도, 같은 철도 노선 인근의 신흥 주택지에서 온 중산층 학생들만 모이면, 대학다운 자극이 너무 부족해진다.

게다가 놀랍게도, 그 네리마의 대학 학생들은 방과 후에 이케부쿠로에조차 거의 가지 않는다고 한다. 집과 대학을 오가는 것만으로 생활이 끝나기 때문에, 굳이 이케부쿠로에 갈 필요가 없는 것이다. 하물며 신주쿠 같은 곳은 한 번도 가본 적이 없다는 학생들도 있다.

나는 지방 출신이라서 이런 현상을 잘 이해할 수 있다. 내가 대학생이던 시절에도, 사실 도쿄의 거리를 돌아다니고 싶어 했던 것은 지방 출신자들이었다. 도쿄의 모든 것이 신기했고, 도쿄에 대해 아무것도 모른다는 열등감이 있었기 때문에, 도쿄를 샅샅이 걸어 다녔던 것이다.

그런데 도쿄 출신자들에게 물어보면, 그들은 자신이 사는 철도 노선 외에는 거의 가지 않는다고 한다. 도요코선 인근에 사는 사람은 이케부쿠로에 가지 않고, 기치조지에도 거의 가지 않는 것이 보통이었다.

그래서 네리마의 대학생들이 특별히 이상한 것은 아니다. 그게 오히려 일반적인 현상인 것이다.

하지만 나는 그래도 의문이 든다. 그저 부모가 사둔 집의 인근에서 계속 살면서, 그것만으로 만족하는 것이 과연 괜찮은 것일까.

왜 1960년대나 70년대에 젊은이들의 문화가 활기를 띠었을까. 그것은 단순히 당시의 젊은이들이 특별한 힘을 가지고 있었기 때문이 아니다. 그 시기에는 지방에서 도쿄 등 대도시로 수많은 젊은이들이 몰려왔고, 그들이 서로 다른 가치관과 충돌하면서 강한 에너지를 지닌 문화가 탄생했다고 나는 생각한다.

축소된 세계 속에서 어느새 형성되는 바보의 벽

이런 의미에서, 태어날 때부터 도쿄 교외의 비슷한 주택지에서, 비슷한 중산층 가정에서 자란, 비슷한 가치관을 지닌 젊은이가 늘어나는 것은, 서로 다른 사람들 간의 충돌을 통해 새로운 문화가 탄생할 가능성을 줄이고 있다고 할 수 있다. 이는 곧 세계의 축소라 볼 수 있다.

물론, 인터넷 덕분에 먼 지역과도 즉각적으로 소통할 수 있으며, 넓은 세계를 압축했다는 의미에서 세계의 축소를 가져왔다.

그러나 동시에, 인터넷은 사람들이 실제로 만나는 타인의 수를 줄이고, 실제로 걸어 다니는 행동 반경을 더욱 좁히는 위험도 있다. 즉, 원래도 좁았던 일상의 세계가 더 축소될 위험이 있다는 점을 부정할 수 없다.

간단히 말해, 우물 안 개구리를 늘리는 것이다.

인터넷이라는 세계로 향한 창(Windows!)은 사용 방법에 따라 바보의 벽이 될 수도 있다.

그 사실을 깨닫지 못한 채, '넓은 세계가 좁아졌다'라고 믿어버리는 것이야말로 어리석은 짓'이라고, 아마도 요로 다케시*는 말하고 싶었던 것이 아닐까.

자신과 비슷한 사람들과만 어울리면서, '우리는 모두 평등하다, 중산층이다'라고 생각하다가, 어느새 같은 세대 내에서도 점점 커지는 격차를 깨닫지 못할 위험이 있는 것이다.

아메리카 교외 소비 문화를 날카롭게 비판한 영화 『트루먼 쇼』에서, 마지막에 주인공 트루먼이 탄 작은 배가 부딪히는 시 헤븐(sea heaven)의 벽 역시 바로 바보의 벽이라 할 수 있다. 인공적으로 조성된 쾌적한 환경에서 살아가는 사람들은, 자신들의 세계에 벽이 존재한다는 사실을 깨닫지 못하며, 벽 너머에 진짜 세계가 있다는 것조차 알아차리려 하지 않는다.

구로사와 아키라의 영화 『천국과 지옥』처럼, 강가의 하층 지역에서 언덕 위의 대저택을 올려다보며 사회적 모순을 느

---

*요로 다케시: 1937년생. 도쿄대 의대 교수. 해부학자. 저서 중에 『바보의 벽』이라는 제목의 책이 유명하다. 일본에서만 400만 부가 팔렸다.

끼고, 사회를 고민하는 경험은 젊은 시절에 반드시 필요한 것일지도 모른다. 베를린 장벽은 하룻밤 사이에 세워졌다. 그러나 벽이 세워지면, 그 존재를 모두가 인식하고, 결국에는 그것을 허물려는 움직임이 일어난다.

하지만 바보의 벽은 어느새 모르는 사이에 세워진다. 그리고 그 벽이 세워진 후에도, 아무도 그 존재를 깨닫지 못한 채, 벽 안의 편안함에 탐닉할 위험이 있다. 바보의 벽은 어쩌면 하류의 벽이기도 한 것이다.

마치며

하류 사회화를 막기 위한
기회의 악평등

일하는 상류와 춤추는 하류로의 분열

오늘도 전철을 타니, 옆자리에 젊은 남성이 앉아 서둘러 맥도날드를 우적우적 먹기 시작했다.

티셔츠 차림에 덥수룩한 수염을 기른 이 남자는 도대체 어떤 삶을 살고 있는 걸까?

거리나 역에서 쓰러져 있는 젊은이들을 보는 것도 드문 일이 아니다. 그것도 밤이 아니라, 아침이나 한낮에 말이다.

파친코 가게 앞에서는 이른 아침부터 젊은이들이 쭈그리고 앉아 영업 시작을 기다리고 있다. 최근에는 이런 사람들을 보면, 혹시 이들이 소문으로만 듣던 니트족인가? 하고 생각하는 버릇이 생겼다.

그들은 과연 같은 세대의 젊은이들이 같은 시간에 정장을 입고 일하고 있는 모습을 보고 무엇을 느낄까?

파친코 가게 앞에 주저앉은 남성 앞을 사무직 여성이 시원하게 걸어 지나간다.

'나는 저렇게 살고 싶지 않아'라고 생각하는 걸까? 혹은 반대로, 정장을 입고 일하는 젊은이들은 프리터나 니트를 어떻게 보고 있을까? 역시 '나는 저렇게 살고 싶지 않아'라고 생각하는 걸까? 아니면, '나도 저렇게 살아보고 싶다'라고 생각하는 걸까?

계급사회인 영국에서는 'Us and Them(우리와 저들)'이라고 하면, 노동자 계급과 지배 계급을 의미한다. 일본에서도 프리터나 니트와, 대기업에서 일하는 비즈니스맨 간에 이미 우리와 저들과 같은 관계가 형성되고 있다고 말할 수 있지 않을까?

상류층이 하류층의 나태한 삶을 어디까지 용인할 것인가라는 문제가 점점 대두되고 있다. 상류층이 하류층의 삶을 더 이상 나는 할 수 없는 자유로운 삶으로 동경하지 않고, 그저 자기 관리도 못 하고, 무책임하게 사는 태도라고 단순히 부정해 버릴 가능성도 있다.

대문화 국가인가, 분열 국가인가

자신다움이 중요하다고 말하면서도, 노력 없이 방황하는 어중간한 사람들이 5년, 10년 후, 30대, 40대가 되었을 때 어떻게 될 것인가. 이는 지금 매우 심각한 문제로 여겨지고 있다.

물론, 30대 프리터의 증가는 어디까지나 과도기적인 현상이며, 결국 40대가 되기 전까지 어중간한 사람들은 도태될 것이다. 그리고 최종적으로는 진정한 자신다움을 갖추고, 그것을 무기로 삼아 돈을 벌어 살아남는 사람들이 남을 가능성도 전혀 없는 것은 아니다. 그렇게 된다면, 일본은 매우 다양하고 풍요로운 대문화 국가가 될지도 모른다.

그러나, 생존 경쟁에서 패배한 사람들이 이후 최선을 다해 꿈을 좇았다는 만족감을 가지고 어떤 형태로든 안정적인 직업을 갖고, 비록 하류 계층일지라도 즐겁고 안정적인 삶을 살아갈 수 있을 것인가. 혹은, 사회학자 야마다 마사히로가 우려하는 대로, 꿈이 좌절된 패배감에 짓눌린 채 무기력하게 살아가는 진정한 하층으로 사회의 바닥에 갇혀버릴 것인가. 이것이 앞으로 일본이 직면할 가장 큰 문제가 될 것이다.

그런 일이 있었다. 어느 대기업의 디자이너와 상품 기획 담당자들을 데리고 시모키타자와 거리를 걸었던 적이 있다. 젊은이들에게 인기 있는 시모키타자와를 직접 걸으며, 그들의 감성을 몸소 체험해 보자는 취지였다.

그런데 그 대기업 사람 중 한 명이 갑자기 화를 내기 시작했다. 시모키타자와라는 거리는 가게들이 늦게 문을 연다. 오전 11시면 빠른 편이고, 12시나 오후 1시쯤 개점하는 곳도 많다. 점원들은 대부분 프리터이고, 이곳을 찾는 젊은이들도 프리터가 많다. 그래서 한낮이 되어도 아직 거리가 활기를 띠지 않고, 게으른 분위기가 감돈다.

그 모습을 보고 그는 화가 난 것이다. 우리는 매일 밤늦게까지 야근하는데, 이 사람들은 도대체 뭐 하는 거야! 그렇게 말하며 그는 도중에 화를 내며 돌아가 버렸다. 이것은 단순히 성실한 사람과 게으른 사람 간의 대립이 아니다. 정규직으로 성실하게 일하는 중산층과, 비정규직으로 살아갈 수밖에 없는 하층 간의 대립일지도 모른다.

그리고 언젠가, 상류층이나 중산층은 더 이상 하층의 삶을 헤아리지 않게 될 것이다. 마치 조지 W. 부시가 이라크 서민들의 삶을 전혀 고려하지 않았듯이. 아니, 미국의 실업자층의 감정조차 고려하지 않았듯이.

소수의 엘리트가 국가의 부를 창출하고, 대다수의 대중은 그 부를 소비하며, 그럭저럭 즐겁게 노래하고 춤추며 살아가면서 내수를 확대하면 된다. 이것이 바로 고이즈미-다케나카 경제 정책의 핵심이다. 즉, 격차 확대가 이미 전제된 정책이라는 것이다.

그러나 실업률이 5%, 젊은 층에서는 10% 이상이 지속되고, 매년 4만 명 가까운 사람들이 자살하는 상황에서, 그럼에도 불구하고 대중이 그럭저럭 즐겁게 살아가고 있다고 말할 수 있을까?

하지만 국민들조차도 격차를 해소해야 한다고 생각하는 사람이 줄어들고 있다. (내각부『국민 생활 선호도 조사』 참조)

오히려 격차 확대는 어쩔 수 없는 일이라고 생각하는 사람이 늘어나고 있다. 열심히 노력해도, 노력하지 않아도 결과가 같아지는 결과적 악평등 사회보다는, 노력하지 않는 사람이 보상받을 수 없는 격차 사회를 국민들도 점점 선택하고 있는 것처럼 보인다.

계층 고착화를 막으려면?

그러나 국민들 역시 계층 격차의 고착화는 바라지 않을 것이다. 부모가 하류층이면 자식도 하류층이 될 수밖에 없는 사회가 좋다고 생각하는 사람은 없을 것이다. 따라서, 하류 사회를 위한 기본 정책으로 고려해야 할 것이 기회의 불평등이다. 이는 소득이 낮은 사람일수록 더욱 우대받을 수 있는 다양한 조치들을 의미한다.

지금까지 일본은 결과적 악평등 사회였다. 열심히 노력해도, 노력하지 않아도, 능력이 있어도 없어도, 급여 차이가 크지 않았다. 나는 20대 직장인이었을 때, 남들보다 훨씬 일을 빨리 끝냈다.

그 덕분에 잔업이 적었고, 급여도 적었다. 당시 25세였을 때, 월 실수령액이 약 25만 엔 정도였다. 반면, 능력이 부족하고, 업무 속도가 느린 사람은 40만 엔 가까이 받고 있었다.

게다가 나는 일을 빠르게 처리하는 덕분에, 점점 더 많은 책임 있는 업무를 맡았다. 28세에 잡지 편집장이 되었다. 원래는 과장이나 부장이 해야 할 일을 28세의 평사원이 수행했지만, 급여는 여전히 평사원 수준이었다. 게다가 일이 느려서 잔업 수당을 많이 받는 후배보다도 적은 급여를 받았다.

이것은 결과적 악평등을 넘어, 결과적 역차별과도 같은 현상이다. 이러한 문제를 해결하기 위해, 결과적 불평등을 기반으로 성과에 따라 보상이 이루어져야 한다는 것이 지난 15년간의 성과주의 흐름이었다.

그러나 성과주의가 철저히 시행될수록, 소득 격차는 더욱 확대되고, 장기적으로는 계층 격차가 고착화될 가능성이 높아진다. 그렇게 되면 기회 평등은 실현 불가능해진다.

이 문제를 가장 잘 보여 주는 것이 교육의 기회이다. 상류층은 양질의 교육을 받을 수 있지만, 하류층은 그렇지 못하다. 부모가 상류층이면 자녀도 상류층이 되기 쉬우며, 그 반대도 마찬가지다.

그렇다면 계층 격차의 고착화를 방지하려면 무엇이 필요

할까? 항상 거론되는 것이 기회 균등의 철저한 보장이다.

완전한 기회 균등이란, 부모의 경제력, 직업, 지역 사회의 특성 등, 아이들이 스스로 선택할 수 없는 외부 환경의 차이에서 비롯되는 모든 불평등을 제거하는 것을 의미한다.

즉, 부모가 가난하거나, 저학력자이거나, 낮은 사회적 지위를 가진 직업을 갖고 있더라도, 잘못된 교육관을 가지고 있더라도, 무기력하더라도, 또한 거주 지역 전체가 그러한 사람들이 많은 환경이더라도,

그 자녀가 능력이 있다면, 어떠한 높은 수준의 교육도 받을 수 있고, 어떠한 높은 지위의 직업도 가질 수 있어야 한다는 것이다. 이에 대해 능력이 있어도 의욕이 없는 아이들은 어떻게 할 것인가? 라는 반론이 있을 수 있다. 그러나 오늘날의 교육 사회학에서는 의욕조차도 계층에 의해 결정된다고 말한다.

즉, 완전한 기회 균등 사회에서는, 계층에 의해 형성된 무기력은 존재할 수 없게 된다. 그러나 이러한 완전한 기회 균등론은 해결하기 어려운 문제를 내포하고 있다.

즉, 만약 완전한 기회 균등 사회가 실현된다면, 결과의 차이는 모두 순수하게 개인적인 능력에 귀속될 것이다. 그러나 그것이야말로 매우 가혹한 사회가 아닐까 하는 생각이 든다. 네 성적이 나쁜 것은 부모가 가난해서도, 학력이 낮아서도 아니고, 오직 네 머리가 나쁘기 때문이며, 공부나 일에

의욕을 가질 수 없는 성격 때문이라고 결론지어지는 것이다. 즉, 변명의 여지가 전혀 없어진다.

그리고 궁극적으로는 머리가 나쁘거나 무기력한 이유를 유전자에서 찾게 되며, 결국에는 잘못된 우생학적 사상으로 이어질 위험이 있다. 최근 TV 프로그램에서 유행하는 뇌과학 붐이나 IQ 붐은 그러한 우생학적 사상을 은근히 감싸고 있는 것이라고도 볼 수 있다. 따라서 물론 기회 균등은 중요하지만, 그보다 더 요구되는 것은 기회의 불평등을 보장하는 시스템이 아닐까. 구체적으로 어떤 것일까?

(1) 게다*를 신긴 입시 제도

부모의 사회적 계층이 낮은 아이들은 학력이 낮을 가능성이 있으며, 그 원인이 유전이 아니라 가정환경 때문이라면, 대학 입시에서 부모의 소득이 낮은 가정의 자녀는 합격 점수를 낮추면 된다.

이른바 '게다를 신긴다'라는 방식이다. (반대로, 부모의 소득이 높은 가정의 자녀는 합격 점수를 높이는 것도 좋다). 사회 계층 격차의 확대와 고착화를 문제 삼는 사토 토시키 교수, 카리야 타케히코 교수, 타치바나키 도시아키 교수가 계신 도쿄대나 교토대에서 먼저 '저소득층 게다 신기기 입시'를 실험

---

*게다: 일본 사람들이 신는 나막신을 말하며, 굽이 있는 신발이다. 이 책에서는 부모의 상태에 따라 자녀의 미래가 결정되지 않도록 저소득층 자녀를 보조해 주는 수단을 말함.

해 보면 어떨까?

만약 그게 어렵다면, 『드래곤 사쿠라』처럼 편차치가 낮은 중학교·고등학교일수록 우수한 교사를 많이 배치하는 것이 필요할 것이다.

(2) 도쿄대 학비 무료화

최근 국립대학의 학비가 계속 오르고 있다. 내가 대학에 다닐 때는 연간 학비가 2만 5천 엔에서 5만 엔으로 오르는 것만으로도 민청(일본 민주 청년 동맹)이 대대적으로 항의했던 기억이 있다. 그런데 지금은 연간 50만 엔이나 된다.

국가를 위해 유능한 인재를 양성해야 하는 국립대학에서 왜 이런 일이 벌어지는지 나는 도무지 이해할 수 없다. 모든 국립대학의 학비를 과거처럼 저렴하게 되돌릴 수 없다면, 소위 일류 대학이라고 불리는 곳이라도 학비를 무료화하거나 대폭 인하해야 한다. 즉, 도쿄대, 교토대부터 학비를 무료화하는 것이다.

이렇게 하면, 일류 대학 진학을 포기했던 하류층 가정의 아이들이나, 상경을 망설이던 지방 출신 학생들도 공부할 동기를 얻을 수 있다. 게다가, '게다 신기기 입시'를 통해 지원하면, 합격 가능성도 더욱 커진다.

일단 합격만 하면 그다음은 본인의 노력에 달려 있다. 공부만 열심히 하면, 대기업에도, 중앙 관청에도 취직할 수 있고, 의사나 세무사, 회계사가 될 기회도 생긴다. 또한, 친구 관계도 넓어지고, 계층 상승의 기회도 커진다.

이러한 기회는 하류층 가정의 학생들에게 우선적으로 제공되어야 한다. 물론, 사실은 모든 교육 비용을 무료화하는 것이 가장 이상적이라는 것은 두말할 필요도 없다. 저소득층 가정의 경우, 사교육비도 비과세 혜택을 줄 수 있을 것이다.

또한, 학비가 높으면 대학 진학을 계기로 독립해 자취하기 어려워지고, 그 결과 패러사이트 싱글이 증가해 젊은이들의 정신적·경제적 독립이 늦어진다.

학비 무료화는 젊은이들의 자립을 촉진하는 역할도 한다.

(3) 대학 강의의 인터넷화

일류 대학의 강의를 모두 인터넷을 통해 방송하여, 전 세계 어디에서든 수강할 수 있도록 한다. 지방 거주자들에게는 도쿄에 집중된 일류 대학으로 진학하는 데 드는 생활비가 큰 부담이며, 이 때문에 대학 진학을 포기할 수밖에 없는 경우도 많다.

인터넷 강의를 도입하면, 설령 등록금이 비싸더라도 생활비 부담이 사라지므로, 경제적으로 어려운 지방 가정의 학생들에게는 큰 희소식이 될 것이다. 또한, 지방의 유능한 인재들을 발굴할 수 있다는 점에서 사회 전체에도 유익한 정책이 될 것이다.

(4) 지방에서 도쿄로 진학하는 학생에 대한 재정 지원

인터넷 강의가 확대되더라도, 결국 도쿄에서 생활하며 친구를 사귀는 것이 계층 상승에 유리하다. 따라서, 도쿄에서 생활하는 학생들을 지원할 자금이 필요하다. 이를 위해 지방 자치단체가 예산을 마련하여, 우수한 인재와 의욕적인 학생을 선발해 도쿄 유학과 생활비를 지원하는 제도를 도입한다.

지방 출신 학생들의 도쿄 진출을 늘리는 것은, 제8장에서 언급했듯이, 도시를 활성화하고 나아가 일본의 경제 및 문화에도 긍정적인 영향을 미친다. 만약 이 정책이 지방에는 아무런 이득이 없다 라는 반론이 있다면, 오히려 도쿄 대학을 사비로 졸업한 젊은이가 지방으로 돌아왔을 경우, 그가 부담했던 학비를 지자체가 대신 지불해 주는 제도를 도입하는 것도 한 가지 방법일 것이다.

(5) 상류층에게는 노블레스 오블리주를

하류 계층에 대한 불평등적 지원과 함께, 상류층에게도 그들의 소득과 지위에 걸맞은 의무를 부과해야 한다. 최근의 세제 개혁은 고소득층을 우대하는 방향으로 이루어지고 있지만, 단순히 세금 부담을 늘리는 것이 아니라, 기부를 통해 부를 사회에 환원하는 것이 더욱 상식적인 문화로 자리 잡아야 한다.

일본 경제단체연합회에서는 1990년대부터 1% 클럽이라는 활동을 진행해 왔다. 가입한 기업들이 경상이익의 1%를 사회 공헌 활동에 사용하자는 취지의 운동이다. 이와 마찬가지로 연 소득이 1,000만 엔인 사람은 1%를 기부하고, 3,000만 엔이면 3%, 5,000만 엔이면 5%, 1억 엔이면 10%를 기부하는 것이 상류층의 고귀한 의무이며, 사회적 명예이자 당연한 일이라는 분위기를 조성해야 한다.

기부하는 사람의 입장에서 보더라도, 어디에 사용되는지도 모르는 세금보다, 기부를 통해 어떤 단체·개인이 어떤 활동을 하는지 명확히 알 수 있는 것이 더 낫다.

예를 들어 환경 관련 단체의 연구 활동에 기부할지, 고령자 단체의 요양·복지 활동을 지원할지, 프리터 문제 해결을 위한 청소년 교육 단체에 기부할지 등, 기부 대상에 따라 기부자의 개성이 반영될 수 있으며, 사회적 인정과 함께 만족감을 얻을 수도 있을 것이다.

후기

얼마 전, 내 딸과 아들이 1학기를 마치고 성적표를 가져왔다. 둘 다 그다지 좋은 성적은 아니었다.

그러나 나는 특별히 불쾌하지도, 개의치도 않았다. 딸은 지금까지 공립 초등학교에 걸어서 다니다가 올해 봄부터 사립 중학교에 입학해 전철 통학을 시작했다. 방과 후에는 농구 연습도 한다. 피곤할 것이다.

조금씩 노력해 가면 된다고 생각한다.

아들은 아직 초등학교 2학년이다. 그럭저럭 어떻게든 될 것이다.

나는 부모님이 맞벌이셨다. 그래서 초등학교 2학년까지는 학교가 끝나면 우리 집이 아니라, 할머니가 계신 큰아버지 댁에 가서 사촌들과 놀곤 했다.

학기말 성적표를 보여드리는 것도 우선은 할머니께 먼저였다. 성적이 나쁘면, 할머니께 '좀 더 정신 차리고 열심히 해야지 않겠느냐'라고 꾸중을 들었다.

할머니는 마을 유지의 외동딸이었다. 하지만 어디까지나 농부였다.

최소한의 읽기, 쓰기, 산수 외에는 어떤 학문도 배우지 않았다.

글씨는 서툴렀고, 아마 한자도 제대로 쓰지 못했을 것이다.

지금 돌아봐도 기개가 강하고 생각이 뚜렷한 사람이었지만, 그 시대에는 여자에게 학문은 필요 없다는 인식이 당연했을 것이다.

할머니의 아버지, 즉 나의 증조부도 학력과는 거리가 먼 사람이었다.

그 역시 최소한의 읽기, 쓰기, 산수만 가능했다.

하지만 머리는 비상했다.

마을 촌장보다 훨씬 똑똑했지만, 자신의 생각을 글로 제대로 표현할 수 없다는 점이 늘 아쉬웠던 것 같다.

그래서 그는 앞으로는 학문이 없으면 안 된다고 생각하고, 논밭을 팔아 가며 손자들의 교육에 투자했다.

그야말로 학문의 권장이었다.

학문을 익히면 출세할 수 있었던 시대, 계층 상승이 가능했던 시대, 그것이 일본 근대의 모습이었다.

세 명의 손자들은 모두 대학이나 여자학교를 나와 교직에 몸담았다.

큰아버지는 결국 대학의 명예 교수까지 되었다.

그들의 자녀들 또한 모두 명문 대학을 졸업했다.

덕분에 나는 자신이나 친족의 학력 때문에 서러움을 느낀 적이 없었다.

그 때문인지, 혹은 타고난 성격 탓인지 모르겠지만, 나는 내 자녀의 성적에 크게 신경 쓰지 않는다.

성적표를 봐도, 좀 더 열심히 해라라는 말이 나오지 않는다.

딸의 중학교 입시도 처음부터 끝까지 별로 열성을 보이지 못했다.

그럼에도 불구하고, 자식에게 무언가를 주고 싶다는 것이 부모의 마음이다.

증조부에게는 후손을 위해 팔 수 있는 땅이 있었다.

그렇다면 나에게는 무엇이 있는가?

그렇게 생각하면, 내가 대기업의 간부였더라면 더 나았을까 하는 생각이 들기도 한다.

그 편이 자녀들도 우리 아버지는 이런 사람이다라고 설명하기 쉬웠을 것이고, 어떤 면에서든 주눅 들 필요도 없었을 것이다.

요즘 대기업 직원이라면 가족과 함께 해외 근무를 하는 것이 당연한 시대다.

그 과정에서 자녀들은 영어에 능숙해지고, 해외 친구들을 사귀며, 세계가 넓어져서 이후 인생에서 여러 가지로 유리한 기회를 얻을 수도 있다. 그런 삶을 자녀에게 제공하지 못하는 것이 미안하기도 하다.

어쩌면 나도 계층 상승의 다음 계단을 제대로 오르지 못한 것일지도 모른다.

계층은 올라갈수록 다음 목표를 설정하기가 어려워진다.

과거에는 학문을 익히고 싶다는 단순하지만 강한 목표가

있었다. 그리고 학문의 유무는 경제적·물질적 풍요와 직결되었다

그런 의미에서, 태어나면서부터 경제적·물질적 풍요를 누려온 현대의 젊은이들이 계층 상승에 대한 의욕을 잃고, 나아가 일하려는 의욕이나 학습 의욕까지 감소하는 것은 어쩌면 당연한 일일지도 모른다.

그렇다면, 이러한 상황에서도 여전히 열심히 일하는 사람과 그렇지 않은 사람을 가르는 요인은 무엇일까?

과거에는 계층이 낮은 사람이 계층이 높은 사람보다 밤낮을 가리지 않고 더 열심히 일하는 것이 일반적이었다. 그러나 현재는 오히려 계층이 높은 사람이 더 열심히 일하고, 계층이 낮은 사람일수록 덜 일하거나, 애초에 일자리가 없는 상황이 펼쳐지고 있다.

그렇다면, 지금도 여전히 열심히 일하는 사람들은 왜 그렇게 일하는 것일까?

첫 번째 가설은 계층 자체의 영향이다. 즉, 상류층 출신일수록 근면한 생활 태도를 가지며, 사회와 국가를 위해 사고하고 행동하는 습관이 몸에 배어 있지만, 하류층 출신일수록 나태하고 편하게 살려는 경향이 강하다는 이론이다.

두 번째 가설은, 사회학자들이 인정하려 하지 않는 유전적 성향이다. 즉, 원래부터 일을 좋아하는 사람은 일하고, 싫어하는 사람은 일하지 않는다는 관점이다.

또는, 태생적으로 승부욕이 강하고 경쟁을 즐기는 사람들은 여전히 좋은 대학, 좋은 회사를 추구하고, 출세와 부를 좇지만, 그렇지 않은 사람들은 애초에 그런 것에 흥미를 가지지 않게 되었다고도 볼 수 있다.

계층과 유전에 관한 논쟁에 대해서는 고야노 아츠시가 자주 주장한 바 있다. (『훌륭한 우민 사회』, 『돌아온 인기 없는 남자』 참고)

이 문제는 매우 민감한 사안이므로, 앞으로 사회학자들이 본격적으로 연구해 주기를 바란다. 애초에 이 책에서 소개한 나의 설문 조사는 표본 수가 적으며, 통계적으로 유의미한 결과라고 보기 어렵다는 점을 인정할 수밖에 없다. 따라서 책의 제목이나 소제목에 물음표가 많은 것처럼, 이 책에 기술된 내용의 상당수는 하나의 가설에 불과하다.

이러한 가설들이 앞으로 더욱 정밀하게 검증되기를 바라며, 나 역시 이를 위해 노력할 생각이다.

이 책의 집필 과정에서, ㈜하쿠호도연구개발국과 2002년부터 여러 차례 공동 연구를 진행했던 경험이 중요한 기반이 되었다. 또한, 2004년 ㈜e팔콘과 함께 진행한 멀티 클라이언트 프로젝트 쇼와 4세대 욕구 비교 조사의 결과를 적극 활용했다.

더불어, 2005년 ㈜요미우리광고사의 후원으로 진행된 여성 계층화 조사의 결과 및 ㈜주거환경연구소에서 실시한 조사 데이터의 재집계 결과도 반영했다.

이 과정에서 협력해 주신 하쿠호도, e팔콘, 요미우리광고사, 주거환경연구소 담당자분들, 그리고 멀티 클라이언트 프로젝트에 참여한 기업 관계자 여러분께 깊이 감사드린다.

또한, 도쿄학예대학의 야마다 마사히로 교수님, 도쿄대학 대학원의 사토 토시키 부교수님과 직접 계층 문제에 대해 논의할 기회를 가졌으며, 이를 통해 많은 배움을 얻었다.

마지막으로, 이 책이 예정보다 빠르게 출간될 수 있었던 것은, 고분샤 신서편집부의 쿠사나기 마유코 님이 번거로운 자료 수집과 도표 정리를 신속하게 처리해 주었기 때문이다. 그녀의 조용하지만 열정적인 작업 태도는 늘 나를 감탄하게 했으며, 큰 격려가 되었다. 이에 다시 한번 깊이 감사드린다.

2005년 8월
미우라 아츠시

하류 사회를 고찰하기 위한 참고 문헌

- 겐다 유지 『일 속의 애매한 불안』 주오코론신사, 2001
- 겐다 유지, 나카타 요시후미 『구조 조정과 이직의 메커니즘』 동양경제신보사, 2002
- 겐다 유지, 마가누마 미에 『니트: 프리터도 실업자도 아닌』 겐토샤, 2004
- 겐다 유지, 코스기 레이코 『자녀가 니트가 된다면』 일본방송출판협회, 2005
- 나오이 유, 하라 준스케, 코바야시 하지메 『리딩스 일본의 사회학 8: 사회 계층·사회 이동』 도쿄대학출판회, 1986
- 나카무라 진 『논쟁·중산층 붕괴』 주오코론신사, 2001
- 나카이 코이치(편집) 『논쟁·학력 붕괴』 주오코론신사, 2001
- 내각부 『청소년의 사회적 자립에 관한 의식 조사 보고서』 2005
- 노동정책연구·연수기구 『청년 취업 지원의 현황과 과제』 2005
- 니시베 스스무 『대중론』 소시샤, 1984
- 니시베 스스무 『대중에 대한 반역』 문예춘추, 1983
- 마루야마 슌 『프리터 망국론』 다이아몬드사, 2004
- 모리나가 타쿠로 『연봉 300만 엔 시대를 살아남는 경제학』 코분샤, 2003
- 모리나가 타쿠로 『통쾌한 빈곤주의』 일본경제신문사, 1999
- 모리야마 카즈오 외(편집) 『일본의 계층 시스템』 (전 6권), 도쿄

대학출판회, 2000
- 무라오 야스히로(편집)『히키코모리 청년들』시분도, 2005
- 무라카미 야스스케『신 중간 대중의 시대』추오코론샤, 1984
- 미야모토 미치코『포스트 청년기와 부모-자녀 전략』케이소쇼보, 2004
- 미야모토 미치코『청년이 사회적 약자로 추락한다』요센샤, 2002
- 미야지마 히로시『일본의 소득 분배와 격차』동양경제신보사, 2002
- 미우라 아츠시『단카이 세대를 총정리하다』마키노출판, 2005
- 미우라 아츠시『단카이 주니어 1,400만 명이 핵심 시장이 된다!』 추케이출판, 2002
- 미우라 아츠시『마이홈리스 차일드』클럽하우스, 2001
- 미우라 아츠시『신인류, 부모가 되다!』쇼가쿠칸, 1997
- 미우라 아츠시『일하지 않으면, 자신을 찾을 수 없다.』쇼분샤, 2005
- 미우라 아츠시『카마야츠 여성의 시대: 여성 격차 사회의 도래』 마키노출판, 2005
- 미타 노리후사『드래곤 사쿠라』코단샤, 2004
- 바버라 스타이니『밀리오네제가 되지 않겠습니까?』디스커버리 크리에이티브(번역), 디스커버21, 2003
- 사이토 타마키『'패배자'교의 신자들: 니트, 히키코모리 사회론』 츄오코론신샤, 2005
- 사이토 타카오『기회 불평등』문예춘추, 2004
- 사토 토시키『00년대의 격차 게임』주오코론신사, 2002
- 사토 토시키『불평등 사회 일본』주오코론신사, 2000

- 스와 테츠지 『오레사마화하는 아이들』 주오코론신사, 2005
- 스즈키 켄스케 『카니발화하는 사회』 코단샤, 2005
- 시라하세 사와코 『저출산 고령 사회의 보이지 않는 격차: 젠더·세대·계층의 향방』 도쿄대학출판회, 2005
- 아오키 오사무 『현대 일본의 보이지 않는 빈곤』 아카시쇼텐, 2003
- 야마다 마사히로 『패러사이트 사회의 향방: 데이터로 읽는 일본의 가족』 치쿠마쇼보, 2004
- 야마다 마사히로 『희망 격차 사회: 패배한 자의 절망감이 일본을 갈라놓는다』 치쿠마쇼보, 2004
- 야마자키 마사카즈 『유연한 개인주의의 탄생』 추오코론샤, 1984
- 오구라 치카코 『결혼의 조건』 아사히신문사, 2003
- 오자와 마사코 『신 계층 소비의 시대』 일본경제신문사, 1985
- 오타 쇼이치 『분석 현대 사회: 제도·신체·이야기』 야치요출판, 1997
- 오타케 후미오 『고용 문제를 생각하다: 격차 확대와 일본적 고용 제도』 오사카대학출판회, 2001
- 오타케 후미오 『일본의 불평등』 일본경제신문사, 2005
- 와타나베 마사오 『계급! 사회 인식의 개념 장치』 사이류샤, 2004
- 와타나베 카즈히로, 타라코 프로덕션 『금혼권』 주부의벗사, 1984
- 우시쿠보 메구미, 오히토리사마 향상위원회 『오히토리사마 마켓』 일본경제신문사, 2004
- 이마다 타카토시 「포스트모던 시대의 사회 격차」 『일본의 계층 시스템 제5권』 도쿄대학출판회, 2000

- 『추오코론』 2005년 4월호 「학력 붕괴: 청년들은 왜 공부를 포기했는가」
- 카노마타 노부오 『기회와 결과의 불평등』 미네르바쇼보, 2001
- 카리야 타케히코 『계층화된 일본과 교육 위기: 불평등 재생산에서 의욕 격차 사회로』 유신도코분샤, 2001
- 카리야 타케히코 『대중 교육 사회의 향방』 추오코론샤, 1995
- 카리야 타케히코(편집) 『학력의 사회학』 이와나미쇼텐, 2004
- 카야마 리카 『결혼이 두렵다』 코단샤, 2005
- 카야마 리카 『취업이 두렵다』 코단샤, 2004
- 카토 히데토시 「중간 문화론」 (1957), 『카토 히데토시 저작집 6』 추오코론샤, 1980
- 코스기 레이코 『프리터라는 삶의 방식』 케이소쇼보, 2003
- 코스기 레이코 『프리터와 니트』 케이소쇼보, 2005
- 코야노 아츠시 『돌아온 인기 없는 남자』 치쿠마쇼보, 2005
- 코야노 아츠시 『훌륭한 우민 사회』 신초샤, 2004
- 쿠도 사다츠구, 사이토 타마키 『격론! 히키코모리』 팟출판, 2001
- 키시모토 시게노부 『중산층의 환상』 코단샤, 1985
- 타나카 카즈히로 『2010: 중산층 소멸』 코단샤, 1998
- 타치바나키 도시아키, 모리 타케시 『일본의 부자 연구』 일본경제신문사, 2005
- 타치바나키 토시아키 『일본의 소득 격차』 이와나미쇼텐, 1998
- 타치바나키 토시아키 『탈(脫) 프리터 사회』 동양경제신보사, 2004
- 타치바나키 토시아키(편집) 『봉인되는 불평등』 동양경제신보사, 2004

- 타카야마 요시코 『레이버 디바이드: 중산층 붕괴』 일본경제신문사, 2001
- 타카하시 테츠야 『교육과 국가』 코단샤, 2004
- 토미나가 켄이치 『일본의 계층 구조』 도쿄대학출판회, 1979
- 폴리 토인비 『하드 워크』 무쿠다 나오코(번역), 동양경제신보사, 2005
- 하라 준스케, 세이야마 카즈오 『사회 계층: 풍요 속의 불평등』 도쿄대학출판회, 1999
- 하시모토 켄지 『계급 사회 일본』 아오키쇼텐, 2001
- 하시모토 켄지 『계급·젠더·재생산: 현대 자본주의 사회의 메커니즘』 토신도, 2003
- 하시모토 켄지 『현대 일본의 계급 구조: 이론·방법·계량 분석』 토신도, 1999
- 하야시 신고 『다가오는 네오 계급 사회: 영국화되는 일본의 격차』 헤이본샤, 2005
- 혼다 유키 『청년과 일』 도쿄대학출판회, 2005
- 혼다 유키(편집) 『여성의 취업과 부모-자녀 관계: 어머니들의 계층 전략』 케이소쇼보, 2004
- 후타가미 노키 『희망의 니트』 동양경제신보사, 2005
- 히구치 요시오, 오타 키요시, 가계경제연구소 『여성들의 헤이세이 불황』 일본경제신문사, 2004
- 히구치 요시오, 재무성 종합정책연구소 『일본의 소득 격차와 사회 계층』 일본평론사, 2003

- 히다 다이지로 외『고등학생 문화와 진로 형성의 변화』가쿠지출판, 2000
- 히우라 사토루『호타루의 빛』코단샤, 2005

지은이 미우라 아츠시

1958년 니가타현 출생. 히토츠바시대학 사회학부 졸업. 주식회사 파르코 입사, 마케팅 정보지 『아크로스』 편집장을 거쳐 미츠비시종합연구소 입사. 1999년 소비·도시·문화 연구 싱크탱크 「컬처스터디스연구소」 설립. 마케팅 활동을 하는 한편, 가족, 소비, 도시 문제 등을 아우르는 독자적인 '교외사회학'을 펼치며 사회학·가족론·청소년론·도시계획론 등 여러 분야에서 주목받고 있다. 주요 저서로는 『부모의 격차가 아이의 미래를 결정한다』, 『격차 고정』, 『40대가 미리보는 하류노인 행복노인』, 『매일 같은 옷을 입는 사람이 멋진 시대』 등이 있다.

하류사회

초판 1쇄 2025년 9월 1일

지은이 미우라 아츠시
옮긴이 김재민

펴낸곳 데이원
출판등록 2017년 8월 31일 제2021-000322호

ⓒ 미우라 아츠시, 2025
ISBN 979-11-7335-144-0 03320

* 잘못된 책은 구입하신 서점에서 바꾸어 드립니다.
* 이 책의 전부 또는 일부를 이용하려면 저작권자와 펜슬프리즘(주)의 서면 동의를 받아야 합니다.
* '도서출판 데이원'은 펜슬프리즘(주)의 임프린트입니다.
  pencilprism.co.kr